賽典赤傳奇

余年生◎著

云南出版集团
雲南人民出版社

图书在版编目（CIP）数据

赛典赤传奇 / 余年生著. -- 昆明 ：云南人民出版社，2016.1
ISBN 978-7-222-13741-7

Ⅰ. ①赛… Ⅱ. ①余… Ⅲ. ①赛典赤・赡思丁（1211～1279）－生平事迹 Ⅳ. ①K827=47

中国版本图书馆CIP数据核字(2015)第241429号

责任编辑： 吴　磊
装帧设计： 杨晓东
插图绘制： 何　斌
责任印制： 洪中丽

书　名	赛典赤传奇
作　者	余年生
出　版	云南出版集团 云南人民出版社
发　行	云南人民出版社
社　址	昆明市环城西路609号
邮　编	650034
网　址	www.ynpph.com.cn
E-mail	rmszbs@public.km.yn.cn
开　本	787mm×1092mm　1/16
印　张	23.25
字　数	350千
版　次	2016年1月第1版第1次印刷
印　刷	昆明富新村彩色印务有限公司
书　号	ISBN 978-7-222-13741-7
定　价	39.00元

赛典赤·赡思丁·乌马尔（公元1211～1279年）

主要人物

赛典赤：全名赛典赤·瞻思丁·乌马尔（公元1211年～公元1279年，南宋嘉定四年～至元十六年），出生于西域不花剌（现属中亚乌兹别克斯坦）。元代政治家。任云南行省平章政事，为元朝在云南设立行省的第一任行政长官，在任六年。

张立道：字显卿，云南王王府学正、大理等处劝农官、中庆路总管。

忽必烈：（公元1215年～公元1294年）成吉思汗之孙、宪宗蒙哥之四弟。至元八年十一月（公元1271年），忽必烈正式登上皇位，改国号为"元"，是为元世祖。

成吉思汗：铁木真（公元1162年～公元1227年，南宋绍兴三十二年～元太祖二十二年）。公元1206年统一蒙古，被推举为成吉思汗，是为元太祖。

兀良合台：蒙古族，蒙古军征讨大理国的副将。

阿术：兀良合台之子。

爱鲁：唐兀人，云南中庆路达鲁花赤，兼管爨僰军。

苦鲁马丁：赛典赤之父，不花剌国一个部族的首领。

窝阔台：成吉思汗之子。

纳速剌丁：赛典赤长子，官至云南省平章政事、陕西省平章政事。

哈散：赛典赤次子，官至广东道宣慰使都元帅。

忽辛：赛典赤三子，官至云南行省右丞、江西行省平章政事。

苫速丁兀默里：赛典赤四子，官至云南省平章政事。

马速忽：赛典赤五子，官至云南诸路行中书省平章政事。

段志明：白族，云南农民，木匠。

段明礼：段志明之子。

段明芳：段志明之女。

段杨氏：段志明之妻。

张忠：大理都元帅府工匠营提举。

罗老幺：彝族，铁匠。

木华黎：蒙古名将、攻金统帅。蒙古札剌亦儿部人。沉毅多智略。辅佐成吉思

汗统一蒙古诸部，战功卓著，誉称“四杰”之一。

脱忽鲁：镇守云南的蒙古族宗王，即南平王。

段兴智：大理国国王。

段实：又名信苴日，段兴智之弟，大理路总管。

刘秉忠：又名子聪，字仲晦。忽必烈的谋臣。

阿老瓦：回族，赛典赤的朋友、厨师。

阿虎：云南元江哈尼族萝盘部落酋长。

陈光昞：交趾国国王，交趾，即今越南北方。

忽哥赤：忽必烈第五子、云南王。

郭宝玉：字玉臣，华州郑县人，成吉思汗的谋臣。

目录

住哈散的胸膛上下挤压，一会儿，她俯下身去轻启樱唇对着他的口吹气，往复六七次，哈散腹中轻轻咕咚作响，胸口微微一动，突然一口清水上涌，竟流进月罕口中。

正在此时，只见前面尘土滚滚，阵阵杂乱的马蹄声中，一队人马旌旗招展疾驰而来。红色大纛下面，红棕马上端坐着一位身披红色斗篷，银盔银甲，一身戎装的老将军。

爱鲁定睛一看惊异万分，这不是平章大人吗！

赛典赤想到为使云南长治久安，开化少数民族，必须从传播中原文化着手，改变云南文化落后状况。赛典赤于中庆、大理两路设儒学提举司。他要仿效在大都的做法，在鄯阐城建一座文庙，既是纪念孔子，发扬儒学的圣地，又是“庙学结合”，教化民众的讲习之所。

赛典赤长叹了一口气说：“孩子啊，我自从十二岁以后至今五十四年里，无论行军打仗哪一年没有按照教规斋戒？‘伊玛尼’是我们回回的根本，守住操行是我的本分啊！”又微笑着说：“到了开斋节，你们可不要忘记给我送一份炸油香哦。”于是每日太阳落山之前竟然不肯进食一口。

苫速丁兀默里用手擦了擦脸上的雨水，模糊看见右侧的盘龙江水陡然上涨，大叫一声：“不好！”心想段家那简陋的木棚草屋如何能够承受得了这突如其来的暴风骤雨，更牵挂段氏母女的安全。想到这里，立即勒转马头，口中喊声“驾！”扬鞭打马，向段家屯疾驰而去。

赛典赤说道：“诸位畅所欲言，各抒己见让我受益匪浅，治理水患事关重大，所谓谋定而后动，依我之意，莫如我们亲自前往六河实地考察一番，倾听受灾民众的感悟，或许胜过我等坐而论道，纸上谈兵，能够有助于我们今后的决断。”

序

一本小册子本不应该写序的，相信朋友们读过之后自然知道我想要表达的意思。写得好与不好已经不重要了，任随各位评说。

雪波先生知道我平素喜欢读书，前些日子送给我一本《名门家族的守望者》，雪波先生是此书特约编辑。我爱不释手，趁着暑假闭门谢客，拜读之后感慨万千，书中的警句“拒绝遗忘历史”，震撼了我的心灵！我反复问自己历史是什么？窃以为，历史是一个国家、一个民族的遗迹，无论是曾经的辉煌，还是坎坷，都是一个民族宝贵的精神财富，是一个民族之根。如数典而忘其祖，遗忘了历史就是遗忘了自己民族的灵魂，忘记了自己的本源。历史是人创造的，我们更不能遗忘了那些曾经创造了历史的人。

遗忘历史的人是没有文化的人，是愚蠢的人，是可悲的人，而我就是这种人。小的时候囫囵吞枣地学习，更没有学好历史。好在懂事以后还喜欢学习，特别是近年来一头扎进史书中恶补历史知识，重新认识养育自己的云南。

历朝历代都与云南密切相连，但更值得一提的是元朝。

元朝（公元1271年～1368年），是中国历史上的一个重要朝代，是第一个由少数民族建立的大一统的王朝。元世祖忽必烈于至元八年（公元1271年）建立元朝，国号元，同年定都大都（今北京市）。至元十三年（公元1276年），元军攻陷临安，宋恭帝归降，南宋灭亡。

元朝将全国划分为由中书省所直接管辖的首都附近的腹里地区（即

今河北、山东、山西及内蒙古部分地区），由宣政院（初名总制院）所管辖的吐蕃地区（今西藏自治区及青海、四川部分地区），以及云南、江西、甘肃、湖广、江浙、陕西、四川、辽阳、河南、岭北等十个行中书省。元至元十一年（公元1274年）设云南行中书省，“云南”正式作为滇域的名称确定下来。

元朝初期是云南发展的重要时期，政治、经济、军事、文化等百事待兴，还要正确处理与交趾（又称安南，今越南北方）、缅国（今缅甸）、南掌（今老挝）等邻国的关系，云南面临转型发展的关键时刻。赛典赤临危受命，在云南主政六年创造了无数的奇迹，勤勉于政，鼎新革故，以德抚滇，富民安边，兴利除弊，爱民如子，治水润滇，为云南边疆稳定统一、经济社会发展和民族团结等各项事业发展，做出杰出贡献，对云南以后的发展奠定了基础，在红土高原谱写了一曲辉煌的历史篇章，铸造了永不磨灭的功勋。赛典赤逝世后，元世祖忽必烈亲自宣布“思赛典赤之功，诏云南省臣尽守赛典赤成规，不得辄改”。追忆起他的人品与政绩、不平凡的一生，不觉让人肃然起敬：做官、做人当如赛典赤。

日落月升，月缺月圆，一年三百六十五天，六年不过两千一百九十天，在历史的长河中只是瞬间的一丝涟漪，天际略过的一片浮云，山间漂浮的一缕清风。在六年短暂的岁月里，我们扪心自问自己能做些什么。

或许因为这是个七百多年前的古老故事，过往的烟云尘埃已经散去，或许有人为了现代生活而疲于奔命的勤奋工作，或许有人醉生梦死，浑浑噩噩，虚掷人生，人们没有时间，没有精力，没有兴趣去回眸历史。在那个暴风骤雨的年代，人们高举以粮为纲的大旗，围海（滇池）造田；人们疯狂地拆毁了金马碧鸡坊、忠爱坊[1]等“四旧”建

① 复建的忠爱坊于原址向北移了100米。

筑。而今，人们又在重建的金马碧鸡坊、忠爱坊下点燃蜡烛，狂歌劲舞，尽情地享受圣诞节的快乐；人们穿梭于栉比鳞次的三市街，在商铺里为自己钟爱的人挑选情人节的礼物。

我问过许多年轻人，知道忠爱坊是纪念什么人的吗？他们一脸茫然。我说，那是为了纪念云南省第一任行政领导人赛典赤。年轻人反问，中国还有人姓“赛”？我无言以对。或者许多人和我以前一样，不知道七百多年前，一个信奉伊斯兰教的不花剌人（即不花剌，今属乌兹别克斯坦），不远万里来到中华内地，建设云南行省，迁省府于昆明，关注民生、兴文重教、大兴水利、抚治云南、政通人和。为元朝在云南设立行省的第一任行政长官，是一位励精图治、勤政爱民、高风亮节的政治家，他就是永远彪炳史册的赛典赤·瞻思丁·乌马尔。

历尽万年沧桑巨变的红土地，进入了二十一世纪。

云南自2008年至2012年，连续五年大旱，许多地区田地龟裂，农业歉收，人畜饮水艰难。昆明是全国十四个严重缺水城市之一，成为全国省会城市中唯一限水供应的城市，滇池流域人均水资源量仅为二百七十立方米，是全球人均量的四十分之一，全国的十分之一，全省的二十五分之一。严重缺水已经危及农业生产、城镇化、工业化的发展和人民群众的生活，已是不争之事。

饮水思源，赛典赤在云南主政期间，竭力主张大兴水利，亲力亲为兴建了云南第一座大型水库——松华坝，又疏浚盘龙江、金汁河、银汁河、宝象河、马料河、捞鱼河等六河，为的是防洪减灾灌溉农田。现在我们大力兴修清水河水库，引牛栏江水入昆明，却是为了抗旱保水，清洁滇池。七百多年来每个昆明人都喝着松华坝清甜的水，仅此一例，难道还不值得人们追忆与怀念他吗？

生于斯，长于斯，在红土地上生长的人，难道不应该抽出一丁点儿时间去回眸云南的历史，缅怀那些创造了云南历史的代表人物？

于是迫使我写下了《赛典赤传奇》。

需要说明，为便于阅读，本书中关于民族的称谓，采用了新中国成立后国家规范统一的名称。

衷心感谢余敬忠先生对本书的精心策划与指导，先生将其多年珍藏的宝贵历史资料全部提供予我，为写作奠定了坚实的基础，特别承蒙先生认真审阅书稿，字斟句酌，治学严谨，高风亮节，厚爱晚辈，令我感激不已！衷心感谢雪波先生、云南人民出版社吴磊女士对我写作的悉心指导。感谢裘志英先生、丁任全先生、杨鑫先生和云南大学张贝女士为我提供了许多珍贵的历史资料。杨鑫先生是一位虔诚的穆斯林，曾经留学叙利亚，他多次给我讲授伊斯兰教的各种习俗，极大地拓展和丰富了我写作的空间。感谢王向东先生、傅云女士对修改书稿提出中肯的意见。感谢我的启蒙老师云南省特级教师范玉英女士对我写作的关心与鼓励。感谢云南省书法家协会著名书法家朱兴贤先生用爨体题写书名，何斌先生为本书作画，使本书增色不少。对我采用许多专家学者的文献资料一并致谢。感谢我的家人对我写作的理解与包容。

我愿意将这本小书送给关心和鼓励我写作的众多朋友们。

第一章　铁木真西征不花剌
瞻思丁归顺蒙古国

一

相传，赛典赤·瞻思丁·乌马尔是伊斯兰教先知穆罕默德的三十一世孙，公元1211年出生于不花剌（今乌兹别克斯坦不花剌），后来成为中国元代一位著名的政治家，元朝初期云南建立行省的第一任平章政事（即省长）。他跌宕起伏的一生始于七百多年前的一场战争……

这场战争的始作俑者是蒙古草原之王——铁木真。

铁木真生于公元1162年[①]秋天。公元1206年，铁木真统一蒙古漠北各部落，于斡难河（今鄂嫩河）源召开忽里台大会继蒙古国大汗位，被推举为“成吉思汗”，史称“元太祖”。经过多年的南征北战，逐水草而居的蒙古人军力日益强盛，极具战略思想的成吉思汗把眼光投向了西边广袤肥沃的绿洲大草原。

在那个弱肉强食、强者为王的动荡年代，发动一场战争并不需要正当的理由，他们遵循的是丛林法则，决定权掌握在拥有野心和无数枪刺、大刀、强弓硬弩、火炮、骏马、勇士的战略家们的手中。

不过，成吉思汗还是为发动西征找到了一个很好的借口。

公元1218年，成吉思汗派遣马合木-牙剌瓦赤[②]、阿里火者、玉速

① 有史集说铁木真生于公元1155年。朱耀廷：《成吉思汗传》，人民出版社，2011年版。

② “牙剌瓦赤”即突厥语“使者”之意。

甫-坚客等三人出使花剌子模，不久又组成了一支四百五十人的庞大商队，带着大量金银前往不花剌国进行贸易。当商队到达锡尔河畔的讹答剌城时，花剌子模守城的官员亦难赤擅自做主，劫掠了财物并杀害了蒙古国的商人，商队仅有一名驱赶骆驼的脚夫侥幸逃脱。此后，又把成吉思汗派去进行和平商业谈判的蒙古使者杀死，并将两名从者毁容。这给等待时机的成吉思汗找到了入侵的口实。

年近六旬的成吉思汗闻讯后，立即召开了忽里台。忽里台是蒙古各部落间的联席会议，凡蒙古国的重大事项都必须经过忽里台讨论决定。成吉思汗具有雄辩的口才，他极富感染性的语言点燃了草原各部落首领的怒火，会议一致同意发兵征讨花剌子模。

成吉思汗祭过“苏鲁定”[①]，毅然举起九脚白旄纛[②]，带领他的蒙古骑士们，向西兴师问罪。

花剌子模是中亚阿姆河下游的古国，原为波斯帝国的一部分。公元1213年，摩诃末统治的花剌子模已成为占有整个波斯、呼罗珊、阿富汗和河中的中亚强国。

龙儿年（金兴定四年，公元1220年3月至4月初），成吉思汗的中路军进至花剌子模的不花剌[③]城下。不花剌，位于泽拉夫尚河三角洲畔，沙赫库德运河穿城而过。该城是花剌子模最重要的城市之一，尽管不花剌城既非首都，也非主要的商业城市，但在整个穆斯林世界，被视为“高贵不花剌”。因具有“为所有伊斯兰教徒带来荣耀与欢愉”的称号而知名于世，该城成为伊斯兰教的圣地。

蒙古军使用了当时最先进的武器——装在轮子上的巨大弩炮、投石机，投掷石头和射出燃烧的液体，后续人马则带着可伸缩云梯攻上

① “苏鲁定”是成吉思汗的军旗或军徽，又是太平无事时的吉祥物。

② 九脚白旄纛：用九条白马尾装饰的旌旗。蒙古人以九为吉数，以白色为纯洁。大汗即位及大汗亲征时才用这种旌旗。

③ 今属乌兹别克斯坦。

塔楼，肆无忌惮地杀戮，守城的士兵尸积城壕，惨不忍睹。对于这场惨烈的战争，明朝宋濂等撰的《元史·太祖纪》中只有简单的十一个字：“十五年春三月，帝克蒲华城。”

成吉思汗派答失蛮[1]哈只卜为使者，劝花剌子模民众投降：“如果归顺成吉思汗，你们的生命财产就可获得保全。”

成吉思汗采取了“屠城”和“招抚”兼顾的手法。大部分守城的兵士战死，许多部落的不花剌人归顺了蒙古人。

二

初春，春寒料峭。极目远眺，达锡尔河上覆盖着厚实的白冰，远处延宕的山峦披着绵密的绒雪。广袤的草原一片银白，空中不时刮起的阵阵冷风呼啸着，卷带起细碎的雪花、沙砾、落叶、草屑。在灰蒙蒙的地平线上隐隐约约出现了一支骑兵队伍，领头的是苦鲁马丁。

苦鲁马丁是不花剌国一个小部落的首领，是一个虔诚的穆斯林。为了族人免遭蒙古占领军的杀戮，他接受了成吉思汗使者的招抚。此时，他正率领本部落的骑兵千余人向蒙古占领军的大营行进。

按照蒙古军的惯例，每当攻克下一座新的城池之后，为避免敌军的反扑和偷袭，大军并不进入城中驻扎。此次也不例外，成吉思汗将军营设在距离不花剌城四五里的地方。这是一片宽阔的缓坡草地，南面是达锡尔河的一条支流，便于兵士们汲水做饭，战马饮用。成吉思汗自己的大营则设在缓坡的半腰，从这里可以居高临下，俯视指挥整座营盘。

当成吉思汗听说苦鲁马丁率本部落人马前来归顺时，心中喜出望外。他心里明白，莫看苦鲁马丁只是不花剌国一个小部落的首领，人

---

① 波斯语为“具有知识者”“学者”，中亚地区以此为伊斯兰教长老的称号。

马不过千余人，但却是不花剌国响应自己招抚的第一人，而且苦鲁马丁在这个国家是一个颇具声望的贵族，这对于安抚其他部落，强化今后的占领与统治有着莫大的示范作用。于是，决定在大营亲自召见苦鲁马丁。

成吉思汗刚走出高大洁白的豪华毡房，苦鲁马丁急忙趋上前来，右手搭在左胸前，略为点头，口中称道：“小民苦鲁马丁拜见大汗，愿至仁至慈的真主保佑您！”

成吉思汗见来者是一个中等身材、三十多岁的年轻人，头戴一顶绿色的弁[1]，眼睛大而稍圆，向内深陷，双眼皮，睫毛弯弯长长，蓄着圈脸胡。成吉思汗向前两步，伸出右手握着苦鲁马丁的手，两人行拥抱吻礼，互道“色俩目”[2]。成吉思汗说：“酋长深明大义，归降大蒙古，实在是可喜可贺啊！”

话音刚落，只听人群中有人大声说：“大汗此言差矣，我部落既非与贵军交战方，更非战败方，何言‘归降’？”在肃穆庄重的欢迎仪式上，居然有人敢于大声插话。这话音听起来虽然稚嫩，却是掷地有声！

站在成吉思汗一侧的木华黎大声呵斥道：“何人胆大妄为，竟敢顶撞大汗！”

这木华黎乃是蒙古军中第一猛将，他曾经只是一个低贱的奴隶，多年跟随成吉思汗出生入死、南征北战、攻城略地、过关斩将，其人勇猛过人、声如洪钟。他与博尔术、博尔忽、赤老温为宿卫四怯薛，并称为成吉思汗麾下著名的“掇里班曲律”，即“四杰”。此时，这平地一声突然断喝，如晴天响雷，引发了一场意外……

木华黎定睛一看，原来是一个乳臭未干的小孩，于是大声喝道：

---

① 弁是上小而尖、下大而圆的帽子。古代穆斯林戴的帽子。

② 伊斯兰教见面问好。

“这是谁家的娃娃，这里有你说话的份吗？”

正在这时只见来客人群中，突然飞窜出一团黄黑相间的火焰，腾空而起，迅疾扑向成吉思汗，站列两旁的大汗宿卫来不及反应，一个个惊得目瞪口呆，木华黎手疾眼快抽出腰间弯刀劈了过去……正在此危急之时，只听得一声呼哨，那团五彩斑斓的火焰跌落在成吉思汗的脚下！

成吉思汗虽然身经百战，九死一生，却也没有见过如此吓人的场景。

不过，他毕竟是一个枭雄，镇定是他战胜一切危机的制胜法宝。即刻间，他恢复了平静，依旧是那个镇定自若的大汗。他缓缓低头一看，在他的脚下竟然匍匐着一头五彩斑斓的金钱豹！

成吉思汗定睛仔细观看，此豹身长丈余，头圆、耳短，全身颜色鲜亮，毛色棕黄，遍布黑色斑点和环纹，形成古钱状斑纹，背部颜色较深，腹部为乳白色。

成吉思汗的脸上轻轻地抽搐了一下，随即哈哈大笑着说：“这是谁家的大猫，竟然也跑来助兴啊！”

他轻松的一句话，顿时使刚才紧张的气氛烟消云散。

这时那个小孩拨开人群来到成吉思汗面前，说道：“大汗，您又说错了，它不是‘大猫’，是‘文豹’，就是你们说的金钱豹。”

成吉思汗一看，这个小孩一头棕色卷发，满脸稚气十分可爱。便和颜悦色地说：“呵、呵，文豹、文豹，这么说你是它的小主人吗？”

小孩自豪地说：“我不是它的主人，花猫是我的‘朵斯提’！”

“朵斯提？”

“‘朵斯提’是波斯语，就是朋友的意思。”小孩回说。

“哦、哦，花猫是你的朵斯提！”成吉思汗点点头，附和着说。

此时，一旁的苦鲁马丁早已惊恐万分，这头猛兽突然发飙差一点就酿成大祸，如果伤了大汗后果将不堪设想，急欲上前解释，却见他二人交谈甚欢，一时无法插话。

小孩继续说："三年前的冬天，我随同父亲在森林中打猎，在一个树洞里发现了这个小家伙。当时啊，它冻得缩成一团，我用皮袄围着它，喂它水喝，还给它吃牛肉干，等了半天也不见它的妈妈，我只好把它带回家，从此我们就成了好朋友。"

大汗问道："那你就不怕它伤害你吗？"

小孩乐了，说："花猫可好了，可通人性了。白日里和我玩耍，晚上啊，就钻到我的被子里。长大以后就帮助我们看护牲口，去年冬天还咬死了两只偷吃羊羔的大灰狼哩！"

成吉思汗打趣地问道："花猫真勇敢、真好，但是，刚才它为什么要咬我呢，我又不是大灰狼啊！"

小孩的脸红了，他低声说："刚才，刚才那位叔叔朝我大声喊叫，花猫以为，以为我受到欺负了，所以，所以它就，它就……我原来是准备把它送给大汗您的，让它守护在您的身边，日夜保护您的安全。"

成吉思汗蹲下去，一边轻轻地抚摸着躺在地上的花猫，一边说："难得你的一片好心，你和我是好朋友，那花猫也是我的好朋友了！"

成吉思汗又问道："你们的森林里、草原上有很多的飞禽走兽，你还有其他的好朋友吗？"

小孩回答说："有啊，有啊，我忘记给您介绍我的另一位好朋友了。"

说完吹了一声清脆的呼哨，只见空中飞来一只白色的大鸟，扑腾着翅膀降落在小孩的手臂上。

成吉思汗注目一看，见是一只奇特的大鸟：此鸟外形酷似苍鹰，嘴尖、爪利、尾短，只是比鹰的体形小一些，身长约一尺五，全身洁白无瑕，就连爪子都是白色，嘴为灰白色，眼睛却是黑色，圆睁的眼睛漫射着咄咄逼人的凶光。蒙古人崇尚自由搏击长空的大鹰，成吉思汗自然看得高兴，便问道："这是何种飞鸟，我却从未见过？"

小孩说："这叫白鹘[①]。据老人们说，这是百年不遇的吉祥之物。说来也巧，今年年初过阿术拉节[②]，中午我跟随父亲刚从清真寺做'撒申目'（晌礼）[③]出来，这只白鹘不偏不倚恰好飞到了我的肩膀上。白鹘十分神奇，每当清晨来临，它就会跑来叫你起床。部落的老人们说我以后将要遇到贵人，而且说，它将带着我远走高飞呢！老人们的预言真灵验，今天就遇上您这个大贵人了！"

成吉思汗挺直身板说："你看我像个'贵人'吗？'贵人'应该是不会做错事，说错话的呀，刚才我就把'归顺'说为'归降'了！我向你真诚地道歉！"

成吉思汗弯下腰问道："说了老半天，你是谁家的孩子啊？"

苦鲁马丁上前几步说："大汗，他是我的儿子，小孩子无知，望您宽恕！"

成吉思汗说："苦鲁马丁啊，你有一个好儿子啊，将来一定是一个人中豪杰！"继而问道："这孩子叫什么名字啊？今年几岁了？"

未等苦鲁马丁回答，小孩抢着说："大汗，我的名字叫赛典赤·瞻思丁·乌马尔，今年已经十岁了。"

成吉思汗模仿着说："赛典赤·瞻思丁·乌马尔……哦，你的名字忒长了，让人一时难以记住。"

赛典赤·瞻思丁·乌马尔笑着说："大汗，我的祖父给我取的名字有许多含义哩。"

"哦，有什么意义？"成吉思汗好奇地问道。

"'赛典赤'，按我们阿拉伯文的原意是'荣耀的圣裔'，也就是伟大的贵族；'瞻思丁'呢，是'宗教的太阳'；而'乌马尔'是

---

① 白鹘：即"隼"。

② 伊斯兰教历一月十日为阿术拉节。

③ 穆斯林每天要做五时礼拜：天亮时做晨礼称为"邦多达"，中午做晌礼称为"撒申目"，下午太阳偏西时做晡礼称为"底格勒"，黄昏时做昏礼称为"沙姆"，入夜做宵礼称为"霍虎坦"。

‘长寿’的意思。”赛典赤·瞻思丁·乌马尔一板一眼地回答。

成吉思汗说：“哦，哦，你祖父把那么多崇高、神圣、美好的期望都寄托在你的身上，你可别辜负了先辈们的养育之恩啊！”他接着说：“我们蒙古人长年累月骑马打仗，传递行军号令，发布昭告，为了好记，好念，今后你就叫‘赛典赤’吧——我们‘荣耀的圣裔’！”

“谢谢大汗的美意，谢谢大汗的吉言！”赛典赤激动地说。

成吉思汗拉着赛典赤的小手说：“既然你送了我礼物，来而不往非礼也，我也要回赠一个礼物啊，这才是好朋友哟！”

成吉思汗一边说，一边顺手从腰间解下随身佩戴的一把六七寸长的小刀送给他。

赛典赤双手接过一看，剑鞘是纯银打制，镌刻着精细的花纹图案，中间镶嵌着一颗红宝石，剑柄由两块白玉夹持。抽出剑身，在冬日光照下熠熠生辉，锋利无比。

赛典赤下跪，说：“谢大汗！”

成吉思汗扶起赛典赤，转身问：“苦鲁马丁，你为什么要归顺大蒙古啊？”

苦鲁马丁说：“真主说‘世人原是一个民族，嗣后，他们信仰分歧’，尽管我们信仰不同，但在这个世上本是一个民族，我们不要战争，为了避免战争，天下和平，我们愿意追随大汗！”

成吉思汗又问赛典赤：“我亲爱的朋友，你为什么愿意随我去东方呢？”

赛典赤朗声说：“伊斯兰先知穆罕默德曾经告诉信徒们：‘学问，虽远在中国，亦当求之。’我常常听祖父和父亲说过，在中国有博大精深的佛教、道家、儒家，还有植桑养蚕、缫丝织绸的技术，我想去那里长长见识，长大以后可以为天下的老百姓做很多很多的事情。”

成吉思汗见赛典赤年少聪明英武，大悦：“好啊！赛典赤小小年

纪竟然有如此的宏大抱负，日后一定是我大蒙古国的栋梁之材啊！”

成吉思汗转身，提高了声调说：“苦鲁马丁、赛典赤听命：着，苦鲁马丁为上百户所百户，从六品，授银牌，仍领本部人马；着，赛典赤充任帐前宿卫云都赤，今后随木华黎将军多多历练！”

苦鲁马丁、赛典赤感激万分，即刻行礼拜谢大汗。

这苦鲁马丁、赛典赤父子两人为何受宠若惊，这里面却是有个缘故。

元帝国为维护蒙古贵族的专制统治权，民族等级十分森严。初期一等为蒙古人，二等为色目人，所谓色目人主要指西域人，是最早被蒙古征服的族群，如钦察、唐兀、畏兀儿、回回等；另外，蒙古高原周边的一些较早归附的部族，也属于色目人，如汪古部等。及至全国统一后，则全面实施“民分四等”的政策，把全国人分为四等：一等为蒙古人，二等为色目人，三等为汉人，四等为南人。“汉人”是指淮河以北原金国境内的汉、契丹、女真等族以及较晚被蒙古征服的四川、云南（大理）人，东北的高丽人也是汉人。“南人”是指最后被蒙古征服的原南宋境内各族（淮河以南不含四川地区的人民）。汉人如当兵则不许充宿卫，如当官也往往只能做副贰。

宿卫，就是大汗的侍卫。按元朝的定制，宿卫诸军在内，而镇戍诸军在外，内外相互制衡，形成以制轻重之势。太祖成吉思汗时期，由木华黎、赤老温、博尔忽、博尔术为四怯薛，领怯薛歹分番宿卫。

按其职责宿卫又分为六类：用于大朝会的称为“围宿军”；用于大祭祀的称为“仪仗军”；负责车驾巡幸的称为“扈从军”；负责守护大汗帑藏的称为“看守军”；负责夜间警戒的称为“巡逻军”；负责岁漕至京师用之以弹压的称为“镇遏军”。

苦鲁马丁被任命为上百户所百户，赛典赤被任命为云都赤，足见成吉思汗对他的器重，苦鲁马丁、赛典赤父子俩自然欣慰激动。

成吉思汗宣读完毕，以木华黎为首的全体将士举起刀、枪、剑、戟、旗帜，齐声欢呼："苦鲁马丁、赛典赤！苦鲁马丁、赛典赤！苦鲁马丁、赛典赤！"

此后，成吉思汗委派塔兀沙担任八思哈（镇守官），负责治理不花剌国，苦鲁马丁、赛典赤随同成吉思汗的大军回师漠北。

在苦鲁马丁的影响带动下，花剌子模的马合麻（善天文学，后授洪城公。）、牙剌瓦赤（后为中州断事官）、木沙剌福丁、扎马剌丁、阿剌瓦而思、伯德那、鲁坤等许多回回人都率部归附，随成吉思汗西征军东归。

"一代天骄"成吉思汗之所以能够驰骋欧亚，雄霸天下，除了武功盖世、军事谋略以外，不拘一格重用人才，是他成功的秘籍。此次西征不仅为他的族群扩张了万里疆土，而且为他的子孙带来了贤臣良将，为稳固大元帝国奠定了坚实的基础。

在凛冽的寒风中，苦鲁马丁走在队伍的最后。他勒马回首，眼前纷纷扬扬的鹅毛大雪遮住了他的视线，掩盖了来时的道路，从此隔断了他的归乡之路。他心里一阵惆怅，为了保护族群，说走就走，就这样离开了生养自己的故乡，依依难舍的愁情油然而生。他默默地记住了，这年是伊斯兰教历的六一六年十一月。

十岁的赛典赤做梦都没有想到，就是这次与成吉思汗的邂逅，成为他一生的重大转折点，从此跟随蒙古人南征北战，他的命运将与大蒙古帝国紧紧地系在一起。更让他始料不及的是，晚年他的足迹竟然踏上了西南边陲的那片高原红土地，继而在遥远的西南边陲找到了自己最后的归宿。

三

公元1227年，征战一生的成吉思汗不顾伤病缠身，不顾诸位王子

及众将领的劝阻，执意带领他的蒙古铁骑，强渡黄河攻入积石城，进入西夏境内。无奈伤病阻滞了他的雄心，只好留在萨里川哈老徒行宫养病。

过了不久，伤病更加严重。弥留之际，他命帐前宿卫云都赤赛典赤急速招诸位王子，向他们交代遗嘱。

成吉思汗的正妻孛儿贴生有四个儿子：孛儿只斤·术赤、孛儿只斤·察合台、孛儿只斤·窝阔台和孛儿只斤·拖雷。四位王子都知道，父汗的临终遗嘱有一项最重要的事情，那就是决定今后谁会继承汗位。

蒙古族的习俗与汉族迥然不同，汉人的俗话说："皇帝爱长子，百姓爱幺儿。"汉家皇帝一般会把皇位传给嫡长子，而蒙古族的习俗是幼子继承大位。

果然成吉思汗在病榻前第一个召见了第四个儿子孛儿只斤·拖雷。但是出乎意料，成吉思汗说服了幼子，决定由三儿子窝阔台继承汗位，任命孛儿只斤·拖雷为大蒙古国监国，尊号"也可那颜"（大官人），负责召开忽里台，辅佐窝阔台。

交代完后事，成吉思汗闭上了双眼。一代天骄、叱咤风云、雄霸天下的璀璨夺目之星陨落在牛头河畔，享年六十六岁，在位二十二年。拖雷主持了葬礼，葬起辇谷。至大二年（公元1309年）冬十一月庚辰，加谥法天启运圣武皇帝，庙号太祖。

十六岁的赛典赤眼见成吉思汗父子生死离别，想起七年前在漫漫雪原与成吉思汗邂逅，大汗对自己的悉心栽培，不禁失声痛哭，他不知道没有了最敬重的大汗，他自己今后将何去何从？

第二章　乌马尔展翅那达慕
窝阔台初识栋梁材

一

当小赛典赤进入成吉思汗宿卫军的时候满心欢喜，以为自己受到了特殊的待遇，随着成吉思汗的去世，他前后的处境宛若冰火两重天。

蒙古人出身的那些宿卫自恃血统高贵，他们对小赛典赤不屑一顾，经常安排许多脏活、累活给他干。每天拂晓必须清扫马厩、挤马奶，然后到野地捡回五大箩筐牛粪作为燃料。白天要接受严酷的各种训练，晚上不仅要为厩里的几十匹马喂料，还要给那些"上等人"烧水，供他们洗脚、洗澡。隆冬时节大雪纷飞，却让还没有枪矛高的他值夜，手脚冻得像小馍一样。以前在家的时候，自己是父母的心肝宝贝，何曾如此吃苦受累，更难以接受的是，那些年轻贵族经常搞一些恶作剧羞辱他。

那天轮到宿卫军练习博克，博克即蒙古式摔跤。

博克、射箭、赛马三项运动是蒙古族每一个男子必须具备的技能，是衡量一个男子有无本领的重要标准，也是每个宿卫军训练的必修科目。而博克被蒙古族视为三项竞技之首。早在四千年前的北方游牧民族中就已盛行摔跤。成吉思汗十分喜爱摔跤，其弟别里古台、大将木华黎、哲别均为著名的摔跤手，当时被誉为"孛阔"（力士）。蒙古国常常将摔跤、射箭技能之高下作为选任将领的主要条件。擅长

角抵之士备受元朝统治者的青睐。如《元史·武宗记》载，元武宗曾于公元1297年六月，“以拱卫直都指挥使马谋沙角抵屡胜，遥授平章政事”。公元1310年四月，“赐角抵者阿里银千两，钞四百锭”。元朝于公元1318年设立“校署”一职，专门管理摔跤运动。

此时，参加博克的年轻宿卫们分左右排站立，卫队长有意安排赛典赤与脱忽鲁对抗。

这脱忽鲁是蒙古宗王的儿子，年龄与赛典赤相仿，却长得人高马大，比赛典赤高出了一个头。

卫队长大声宣布竞赛规则：“年轻的勇士们，比赛时允许双方的手触及对方臀部以下的部位，但不许抓腿抱腿，也不许跪腿去摔；用脚的招数时，不许超过臀部，以免伤害对方上身，对方双肩着地就算得胜，一跤决定胜负！”卫队长边说边向脱忽鲁使眼色。

卫队长的话音未落，脱忽鲁趁赛典赤不备，一个猛虎扑羊，两只手猛然扯住赛典赤的双肩，右脚一踢，趁势一个别子，将小赛典赤狠狠地摔倒在泥泞的草地上。

按照比赛规则，获胜一方要伸手将对方扶起，以示胜不骄、败不馁的风范。然而，获胜的脱忽鲁却并未停手，他拉起躺在地上的赛典赤再次将他摔倒，像摔一只无辜的羔羊。脱忽鲁挥舞双手，张开双胯，嘴里喊道：“色目人你输了，从这里钻过去！”

旁边有几个年轻人打着呼哨，有几个人整齐地大声狂叫：“色目人，钻过去！色目人，钻过去！”一旁凑热闹的人群兴奋得像过“查干萨日阿”[①]一样。小赛典赤咬紧嘴唇，强忍浑身疼痛，艰难地，一寸、一寸地向脱忽鲁那个肮脏的胯下爬过去，没有眼泪，他的心在流血……

骄横的蒙古人对他的嘲弄、歧视、欺压、排斥，使小赛典赤产生了自卑感。因为在这个国度，他是低人一等的“色目人”。这种苦涩

① 查干萨日阿，蒙古语，即蒙古族传统的旧历新年，即白色月。自元朝起，蒙古人接受了汉族的历法，蒙古族的白月与汉族春节正月相符。

淹没了邂逅成吉思汗时短暂的天真与欣喜。忧郁紧紧地锁住了他幼小的心灵，压在他心头像一块沉重的无形的巨石。他感叹，色目人在这个环境中竟然是命如草芥、卑微如蚁。他有些后悔，或许当初不应该离开家乡来到蒙古。

手持枪矛，望着彤云密布的黑色苍穹，他怀念家乡的大草原，融化在达锡尔河中的蓝天白云、奔腾的骏马、撒欢的羊羔、盛开的野花。家乡草原也会下雪，那纷纷扬扬的雪花，似乎是白色的小精灵漫天飞舞。在温馨的白桦木屋里，母亲会给自己一碗热气腾腾的羊奶，听父亲讲那古老而神奇的《一千零一夜》里“阿拉丁和神灯的故事”；躺在母亲温暖的怀里迷迷糊糊进入甜蜜的梦乡……

赛典赤是个内心倔强的人，他制止了小伙伴阿老瓦准备向父亲讲述自己遭受的不公平待遇，同时也阻止了阿老瓦向宿卫军怯薛木华黎申诉脱忽鲁违反竞赛规则的行径，他认为背后告状不是一个男子汉的行为。

他没有在自卑中沉沦、颓废悲观，没有虚掷光阴。因为，他心中有真主，有父亲和母亲。他们给他精神力量，给他希望与未来。于是他奋争，忍辱负重、自强不息，把恶劣的环境当成磨砺自己意志、品质、体魄的最好机会。他坚定信心，要从自卑的心境中走出来。他要用自己的努力来回击那些鄙视自己的所谓“上等人”。

一天，小赛典赤去恳求木华黎：“怯薛大人，您教我几招博克的绝招吧。”

木华黎倒了一杯马奶茶给小赛典赤，问道：“为什么呢？”

望着冒着热气的奶茶，赛典赤说：“我要制服我的对手。”

木华黎问：“制服对手仅仅靠武力吗？”

赛典赤不得其解，问道：“不靠武力，靠什么呢？您不是依靠武力帮助成吉思汗打天下吗？”

木华黎缓缓地说：“孩子啊，你只知其一，不知其二。神圣英武

的成吉思汗是靠文治武功打天下。习武的目的在于强身健体，报效国家。习武首先在于修德，所谓‘心之所正，德之辅焉；义之所现，品之诚焉’，这是习武的核心。说到武技，不在于一招一式，而是‘智者用智、灵巧机智’，绝非仅仅依靠蛮力取胜的。”①

木华黎起身，边说边比：“譬如博克，除互相比拼力气外，招数与技巧是决定胜负的重要因素。主要有踢、拧、闪、捉、拉、扯、推等十三个基本动作。招数有勾子、绊子、坎子、别子等大招数，各个大招数中又有很多小招数。你个头小，但是身体灵巧，在比赛中要随机应变，灵活运用。”

木华黎的一番话说得赛典赤心智顿开，心悦诚服。一时间，他觉得自己长大了，成熟了。木华黎将军不仅是在教自己武技，更是在向自己传授立世做人的哲理。

此后，木华黎经常抽出时间耐心地为赛典赤讲解、演示武技的要领，精心教授箭术、骑术、格斗、博克。赛典赤得到了木华黎的真传，他记住了木华黎教给他的武技，记住了这位恩师传授给他的武德。赛典赤苦练三伏、数九，武技大有长进。他利用闲暇时间努力学习蒙古文，继续研读《古兰经》，提升自己的精神境界。

二

这年草原照例举行“那达慕”大会。

初秋的草原，湛蓝的天空飘浮着朵朵白云，一会儿像一群群撒欢的羔羊，一会儿像一匹匹奔腾的骏马。茂密的牧草开始发黄，轻盈的小溪在阳光照耀下显得玲珑剔透，赤橙黄绿青五色彩旗在秋风的吹动下猎猎飞舞。牧民们从四面八方赶来，他们期望观瞻博克的精彩场

① 高树华：《满手少林拳》，云南大学出版社，2014年12月版。

面，一睹获胜者的风采。

百十个参加比武大赛的宿卫军早已按捺不住内心的激动，一个个跃跃欲试。

年轻的勇士们裸露前胸，上身穿着皮质的短袖衣“卓铎格”，短衣上缀着闪亮的银泡或铜泡，后背正中镶以装饰圆形龙、狮纹金属片，显得格外威武雄壮。腰系用红、黄、绿三色绸制成的战裙。下着用白布缝制绣有吉祥图案的肥大摔跤裤。脚上的皮靴用结实的皮条捆绑加固。颈上系着五彩帛编结的“姜嘎”。“姜嘎”又称吉祥结、护身结，“姜嘎”上的彩条愈多，表明勇士获胜的次数愈多。

场外人山人海，人头攒动，熙熙攘攘。在观众此起彼伏高亢的歌声伴随下，全体健儿边舞边跳向赛场集中，博克比赛正式开始。只见赛手们个个昂首挺胸，起初，步法似骆驼步慢跑，徐徐向前。至中途，两手攥拳，前后左右上下猛抡双手，高抬腿，步履稳健，边舞边前进，似狮行虎动之势。接近场中时，两臂伸直如鸟羽，两手上下振动变成慢舞，似鹰步鸟飞之势，并频频向主宾、主持者及现场观众致意。

俗话说，不是冤家不聚首，无独有偶，赛典赤今天的对手又是脱忽鲁。

两人四目对视，脱忽鲁嘴角上扬，鼻孔一哼，露出一丝不屑一顾的表情。心想，色目人，今日要让你输得比上一次更惨！

此时的赛典赤心如止水，沉着应战。他不慌不忙地用眼角的余光观察阳光的位置。两人手臂相交，脱忽鲁突然发力，依然试图先发制人。未料想，赛典赤早有准备，他稳扎下盘，手臂紧扣，脱忽鲁偷袭并未得手。好个赛典赤双臂紧紧钳住对手肩膀，顺势移步跳跃。这一跳，一挪动，恰好将脱忽鲁移向了脸朝阳光的一面。脱忽鲁稍一侧身抬头，只觉得眼前一片刺眼光亮闪过。说时迟，那时快，赛典赤抓住稍纵即逝的瞬间，一个跨步别住对手的右脚，借势双手往前轻轻一

推，脱忽鲁四仰八叉，双肩着地。

赛典赤见状，迅疾上前弯腰，友好地伸出双手欲扶起地上的脱忽鲁。脱忽鲁怎么也想不到，想不通，昔日自己的手下败将，今日还没有过几招，竟然将自己弄得如此狼狈不堪，心中一阵恼怒，自己爬起来，扯下颈上的“姜嘎”狠狠地摔在地上，悻悻离去。

经过几番较量，赛典赤在众多博克高手中脱颖而出，获得了第三名。

当时身为三王子的窝阔台观看了整个比赛过程，他在暗中物色人才，以备今后之所需。窝阔台对赛典赤赞许尤佳，他记住了这个勇敢的年轻人。及至登上汗位后，他想起了赛典赤。公元1229年，窝阔台大汗破格任命仅有十八岁的赛典赤为丰、净、云内三州①都达鲁花赤②。这是赛典赤初涉政坛，第一次担任地方的主官。他暗下决心，一定要用优异的政绩来回报窝阔台大汗对自己的信任与知遇之恩。

这丰、净、云内三州原为金朝防御蒙古南下的前沿军事地带。这一地区处于天寒少雨、荒漠地瘠、自然条件恶劣的塞外，经过金、蒙双方多年拉锯战争，农牧业遭受严重破坏，民众流离失所，盗匪蜂拥四起。

赛典赤就任后，下车伊始，便深入各甸屯农牧家庭访贫问苦，走访集市、商贾。经过三个月的细致考察，逐步形成了治理这个烂摊子的思路，他将减轻农牧税负，发展经济，清匪反霸，恢复正常社会秩序，作为任内首要的目标。

据民众普遍反映，在本区域内大大小小有二三十支土匪杆子，其中活跃在丰、净、云内三州结合部的“秃鹫帮”人数较多，声势较

---

① 丰、净、云内三州：位于今山西大同西北至内蒙古包头东、乌兰察布市南、集宁西一带。丰州故城在今呼和浩特市东白塔村。净州在今呼和浩特市北之四子王旗。云内州，即今呼和浩特市西之土默特左旗。

② 都达鲁花赤：原为蒙古语“镇压者、执掌印信独揽大权者”之意，主要由蒙古人及色目人担任，为授职辖区内最高官阶。

大，影响较广。这股盗匪组织严密，善于流窜游击，飘忽不定，来无影去无踪。秃鹫帮的匪首自称“黑秃子”，据说其人武艺高强，能飞檐走壁，特别是手中那一把飞镖，指哪打哪，百步穿杨，从未失手。民间传说，这黑秃子会“易容术”，一会儿是娇媚的少妇，一会儿是赳赳壮汉，眨眼间又变成白发婆婆，没有人看见过此人的真实面容，更不知道其来龙去脉，种种离奇传说，使这个匪首增添了神秘的色彩。前几年官兵也曾经开展过进剿，都是铩羽而归，赛典赤的前任就是被黑秃子的飞镖中喉顿时毙命。

在走访中，赛典赤从各种人群获得的信息大相径庭，使他陷入了困惑。商贾们反映，秃鹫帮绑票、撕票，杀人越货、无恶不作、危害极大。而普通民众的反映却是闪烁其词，支支吾吾，见首不见尾。赛典赤心想，商贾们财产遭受巨大损失，自然对其恨之入骨。百姓们势单力薄，唯恐匪徒寻机报复，心有余悸，担心言多必失，自然不肯多言。

赛典赤决定剿匪从平定秃鹫帮入手。

第三章　阿老瓦巧识柳叶镖
乌马尔智斗秃鹫帮

一

赛典赤命人取来杀害前任达鲁花赤阿合马的那支飞镖，拿在手中反复掂量，放在眼前仔细观察，他只觉得这把飞镖有些奇特。江湖上许多人都使用暗器，飞镖便是其中之一。为了增加抛掷时的速度与惯性，一般的飞镖不仅头部尖锐而且厚重。但手中的这只飞镖却是有些异样，此镖长不过两寸，镖身细窄扁平，寒气逼人，锋利无比，在江湖上称为“柳叶镖”。此镖根部为椭圆形，中间似刻有一个“王”字。赛典赤观察几日却不得要领。

此时，厨师阿老瓦前来送午饭，连唤几声赛典赤竟无反应，便走上前去凑近一看，笑着说：“少爷，该吃午饭了，为何拿着一个女人的发簪发呆啊？是不是准备送给哪个小姑娘啊？”

阿老瓦刚才只是瞥了一眼，误把飞镖当成了一支发簪。

赛典赤转头问道：“阿老瓦你刚才说什么？”

“没说什么。”阿老瓦以为他的主人生气了，便搪塞道。

“你刚才不是说什么‘女人’‘发簪’吗？”赛典赤追问道。

“我是说，我是说……一个大老爷，几天来饭不思，茶不饮的，只知道拿着一支发簪把玩。”阿老瓦鼓起勇气说完，准备接受主人的责骂。

赛典赤将手中飞镖放在桌上，双手拉着阿老瓦的双臂使劲摇晃，激动地说："女人、女人，哦，阿老瓦，我的好兄弟，你帮我解决了一个大难题哟！"

阿老瓦不明就里，反问道："我的少爷，什么'女人''女人'，看把你乐的。"

阿老瓦是个懂礼仪的人，知道主仆的关系，当着众人的面称赛典赤为"大人"，当只有他们俩的时候，就按照在家乡的习惯称他"少爷"。

赛典赤复又拿起那把飞镖递给阿老瓦，说："兄弟，你再仔细看一看，这究竟是什么东西？"

阿老瓦接过来一看，却是一柄精巧暗器，看到根部时脱口而出："这里还刻有一个'玉'字哩。"

赛典赤接过再仔细一看，见那"王"字下面果然还有一点，阿老瓦的观察比自己还细致。便说："这就对了，确实是一个女子。"

阿老瓦心里更是糊涂，问道："这暗器与女人有何关系啊？"

赛典赤兴奋地说："兄弟，你看这飞镖细长轻薄、精巧，镖柄又落一个'玉'字，几乎可以肯定匪首黑秃子是个女子！"

阿老瓦叹息一声："女子也好，男子也罢，这帮匪徒像一阵风一样，来无影去无踪，漫漫荒漠你去哪儿找寻？我说少爷啊，剿匪、剿匪，怎么也要吃饭啊。"

赛典赤一边吃饭，一边想，这阿老瓦说得十分有理，自己如何解决这个难题？若派兵围剿，彼在暗处，我在明处，疲于奔命，甚至劳而无功，看来只能智取，但是智取也要找到匪徒的行踪。

隔日，赛典赤召集手下将士商讨进剿之策，众人望了望年轻的上司，面面相觑，面有难色。

赛典赤见大家心有余悸，微笑着说道："看来进剿确有难处，那就暂且放一放吧！"

众将士诺诺，拱手而退，一边走一边悄声议论："看来我们的这位新上司还是匹小马驹。""嘴上无毛办事不牢。""要想剿灭秃鹫帮谈何容易。"

二

这天黄昏吃过饭，赛典赤对正在收拾碗筷的阿老瓦说："过两天我要外出几日，你就在家里待着。"

阿老瓦问："是要去燕京看望老爷和夫人吗？"

赛典赤摇摇头。

阿老瓦又问："何人相随？"

赛典赤伸出食指，说："就本少爷一人。"

阿老瓦说："那谁给你做饭？"

赛典赤回说："本人自带几个馕、一壶水足矣。"

阿老瓦连连摇头："那可不行！自你从军以来，老爷就吩咐过，让我时刻照护你，万一你只身外出有个差池，我如何向老爷和夫人交待！"

阿老瓦又急切追问道："我的好少爷，你究竟要去哪里？"

年轻气盛的赛典赤说道："实不相瞒，我想去会一会黑秃子。"

阿老瓦一听，惊出一身冷汗，手中的青花瓷碗"哐啷"一声落在地上，摔成几瓣。

阿老瓦顾不上收拾地上的碎碗，问道："你决意要去？"

赛典赤说："不入虎穴焉得虎子。"

阿老瓦直身说："那，我就随你前往！"

赛典赤说："你就不怕死？"

阿老瓦倔强地说："少爷为黎民百姓剿匪不怕死，我又何惧？"

赛典赤说："你没听说，那可是一帮杀人不眨眼的匪徒啊。"

阿老瓦回说：“少爷不怕，阿老瓦也不怕。生生死死都要和你在一起！”

赛典赤拗不过他，便说：“那好吧，这两天你去准备准备。你且附耳上来。”

赛典赤向阿老瓦交代了三件事情。

赛典赤想，眼见秋尽冬来，匪徒们一定要抢掠些财物，筹集粮草以备过冬，城中定有其眼线耳目。所以赛典赤安排的第一件事，就是引蛇出洞。他让阿老瓦四处放出消息，说是近日将有波斯商人前来交易货物，诱使匪徒坐探返回老巢报信，自己则可寻到匪徒行踪。赛典赤安排的第二件事，就是让阿老瓦从集市买来两头骆驼，并从府库中取出金银若干，以作诱饵。这第三件事，就是让阿老瓦向部属们宣布，达鲁花赤大人近日将回燕京省亲，来回月余。

匪徒细作果然中计。

赛典赤、阿老瓦主仆一路尾随两个报信人出了州城，穿过陡峭黄土山谷，翻越漫漫沙漠。两天之后，前面的两匹马减缓了速度，突然调转马头往回奔驰而来。

阿老瓦见状，以为匪徒发现了他们，不觉有些紧张。

赛典赤示意阿老瓦指挥两头骆驼蹲下，自己则伏在沙丘上冷静观察动静。

只见两匹马跑了一段，确信后面无人跟踪，又拍马朝前疾驰。

赛典赤舒了一口气，转身坐在沙地上，取下水囊慢慢喝水。

阿老瓦起身催促道：“少爷，匪徒已经走远，我们应该紧追啊！”

赛典赤说：“你是担心他们甩了我们？”

“正是。”

“依我判断，前面不远处应该就是匪巢。”

“那我们更应该紧紧跟上啊。”

“我来问你，你我来此做甚？”

“不就是进入匪巢吗？”

“不，不，你应该记住，我们是波斯来的商人，是来做生意的。”

赛典赤耐心地解释：“你想啊，如果我们现在贸然闯入匪巢，势必会引起他们的疑心，你们怎么会知晓这个秘密据点？难免打草惊蛇。”

阿老瓦恍然大悟。又问道：“那我们现在该怎么办？”

赛典赤说：“守株待兔，找个避风的地方安心休息，等待主人来请我们。”

对赛典赤的预判阿老瓦虽然将信将疑，但还是立刻卸去骆驼身上的货架，然后迅速去找一个避风的安身之地。

静谧的夜晚格外宁静，赛典赤躺在沙地上，午后还是灼热的黄沙，现在却变成一片冷凉。仰望着繁星点点的夜空，此刻的他既紧张，又兴奋。以前虽然参加过一些战斗，那都是跟随木华黎大将军，而这一次是自己首次策划的独立行动，孤立无援，稍有闪失，便将前功尽弃。黑秃子会识破自己的计谋吗？明天进入匪巢将会是一个什么样的结局？如果黑秃子真是一个穷凶极恶的惯匪，不接受自己的劝诫，万一，万一下黑手，自己死而无憾，只是要连累阿老瓦……他望了望身边熟睡的伙伴，不敢再往下想。一阵冷风吹过，他想起了父亲与母亲。父亲还在灯下研判案情吗？眼前父亲搁下了手中的笔，向自己颔首微笑，似乎在鼓励自己，要相信自己的智慧。或许母亲正在做“霍虎坦”（宵礼），正在净心诵经为自己祈祷，祈求真主保佑她勇敢的儿子。想到这里，赛典赤心里踏实了许多，他闭上了眼睛，静静地期待明天与匪首的交锋。

三

天色微明，一阵马嘶声将赛典赤、阿老瓦两人从梦中惊醒。

阿老瓦微微睁开眼睛，看见七八匹高头大马围成一圈，他用手肘推了推赛典赤。

赛典赤抬眼看见这几个人清一色黑衣黑裤，头上缠着黑色包头，口鼻处罩着一块黑布，露出咄咄逼人的双眼。赛典赤心中一阵欣喜：匪徒果然出现了。他佯装紧张慌乱的样子，起身连连拱手，道："好汉饶命，好汉饶命！"

阿老瓦没有见过如此场面，惊得浑身发抖。

来人中，一个身材魁梧的人将手中的弯刀一挥，他身边的一个人利索下马，从马鞍上拿来绳索，将赛典赤、阿老瓦捆了个结实，又从腰间抽出两条黑布带将两人的眼睛蒙上。为首的那个人又将弯刀挥了挥，另外同行的两人会意，下马走向附近的两头骆驼整理货物。一声呼哨，众匪徒押着他们的战利品胜利返回。

约莫走了半个时辰，赛典赤耳边听见一声呼哨，脚步停了下来。

有人将赛典赤、阿老瓦两人的眼罩摘下。赛典赤模糊看见一片黑乎乎的人影，他试图伸手去揉眼睛，但却动弹不得。

只听对面传来一阵低沉的呵斥："娃儿们，怎么能如此对待我们远方来的客人？"

几个喽啰七手八脚将赛典赤、阿老瓦身上的绳索解开。

赛典赤细细听来，这威严的呵斥声中却有一丝细柔。待眼睛稍微适应明亮的环境，逐渐看清楚这是一片树林，不远处站着十几个清一色黑衣人，头上都盘着黑色包头，再仔细一看，人群中有一个人，身披黑色斗篷，用黑布罩住口鼻，右边鬓角处插着一朵白色的绸花，赛典赤更加确定匪首是个女子。

赛典赤不慌不忙地整理衣襟，然后拱手道："在下久闻夫人大名，今日冒昧前来拜访！"

"你是何人？"对面传来问话。

"你看我像什么人？"

这时的赛典赤与阿老瓦一身波斯人打扮。

“你不是给我送金银财宝的波斯商人吗？”

“非也，我乃大蒙古国丰、净、云内三州都达鲁花赤赛典赤！”

众匪徒一听，大惊失色，后退几步，一齐抽出了亮晃晃的弯刀。

“赛典赤，你不是去燕京省亲了吗？”那个匪首问道。

赛典赤微微一笑：“夫人没有听说过‘瞒天过海’‘兵不厌诈’吗？我若去了燕京，今日如何能与夫人相见？”

“大胆赛典赤难道你就不怕死吗？”

见首领发怒，众匪徒一拥而上，手中的弯刀对准赛典赤的胸膛，只等大当家最后的命令。

阿老瓦见状，立刻挺身而出护住赛典赤，大声喝道：“休得伤了我家主人！”

赛典赤哈哈大笑：“我与夫人往日无仇近日无冤，您如何会加害于我？俗话说‘盗亦有道’，据我所知秃鹫帮从不滥杀无辜，我何惧之？”

众匪徒被赛典赤的大义凛然所威慑，一时竟然愣住，不知所措。

匪首望着这个镇定自若的年轻人，心中油然产生了一种敬佩感，便呵斥：“娃们不得无礼！还不将你们的那些家什收起！”

众匪徒唯唯诺诺，纷纷将弯刀插入鞘内，在一旁站定。

匪首想再次考验这位不速之客的胆量，随手从腰间抽出一把飞镖，一甩手，只见一道白色寒光划破空气，“兹兹”向前旋转飞驰……

惊恐万分的阿老瓦不禁脱口喊道：“大人，小心！”

那边，赛典赤眼疾手快，略一闪身，用右手食指与中指轻轻将飞镖接住。

匪首连连鼓掌：“果然好身手！”

赛典赤从怀中取出自己收藏的那支飞镖比较，两支飞镖竟然一模一样。

匪首摘下蒙在口鼻处的黑布，问道："赛典赤，我来问你，本人与你未曾谋面，为何你却知道我是一个女子？"

赛典赤微微一笑，说道："夫人健忘了，是您透露给本官的呀。"

正当匪首狐疑之时，只见赛典赤轻轻掂了掂手中的两支飞镖，猛然向空中抛去……瞬间，只听见几声凄惨叫声，两只刚刚还在聒噪的乌鸦从枯树上跌落在地上。

惊得众匪徒目瞪口呆。

阿老瓦跑过去捡起猎物，送到匪首面前。

那女匪首双手接过一看亦吃惊不小，只见两支飞镖不偏不倚，分别击中乌鸦的脖颈，伤口处还在汩汩流血。

赛典赤走上前去，从乌鸦身上拔出带血的飞镖，说道："这飞镖精巧锋利，柄端又刻有一个'玉'字，故本官揣测此物定是女子所用之物。"

"哦。"女匪首不觉感叹眼前这位年轻人细致入微的观察力。她话锋一转，问道："请问大人冒险前来敝寨有何贵干？"匪首的口气缓和了一些，开始称赛典赤为"大人"。

"本官前来劝谏众位迷途知返，毁寨撤帮，回归乡里，耕地放牧，以图安居乐业。"

女人沉默不语。

赛典赤耐心劝谏道："丰、净、云内三州百姓众望所归天下安定，为防祸患，我已下令各地坚壁清野，并练成千余骑步兵，分别把守三州要道。而今眼下，秋去冬来，首领如何寻得粮草、衣物，使跟随您的众兄弟度过寒冬？恐怕不等来年开春我官军进剿，众人已命丧黄沙大漠。"

女匪首暗自思忖，这位达鲁花赤所说绝非危言耸听。自己对外号称秃鹫帮拥有两千人，实则四五百人，即便是这四五百张嘴，每天两

顿，都需要大量粮食，还有这百十匹马需要饲料。再看看眼前这些衣服褴褛的娃们，如何越冬？再说，新上任的达鲁花赤——赛典赤智勇双全，远非那个贪赃枉法的前任可比，自己势单力薄，根本不是他的对手。但是，自己可是个身负命案，官府通缉的匪首要犯。放下武器，归顺官府，赛典赤会饶恕秃鹫帮吗？自己死不足惜，只是连累了跟随自己多年的娃儿们。左思右想，左右为难，不禁双目紧闭，长叹一声。

赛典赤迅速、敏锐地捕捉到了女人脸上细微变化的表情，知道自己的一番苦心劝谏开始起到了作用，他决定趁热打铁。

赛典赤问道："夫人难道有什么难言之隐吗？"

女首领说道："请大人进屋，容我慢慢细说。"

赛典赤、阿老瓦随她进了一间简陋的木屋。

一个人忙着上茶。阿老瓦取出带来的青花瓷盏，重新给赛典赤沏茶。

赛典赤笑了，说："诸位不要见怪，我们回回外出饮食、喝水都要用自己的器皿。"

女首领抿了一口茶，说道："大人，我秃鹫帮可以归顺官府，但是我有一个条件。"

赛典赤放下茶盏，说："夫人但说无妨。"

女首领说："虽说我秃鹫帮的宗旨是杀富济贫，但是由于我平时管教不严，有些娃也曾经违反帮规，做过一些祸害百姓的坏事，若是有错，错在我这个大当家的，我愿服罪，要杀要剐随你的便，但千万不能加罪于他们。"

赛典赤一方面十分理解，土匪窝里龙蛇混杂、良莠不齐，难免做出一些出格之事；一方面感慨万千，暗暗夸赞：好一个敢作敢为的女中豪杰！此时，他并不急于表态，他还想进一步了解情况，话锋一转，问道："冒昧问一句，夫人为何落草为寇？"

女人沉思良久，眼眶盈着泪水。稍停，讲述了她的身世。

四

女子姓萧，名玉娘，四十二岁，丈夫姓赵，夫妻两人原为金国人。在赵家堡开了一间铁匠铺，虽不富裕，日子也算过得去。两人自幼习武，有一身好功夫，为人豪爽，在当地颇有人缘。

金国与蒙古国多年交战，使得民生凋敝，农田荒废，无人问津铁具，因此生意惨淡，生活每况愈下。三年前蒙古人来了，当时的丰、净、云内三州达鲁花赤阿合马横征暴敛，贪得无厌，比金国统治者有过之而不及，由于交不起苛捐杂税，其丈夫带头抗捐税惨遭官兵杀害。萧玉娘悲愤难忍，草草将丈夫下葬，趁着夜黑风高，潜入府衙用飞镖刺死前任达鲁花赤，而后纠集几十个穷苦百姓揭竿而起，劫富济贫，反抗官府，两三年的时间队伍竟发展到五百人。

回想往事，说到伤心处，萧玉娘已是泣不成声，泪人一般。

稍停，萧玉娘止住哭声，一抹眼泪，说道："草民是有罪之人，任凭大人惩罚！"

赛典赤愤愤地说："萧夫人，事出有因，官逼民反，祸国殃民，阿合马是咎由自取，死有余辜，此事不能怪罪于您。"

赛典赤说："诸位好汉久居深谷僻壤，与外界断绝往来多年，丰、净、云内三州今非昔比，为民生计，我拟定的减免税负的方案，窝阔台大汗已经准奏，并已开始实施，我劝诸位弃暗投明，回归乡里，我将既往不咎。"

阿老瓦说："我家大人上任后不仅恢复了集市，还降低了赋税。例如所定《实物税》规定，牧民养马百匹者，只上交国家母马一匹，养牛百头只上交母牛一头，养羊百只上交白色公羊一只。农耕者，每户每年只需上交麦豆两成。"

人群中议论纷纷，都说比当初金国时期少了一半，如此百姓就有活路了。

一个身材魁梧的汉子用怀疑的口吻问道："天下乌鸦一般黑，官府历来搜刮民脂民膏。赛典赤，你说的话可是当真？"

一些汉子也纷纷附和："二当家所说极是。""莫不是又如阿合马老贼一般，诱骗我等离开秃鹫帮后再分别杀害！""口说无凭！"

萧玉娘亦说："大人赦免我等，可否立下字据？"

赛典赤慨然道："大丈夫一言既出，驷马难追！"

萧玉娘命人即刻取了纸笔，赛典赤一挥而就，签上自己的名字，并押了手印。

萧玉娘看过后递给二当家。

一旁的阿老瓦眼看大功告成，心中高兴：少爷真是大智大勇，自己先前的担忧看来是多余的。

却只听那二当家说道："赛典赤，仅凭一纸空文，我等还是不能相信！"

阿老瓦急了："你等莫要把我家大人的好心当作驴肝肺！"

赛典赤止住阿老瓦，平静地问道："二当家的，依你之见，如何才信得本官的承诺？"

二当家："俗话说，民凭契约，官凭印信。你能在此承诺书上加盖达鲁花赤官印，方能解除我等疑虑。"

阿老瓦插话说道："你个草……"阿老瓦本想说"草寇"，马上觉得不妥，舌头一溜，改口说道："你个草民，不懂规矩，那官府的印信是想拿就拿的吗？"

此时，萧玉娘说道："二当家的，我看赛典赤大人是位真君子，他绝不会食言的。"

二当家依然不肯松口："如果不加盖官印，那此文书便如同废纸一张！"

二当家不仅武艺高强，而且颇有心计，是萧玉娘的得力助手。

赛典赤说："既然诸位不放心，那我们今日就返回州城，盖了官印三日后仍在此相见，你们觉得如何？"

萧玉娘点头应允。

二当家制止道："大当家的倒是菩萨心肠，他们主仆两人此行探得我家营地，万一再引官兵前来围剿，岂非引狼入室？"

众喽啰齐声鼓噪，都说还是二当家考虑周全。

双方的谈判旋入了僵局。

面对二当家的胡搅蛮缠，赛典赤并不发怒，略为寻思，说道："二当家的担心情有可原。可否本官留下作为人质，让阿老瓦兄弟返回办理此事，仍以三日为限。"

话音刚落，阿老瓦连忙摇手，说："不可不可！本人愿意留下作为人质，生生死死都要与大人在一起！"

二当家回说："阿老瓦兄弟忠肝义胆，令我钦佩。只是如若你家主人来个老将不会面，我们山寨仍然面临灭顶之灾。"

萧玉娘呵斥道："赵狗娃，我看他主仆两人情同手足，肝胆相照，达鲁花赤大人是个讲信义之人，他绝不会置阿老瓦兄弟的生死于不顾。"萧玉娘也觉得他做得有些过分。

赵狗娃是秃鹫帮二当家的大名，是萧玉娘丈夫的堂弟。

赛典赤说道："大当家的说得好，做人就是要讲诚意，难得有此机会，我愿意留下来与诸位叙叙家常。如若阿老瓦兄弟三日内不返回，本官任凭你等处置。"

赛典赤转而对阿老瓦说："你可持我手令办妥事情，速去速回。你且放心前去，秃鹫帮并非如同那帮商贾富豪大肆渲染的是杀人越货的匪徒，他们的良心未泯，定不会为难于我。"赛典赤这番话似向阿老瓦交代，其实亦是说给萧玉娘、赵狗娃等人听。

阿老瓦只得从命，怀揣赛典赤写好的手令，取了自己的水囊和一

些干粮，赵狗娃牵来一匹快马，赛典赤将他送出寨门时又耳语几句，阿老瓦飞身上马绝尘而去。

三日后，夕阳西下之时，阿老瓦不辱使命，将加盖了官印的文书交给萧玉娘，大声说道：“诸位兄弟，本人行前奉达鲁花赤大人之命，让官衙制作了五百份告示，在三州之内广为张贴，正式宣布州府赦免你等众人并恢复良民身份！”

萧玉娘手捧文书，热泪盈眶，向赛典赤下跪施礼。赵狗娃羞愧难当，率领众人下跪，口称：“赛典赤大人是我等再生父母！”

赛典赤虚手一抬，示意众人起身，说道：“诸位请起，先莫言谢，请大家尽快收拾好可用之物，返回乡里，只恐隔几日大雪封山，道路阻塞，难以成行。”

此后，又吩咐阿老瓦将带来的金银分配给众人作为安家费。萧玉娘、赵狗娃等众人感激万分，再三拜谢。

翌日，萧玉娘、赵狗娃等人放火烧了山寨，随赛典赤离开巢穴。

赛典赤兵不血刃，顺利降服秃鹫帮，使得其他杆子纷纷归降，民众、将士大为折服。

赛典赤在短期内不仅迅速改变了丰、净、云内三州混乱的局面，而且该地区成为蒙古国对金朝作战储备、转运粮食、布帛、器械等军需物资后勤供给的重要基地。尔后，赛典赤又改任太原、平阳二路[1]达鲁花赤，亦是政绩卓著，有口皆碑。初出茅庐的赛典赤一展身手，成为一个年轻才俊的基层官员。机遇降临在这个年轻的色目人身上，历史选择了赛典赤，自此他走向了仕途，一颗政治明星在东方大地冉冉升起。

① 太原路，即今山西太原一带。平阳，即今临汾。

第四章　瞻思丁履职燕京城
断事官巧断诉讼事

一

在元朝初期，中书省与枢密院都设有“札鲁忽赤”[①]，即断事官，秩正三品，是成吉思汗在当年颁布《大札撒》（即蒙古大法令）时设立的官衔。在元朝时期，断事官是个特殊的职位，除了负责对属民的分配和掌管刑政狱讼，另外还兼管财政，原本并无关联的两项政务竟集合于一体。

不花剌国地处丝绸之路的重要节点，中国的丝绸、瓷器、茶叶，波斯和阿拉伯国家的蓝宝石、红宝石、琥珀、金银器皿等东西南北的各种货物大量在这里集聚、流转、交易，大多数不花剌人成为经商的高手。苦鲁马丁也不例外，在安排好部落内畜牧养殖，种植狩猎外，他带领本部落的一些人，跋山涉水，风餐露宿，长途贩运商品。他精通波斯语、阿拉伯语、蒙古语和汉语，凭着善于捕捉商业信息，精明的算计而获利颇丰，成为不花剌国颇有名气的商人之一。

太宗窝阔台正是看中了苦鲁马丁平素谨厚稳沉，待人和颜悦色，处理事务公正，精于理财等特点，所以任命他为燕京的“札鲁忽赤”。

公元1240年，苦鲁马丁病逝，太宗窝阔台任命二十九岁的赛典赤

---

① “札鲁忽赤”即“断事官”，蒙古国最初的规定负责属民的分配和罪犯的判决，后来逐步形成为兼管财政和司法的官职。

承袭父职，为新的燕京札鲁忽赤。按照惯例，沿袭父辈职位，一方面是朝廷对原任官员业绩的肯定，另一方面是对其后人的一种嘉奖和信任。

赛典赤职守太原、平阳，虽然离燕京不算远，但是十余年来，由于父子俩忠于职守，聚少离多，鲜有见面，平时只有鸿雁传书，沟通交流。如今父亲归真[1]，赛典赤悲恸欲绝，以泪洗面，默默无语，虽然无语，但内心的震动却胜过雷霆万钧。

送走父亲，赛典赤忆起那段被时空湮没的曾经，一任剪不断的生死离别情愫在心中萌发、滋生、漫延。

父亲不仅是自己的养育之人，更是自己人生的导师、引路人和楷模。他尊重父亲，父亲是他心目中的英雄，敢作敢为，循循善诱，是个虔诚的穆斯林。但是他曾经暗自埋怨过父亲，为什么要答应成吉思汗让他留在宿卫军中，他可是这个家里的独生子啊。让幼小的他早早地失去父爱母情，而在那个恶劣的环境里遭受折磨与煎熬，心里很不是滋味。后来逐渐长大的他懂事了，明白了，进入宿卫军的人有两种情况，其一，具有蒙古族血统的王公贵族之子，经过严格的训练，成为今后蒙古铁血军团的中坚力量；其二，成吉思汗是一个性情多疑的人，他担心那些归顺了的异族首领存有二心，为了避免他们日后反水，便让其子入宿卫军以为人质。赛典赤深知自己错怪了父亲，自惭形秽，他体悟了父亲的苦涩、无奈和苦心孤诣，流落异邦的异族人只有磨砺自己，今后才能有立锥之地，日后才有出头之日。

父亲的一生宛若一杯纯净透亮的白水，平淡无奇；宛若一页洁净的白纸，简约如风；没有起伏跌宕，没有是是非非，没有太多的绚烂多彩。父亲为了族群的安危放弃了酋长的地位，远走他乡，归顺蒙古国，为了对族群负责，让爱子人军为质，父亲一诺千金，背负了重如

---

① 穆斯林称"死亡"为"无常"或"归真"。

泰山的责任。父亲的言传身教是他巨大的精神财富，他学会了父亲循规蹈矩、克勤克俭、忍辱负重、委曲求全、恪尽职守的品德。如今，正当英年的父亲去世，当他从父亲手中接过了那本厚重的《古兰经》的时候，他意识到全家的重担压在了自己的身上，他将要肩负起传承父辈道德品质，繁衍家族后代的重任。他要像父亲那样，做一个真正的男子汉直面人生，不辜负父亲对自己的殷切希望。聊以宽慰的是自己回到了燕京，回到了父亲曾经居住过的那院老宅，这里的一砖一瓦，一草一木都有父亲的气息，他可以和新婚燕尔的爱妻一起常年侍奉自己的母亲。把自己调职燕京，或许是太宗窝阔台对自己的父亲辛劳一生的有意回报，赛典赤暗暗发誓，要永远忠于有情有义的大汗。

二

赛典赤正式接手燕京断事官的工作，仅仅十来天，他深深地感到这是一件棘手的活儿，他更深深体会到了父亲以往任上的艰辛。

断事官的工作责任十分重大。所谓“断事”，判别一切刑政狱讼必须依照一定的法律条文。然而，元代始终没有颁布完备的法典。至元八年（公元1271年）以前，中原汉地断理狱讼，基本上参用金国的泰和律定罪，再按一定的折代关系量刑。至元八年十一月，在建“大元”国号同时，下令禁用泰和律。以后曾数次修律都没有完成。判罪量刑，主要根据已断案例类推解释比附定刑，与其他封建王朝相比，司法的随意性较显著。

元代法律从维护地主阶级利益出发，制定了种种不平等规定，如地主殴死佃客，只杖一百七，征烧埋银（丧葬费）五十两。又在许多方面明确规定四等人的不同待遇。法律虽然规定杀人者死，但蒙古人因争斗和趁醉殴杀汉人，不须偿命只罚出征和征烧埋银。蒙古人、色目人殴打汉人、南人，而汉人、南人则不得还报。因而元代刑法带有

鲜明的民族压迫色彩。

成吉思汗曾规定，杀蒙古人的偿命，杀色目人的罚黄金四十巴里失（一巴里失大概折合二两银币），而杀死一个汉人，只要缴一头毛驴的价钱就可以了。遇到征伐战争，差别待遇较平时更甚。如征用马匹，色目人三匹马中只征两匹，而汉人的马，无论多少全部征收。

宪宗任命哥剌互赤为断事官与不只儿总理天下财赋。哥剌互赤升堂审案，一日之内竟判了二十八人死刑。此事使燕京震惊，朝野哗然。忽必烈怒斥道：“凡是死罪必须认真勘验审查而后行刑。一日之内杀二十八人，肯定其中有许多人是无辜的啊！”哥剌互赤与不只儿两人无言以对。此一案例，除了哥剌互赤个人贪敛钱财，昏聩无能之外，法律的缺失与不公平应该是根本的原因。

赛典赤无力改变这铁桶般的秩序，他只能凭自己的良心，在审理程序上尽心尽责，竭尽全力倡导伊斯兰教律禁止撒谎、爽约、隐瞒、诬蔑、做伪证、谗言的规定，注重调查研究，注重证据与事实，尽力避免冤假错案，体恤民情。

这年，夏至刚过，酷暑便降临燕京。

银库内，赛典赤摇动手中蒲扇，正在指挥七八个人清点库银。

一个衙役急匆匆跑来禀告，是说房山县有人前来投诉一桩命案，赛典赤急命升堂。

赛典赤换了官服在大堂上正襟危坐，拍了一下惊堂木，问道：“何人报案？”

大堂右面下跪之人回道：“大人，小民铁木迭儿状告黄泽顺杀人。”

大堂左面下跪之人连忙喊道：“大人，我冤枉啊！”

赛典赤又拍了一下惊堂木，说道：“你二人都起来回话。”

赛典赤向喊冤之人说道：“那你就是黄泽顺了？”

黄泽顺拱手：“大人，小民正是黄泽顺。”

赛典赤问道：“铁木迭儿，你且将事由陈述一番。”

铁木迭儿说道：“我与黄泽顺同住燕山脚下的呼家屯，今日我与老婆在自家地里收割麦子，不想黄泽顺闯入我家麦地将我老婆杀死！”

黄泽顺大呼：“大人，铁木迭儿所言不实！”

赛典赤制止道：“黄泽顺少安毋躁，本官自会秉公审理。”

赛典赤：“铁木迭儿，我来问你，你说黄泽顺杀死你老婆，可有人证与物证？”

铁木迭儿：“我与老婆收麦，现她已死，当时黄家还有他老婆和儿子在场，他的家人自然袒护黄泽顺，故无人证。”

赛典赤：“那可有物证？”

铁木迭儿：“凶器便是最好的物证。”

“凶器为何物？”

“就是这把掐刀。”

赛典赤吩咐衙役将凶器呈上仔细观看，果然凶器上尚留有一些新鲜血渍，再用鼻子嗅了嗅，不是畜禽的血液。

赛典赤猛拍惊堂木，厉声喝道：“黄泽顺，如今证据确凿，你还有什么可说！”

黄泽顺惊得跪地，连连喊道：“大人，冤枉啊……那不是我家的把锹！”①

铁木迭儿：“大人英明！按照我大蒙古国的法律规定，黄泽顺杀死蒙古人应该偿命！”

赛典赤：“本案已结。铁木迭儿，你可以回家了。来人啊，速将黄泽顺打入死牢！”

铁木迭儿扬扬得意地走了。

---

① 把锹：古时候叫“铚”。汉代许慎《说文解字》注释为“铚，获禾短镰也。”

是夜，赛典赤换了便装，在狱卒的引导下来到死囚牢房，他命人解除黄泽顺身上的刑具。

黄泽顺跪地纳头喊道：“大人，我真的没有杀人啊！”

赛典赤将他扶起，问道：“听口音你不是本地人？”

黄泽顺说道：“小人原本是蓟州渔阳县人，因连年干旱无法生活，三年前一家三口迁至房山县呼家屯，向大户人家租佃几墒地为生。”

赛典赤：“那你与铁木迭儿平素有什么过节，竟要杀害他的妻子？”

黄泽顺：“我与铁木迭儿平时确有一些过节。”

赛典赤：“你且说来。”

黄泽顺：“铁木迭儿平时在屯里横行霸道，三番五次欲调戏我老婆，我家租佃的麦地刚好与他家相邻。我家的地在水渠上口，可是每次浇麦地，他总是强行扒渠先浇他家的地。经常将他家的牛羊驱赶到我家地头啃吃青苗。我是外来人，惧他是蒙古人，所以几年来只好忍气吞声，处处忍让。”

赛典赤：“莫非平时里受了欺辱，今日忍无可忍动了杀机？”

黄泽顺：“今日天气晴好，两家都下地刈麦。他趁我家午间歇晌，竟然闯进我家之地割去半墒熟麦。我动了火气与他理论，双方相互推搡，这时两家的婆娘都来劝架。铁木迭儿右手持把锨朝我砍来，当他向后用力挥舞时却碰到他婆娘左侧的太阳穴上，由于流血过多，不一会儿那个女人便气绝身亡。”

“黄泽顺，你再说一遍，铁木迭儿今日使用何种农具？”

“回大人，他用的是把锨。”

“你说是把锨？”

“正是。”

“但是，堂上铁木迭儿说你用掐刀伤人。”

赛典赤十分注意原告与被告两人叙述的差别。

黄泽顺道：“大人有所不知，由于地域不同、方言土语的差别，同样的农具名称却五花八门。对于收获禾穗的铁制短镰刀，我们冀中人将其称为‘把锨’。据我所知，辽阳地区却称其为‘捻刀’，有的地方也叫‘爪镰’‘把镰’。铁木迭儿他们则将它称为‘掐刀’。”

“除了名称的差异以外，你们两家使用的镰刀有什么差别？”赛典赤追问道。他不想放过任何一个细节。

“回大人，我家的把锨主要用于收割稻麦，长约六寸，形状弯曲。而铁木迭儿家的掐刀，除了用于收割稻麦，还用于收割牧草，所以长度约为一尺，形状弯曲度比我家的稍微平直一些。”

赛典赤哦了一声：“这就对了。”

赛典赤随即点了十几个衙役，带上黄泽顺，星夜赶往呼家屯，先去黄泽顺家查验了把锨并无血迹，果然与黄泽顺所言不差。然后直奔铁木迭儿家。

此时，铁木迭儿家灯火通明，一伙人正在忙着搭建灵堂。

赛典赤入内，大喝一声：“速将诬告者铁木迭儿拿下！”

铁木迭儿不服，大喊冤枉。

赛典赤厉声道：“铁木迭儿，今日你与黄泽顺争斗，误伤自己妻子，反嫁祸于人。”

铁木迭儿问道：“你如何甄别？”

赛典赤：“是你在大堂上将凶器称为‘掐刀’，本官就看出了端倪。”

铁木迭儿无言以对，认罪伏法。

一旁的黄泽顺拱手道：“大人，现在案情已经查明，铁木迭儿也已认罪，体谅他丧妻之痛，可否免去治罪？”

赛典赤对铁木迭儿说：“黄泽顺是个明事理之人，言之有理，现免去你诬告之罪，今后切勿寻衅闹事，乡里之间应和睦相处。”

铁木迭儿再三拜谢，并承诺明日便送还多割黄泽顺家的麦子。

三

这日，又有人击鼓报案。

原告是个年轻汉子，右腿残缺，拄着一双拐杖，名唤罕突忽。被告约是一个莫五十多岁的老汉，名字叫也速不花。赛典赤一听名字和话语，知道两人都是蒙古人。

两人发生矛盾的经过颇有些蹊跷。罕突忽与也速不花是同村人，平时里相处甚好。三年前，单身的罕突忽应征入伍，他将二十只母羊交给善于养殖的也速不花代为饲养，并约定了酬金。罕突忽在前线作战负伤退役回乡，便向也速不花索要母羊。也速不花却装作为难的样子，告诉伤残的罕突忽，去年冬天，他的十只羊被狼吃了，只能归还剩下的十只母羊。罕突忽觉得十分奇怪，自己的羊与也速不花家的羊是混杂饲养或放养，为何唯独自己的羊被狼吃了，他家的羊却膘肥体壮，一只都没有损失，而且还生下许多羊羔。左思右想觉得自己受到了欺骗，于是便向断事官提出诉讼。

赛典赤听完两人的称述，觉得十分棘手。罕突忽的诉请仅仅只是一种怀疑，并无确凿的证据，也速不花的辩诉亦是合情合理。一时无从判别，便命两人回家等候。

赛典赤思考几日，不得要领。别的案子多少还有一些蛛丝马迹，而这个案子中的羊是鲜活的动物，一是它不能开口说话作证；二是同一个村饲养的羊，品种相同，难以区分。羊被狼吃了，也有可能。

阿老瓦眼见赛典赤昼思夜想，便进言道：“少爷莫要忧愁，只需如此，如此，一月之内便可破案……”

赛典赤眉头舒展，说：“就依你的计策行事。”

几日过去，也速不花见断事官无从判定，便放心下来。

有一个自通州来的人，找到也速不花商谈购买一批母羊。来人看过货物交了订金。

隔几日，通州人说有急事约也速不花来到镇上一家茶馆的雅间商谈。

一见面，通州人急迫地说："为了货比三家，我曾到你们邻村询价，听说他们有十几只母羊前些日子被窃贼偷盗，现官府已经发出拘捕令。我担心您老卖给我的那些羊当中是否混杂了这些赃物？为避免受连累，我想请您老退还订金。"

先前，也速不花见来人豪爽，出手大方，便不留意。此时，他不愿意放弃到手的生意，便拍拍胸膛说道："看来小兄弟倒是个精明之人，我就不妨直言相告，卖给你的这些羊大多数是我的邻居罕突忽那个傻小子寄养在我家的，与那失窃的羊群无关。"

客人再问："此话当真？"

也速不花回道："绝无半句虚言！"

话音刚落，门帘掀起处，却是赛典赤与罕突忽。

赛典赤笑道："阿老瓦，想不到你除了会做回回饭，更适合当捕快哟。"

也速不花大吃一惊，他做梦也没有想到，这个断事官不出半月竟然神奇破案。即刻跪地认罪，愿意将二十只母羊及所生的十只羊羔如数归还罕突忽。

赛典赤对罕突忽说道："小兄弟，也速不花贪占财物，但并非偷窃，且已知错，本官之意，姑且饶恕，不予定罪。他为你饲养母羊三载没少辛劳，也有些花费，你送他两只母羊作为酬劳，你觉如何？"

罕突忽拱手："小民听凭大人吩咐！"

涉足断事官事务后，赛典赤更深深体悟到父亲处世的艰辛，多年来的书信往来，父亲从未将他内心的酸楚、苦涩、隐忍、无奈向自己透露只言片语，更没有丝毫的怨言。他似乎找到了父亲过早去世的根源：理财对于父亲来说是得心应手，困苦父亲的是处理诉讼案件，父亲也想秉公办案，但是，残缺不全、有失公允的法律束缚了他的思想

与行为。言不由衷，事与愿违折磨着性格内向的他。积劳成疾，不是体力的劳累，而是内心极度的忧虑与隐忍产生的劳累，是心劳。每每夜深人静之时，想起父亲常年内心痛苦的煎熬与无助的挣扎，不禁潸然泪下。随着父亲离去的时间越长，他对父亲愈发理解、尊重、眷念，学会了父亲的持重与隐忍。他在心中默念，下辈子还要做您的儿子，要好好地孝顺您、回报您。

赛典赤初涉政坛，便显现了其“有宽宏之量、忠恕之心、量时度力、举无过事”的性格与才能，因而一直得到蒙古国高层的提拔与重用。

公元1251年蒙哥即汗位（即宪宗），命塔儿、斡鲁不、察乞剌、赛典赤、赵璧等诣燕京，抚谕军民，以牙老瓦赤为燕京等处行尚书省事，赛典赤、匿咎马丁为副手。公元1253年，赛典赤升迁为燕京路总管。其间由于政绩昭著而擢升采访使，专门负责调查民间疾苦和对地方官员业绩的考察。

第五章　蒙哥汗心忧天下事 忽必烈运筹斡腹策

一

成吉思汗逝世两年之后，窝阔台成为大蒙古国新的大汗，史称元太宗。在元太宗登上汗位后，大蒙古国征战频频，内乱动荡，汗位更替频繁。元太宗十三年（公元1241年），太宗窝阔台死于征伐南宋的途中，享年五十六岁，葬起辇谷，在位十三年，追谥“英文皇帝”。窝阔台去世后，汗位争夺十分激烈。公元1245年窝阔台之子贵由即汗位，史称元定宗。

公元1232年，监国孛儿只斤·拖雷率军击败金军，在回师漠北途中病逝。其子孛儿只斤·蒙哥即位后追上尊号，谥“英武皇帝”，庙号“睿宗”。至元二年（公元1265年）孛儿只斤·忽必烈在位时，改谥为“景襄皇帝”。至大二年（公元1309年），加谥“仁圣景襄皇帝”。

孛儿只斤·拖雷的正妻唆鲁禾帖尼生了四个儿子：孛儿只斤·蒙哥、孛儿只斤·忽必烈、孛儿只斤·旭烈兀和孛儿只斤·阿里不哥。

公元1248年，定宗贵由汗去世，享年四十三岁，在位三年，葬起辇谷，追谥“简平皇帝”。贵由去世后，蒙哥于公元1251年登上了汗位，史称元宪宗。此后，大汗位由窝阔台系转到拖雷系。

内乱既定，蒙哥决定完成太祖成吉思汗的宏大遗愿，南下征讨宋朝，两军对垒鏖战，局势胶着。召开了几次军事会议，有的人建议继

续征兵征粮，加强攻势；有的人则建议用高官厚禄收降宋军将领，从内部瓦解南宋。大臣、将领们众说纷纭，始终没有提出一个圆满的计划，蒙哥整天闷闷不乐。

蒙哥冥思苦想，突然想到应该征求忽必烈的意见，或许可解这盘死棋。

忽必烈是蒙哥的第二个弟弟，于公元1215年八月，降生在漠北草原。

这年夏天六月，赋闲多年的忽必烈忽然接到蒙哥汗王的诏令，便连夜与刘秉忠、许衡、姚枢、郝经、张文谦、窦默、赵璧等众谋士商议如何应对。刘秉忠推测这次蒙哥召见，一定是与对南宋的战事有关，他觉得这是一个千载难逢的好机会，建议忽必烈采取柔中带刚，随机应变的策略，以获取蒙哥的信任。

刘秉忠是个传奇人物，字仲晦，初名刘侃，又名子聪，瑞州人氏。秉忠志气英爽不羁，八岁入学，日颂百言，过目不忘。十七岁时隐居武安山，天宁虚照禅师收其为僧，潜心研读《易经》、邵氏《经世书》，精通天文、地理、律历、三式六壬遁甲之术，时时关注天下时局变化。忽必烈闻其博学多才，在府邸召见，刘秉忠对答如流，忽必烈便延聘他为幕僚，成为得力助手，后来更成为忽必烈皇帝的肱骨大臣。

隔两日，忽必烈带领刘秉忠及七八个随扈侍卫，冒着酷暑，从自己的藩地漠南金莲川（今滦河上源）赶到漠北的都城和林（今蒙古乌兰巴托西南哈尔和林）。

翌日，蒙哥在萨拉森人区的万安宫单独召见忽必烈。

忽必烈恭恭敬敬向蒙哥大汗行臣礼。

蒙哥急不可耐地向他征求南征宋朝的意见。忽必烈心想果然不出刘秉忠所料。

他不紧不慢地对蒙哥说：“大汗莫非忘了一段典故？”

蒙哥不明就里，问道："哪一段典故？"

忽必烈言道："昔日，老臣木华黎为太祖成吉思汗引见郭宝玉，这郭宝玉，字玉臣，华州郑县人，唐中书令郭子仪的后裔，精通天文、兵法，善骑射。当时，太祖问进取中原之策，宝玉说：'中原金国兵强马壮不可忽视，以我国目前实力不能与之正面抗衡。臣闻西南诸蕃勇悍可用，宜先取之，借助他们的力量再图金国，必能逐鹿中原。'这便是当年郭宝玉向太祖进献的'斡腹之举'。"

蒙哥若有所悟，说道："哦，是有此事。"

忽必烈说："现今虽然金国已亡，但郭宝玉所献之策仍然符合现今情势，真可谓未雨绸缪，请大汗移前观看。"

忽必烈接着展开地图指着说："南宋虽然偏安江南，但幅员辽阔，其实力仍旧不可小觑，加之宋廷尚有一帮忠臣良将辅佐，正面一时难于突破啊。"

忽必烈用手在地图的左下方划了一道弧线，继续说道："大汗再请看，这西南诸蕃其地广袤，长年来与中原若即若离。臣最近关注大理国情势，其国主弱臣强，内乱已显端倪，若能派遣一支大军绕道征讨，则西南可定，此其时也。一则，可扩大我蒙古帝国之疆域；二则，当地僰、爨土人勇猛剽悍，可为我军补充兵源。西南既定，即可实施南北夹击之攻略，使南宋首尾不能兼顾，一统天下指日可待也！"

蒙哥举手加额："昔日诸葛孔明未出茅庐而三分定天下，如今二弟审时度势，剖析敌我态势入木三分，使我醍醐灌顶，茅塞顿开，就依你的策划而行！"

蒙哥嘴上虽这么说，心里却升起一丝嫉妒，只听说这几年老二在金莲川大修府邸，犬马声色，夜夜买醉，不想蛰伏修养期间，对天下大事竟了然于胸，并暗暗展露了他的军事才能，想到这里不由倒抽了一口冷气，平添了一层戒备之心。

蒙哥转而一笑，关切地说："二弟远道而来辛苦备至，你先歇息几日后，我们再详细斟酌。"

如果说郭宝玉的建言还是纸上谈兵，那么忽必烈的宏图大略，却是具体可行的重大战略布局，它吹响了蒙古国进攻西南及大理国的进军号，将改写云南未来的历史，为日后赛典赤入滇主事结下了情缘。

蒙哥既听从了忽必烈的计谋，便立即着手选帅，左右权衡之后，觉得忽必烈目前暂时还不会对自己的汗位构成威胁。此次用兵启用二弟忽必烈，一来可以让他为南下征战出力。如果得胜，是自己决策正确，指挥有方，如若失败则罪在他的身上；二来让他远离政治权力中心减少了对自己的直接威胁。此外，还有兀良合台父子对他进行钳制，想完以后便放下心来。

过了几日，蒙哥邀忽必烈一同狩猎。

两匹骏马一红一黑，一前一后，如脱弦之箭在草原上奔驰，瞬间便将宿卫队甩得老远。忽必烈是个有心计的枭雄，在漠南金莲川藩地时，白日里与一批死士骑射练武，晚间则与刘秉忠等一帮谋士灯下谈兵论道，早已练就一身强壮体魄，满腹经纶。此时他故意不发力，只是紧紧跟随在蒙哥的红马后面。一个时辰后，来到一片树林，两人先后滚鞍下马，拴好马匹，蒙哥摘下头盔，坐在一个树桩上。

蒙哥擦了擦额头上的汗珠，对站着的忽必烈亲切地说："二弟，你有足疾，这大热天的你也坐下歇会儿。"

忽必烈回说："难得大汗还念着这点小事，臣弟不敢坏了规矩，还是站着回话为好。"

蒙哥说："这几日啊，我思考再三，木华黎等一帮老将早逝，一些将领正在与南宋军对垒抽不出身。三弟旭烈兀，四弟阿里不哥年少轻狂，勇猛有余而谋略不足，我权衡再三，只有请二弟你亲自出山领衔，担任远征西南之主帅，南北合围之大计方能实现，望勿推辞！"

忽必烈与蒙哥兄弟两人从小就心存芥蒂，忽必烈一向看不惯纵情声色，毫无大志的兄长。可是，眼下蒙哥是大汗，自己是臣，为了将来的大计，只能隐忍不发等待时机。

望着身体微微发福的蒙哥，仍旧站立的忽必烈心中大喜过望，这一天终于等来了，自己可以掌握一部分兵权了。他抑制住内心的激动，毕恭毕敬地回答："大汗雄才大略，颇具太祖遗风。臣弟不才，为我大蒙古千秋基业，愿冲锋陷阵，在所不辞！"

蒙哥欣慰地说："我知二弟智勇双全，故将此重任托付于你。"

忽必烈说："受此大任臣弟诚惶诚恐，定当竭尽全力，只是……"

蒙哥见他欲言又止，便问道："二弟莫非有为难之处啊？"

忽必烈说："征讨西南必须具有两个条件，方能保证胜利。"

蒙哥追问："为灭宋大计，莫说是两个条件，即便是二十个条件为兄都可以答应你，你且讲来。"

忽必烈说："此役事关重大，需得一批得力大将，逢山开路、遇水架桥、攻城略地，不可少也，此其一。"

蒙哥回答说："自古道，'三军易得，一将难求'，战争之胜负全系将帅于一身，精选良将这个是自然，我准备让兀良合台与你同行，你看如何？"

忽必烈一听便心知肚明：早年兀良合台就是蒙哥身边一怯薛之长，是为他的心腹。定宗贵由汗去世，汗位空缺三年，拔都木哥、阿里不哥、唆亦哥秃、塔察儿等诸王都觊觎汗位，部族之间明争暗斗，十分激烈，又是兀良合台积极附和拔都的主张，竭力推戴蒙哥即大汗位，更是有功之臣。蒙哥启用他的心腹爱将，其用心是以兀良合台掣肘、监视自己，以防尾大不掉。但转念一想，兀良合台的确是一员骁勇善战的猛将，他的儿子阿术和自己还是好安达[①]，尽管蒙哥的安排包

① 安达，蒙古习俗，结拜的兄弟，好朋友。

藏私心，但并无不妥之处，只要自己军权在手，不怕他兀良合台不听号令。于是，忽必烈恭维地说：“还是大汗考虑周全！”

蒙哥又问：“还请二弟再说说这第二件事。”

忽必烈忧心忡忡地说：“此番远征非同以往的战术迂回，此去关山阻隔，路途遥远不下万里，粮草器械不可阻滞，需有通畅可靠的军需保障。”

蒙哥笑着说：“我以为二弟有什么特殊要求呢。这俗话说‘牛无草不肥’，何况披坚执锐、长途征袭的将士们？二弟深入南蛮之地，为兄在此为你准备一应所需粮草器械。”

忽必烈摇摇手，连忙说：“不可，不可。大汗日理万机，统筹八方，这等事情怎可让您亲力亲为呢？”

蒙哥打住忽必烈的话头说：“二弟，你我是一奶同胞，今日兄弟两人推心置腹，促膝谈心并无外人，你就没有必要一口一个‘大汗’‘您’的称呼我了，这样显得格外生分，我们只管兄弟相称就好。”

蒙哥又说：“如果我没有猜错的话，我聪明的弟弟心中是有定见了。”

忽必烈仍旧谨慎地说：“大汗，哦，大哥，你果然没有说错，我想向你推荐一人负责大军粮饷补给之事。”

蒙哥说：“二弟举荐之人，我肯定相信。”

忽必烈说：“我要举荐之人是燕京路总管赛典赤。他自归顺我大蒙古国以来，恪尽职守、清正廉明、精于计算、擅于理财。当年十九岁的他将丰、净、云内三州治理得井井有条，而且成为我蒙古国对金朝作战储备、转运粮食、布帛、器械等军需物资后勤供给的重要基地，担任燕京断事官期间明断诉讼、锱铢必较，打理得规规矩矩，如此有才干之人定能担当此重任啊。”

蒙哥一听放下心来，赛典赤就是自己一手栽培的心腹，便笑着说："二弟举贤任能，所言极是，我俩是不谋而合。想我那年伐蜀时，便是赛典赤负责供应粮饷，未尝有误，他确实是一个难得的人才，就依二弟安排吧，待你凯旋，为兄将在万安宫为你摆宴三天！"

蒙哥、忽必烈兄弟二人又商谈了关于行军路线、兵力配置等事项，直至太阳沉落在地平线下。

三

忽必烈为什么会向蒙哥竭力推荐赛典赤，这里有一番特殊的缘由。

忽必烈当时总管汉地军事，在漠南金莲川建藩府，招揽谋士，有志于建立霸业，但由于财粮不多难以实现。断事官赛典赤体悟到忽必烈的难处，便常常利用主管燕京路财赋的条件，为忽必烈提供钱粮物品，这大大充实了忽必烈的实力，对建立霸业起到了有力保证。对于赛典赤的功绩忽必烈念念不忘。

可是关于赛典赤私下资助忽必烈之事，原本是一桩秘密之事，这成为赛典赤一生心中的秘结，直到晚年仍念念挂怀。日后却被公之于众，而且还是出自忽必烈之口。

忽必烈登基做了皇帝以后，时常告诫臣子们要效仿赛典赤的忠诚不贰。在赛典赤逝世十年后，有一次他召集几个近臣议事，他又旧话再提，竭力夸赞赛典赤："宪宗在位时，赛典赤就经常私下资助朕粮草、经费，他是个大大的忠臣啊！"众人皆俯首帖耳，唯唯诺诺。

唯有翰林学士不忽木大声质问道："陛下此言差矣！如果今天做臣子的都像赛典赤那样身在曹营心在汉，心怀二意，暗通款曲，以内府财物私结亲王，岂不乱了朝廷章法，陛下您以为如何？"

此话一出，四座皆惊，大家都以为不忽木今天当着众人的面公然顶撞皇上，肯定少不了要吃罪。

不忽木，一名时用，字用臣。刚直不阿，廉洁勤政。有一年，元

军征讨交趾失利，忽必烈向众大臣问计。不忽木建议趁交趾国王陈日燇新近袭位，派遣使者晓之以理，如果其置之不理，再行发兵。忽必烈采纳了不忽木的建议，结果交趾国王敬畏天威，遣使谢罪，“尽献前六岁所当贡物”。忽必烈大喜过望，欲将该国贡物的一半赏赐给他，不忽木坚辞不受，最后在忽必烈的劝说下，他仅仅挑选了沉水假山、象牙镇纸、水晶笔格三件礼物。

眼前，面对不忽木的质问，忽必烈的脸红一阵、白一阵，自觉惭愧，无地自容，连忙摆手说：“爱卿说得有理，说得有理，朕失言了、知错了！”

客观地说，其实私下资助忽必烈，赛典赤也有难言之隐。虽说他父子俩归顺大蒙古国以来，兢兢业业、战战兢兢、谨慎处事、洁身自好，不仅没有什么过失，而且还立下不少战功。但是，毕竟他们不是正统的蒙古人，仍然只是属于二等的色目人。三十多岁的赛典赤心里明白，俗话说，朝中有人好做官，即便是不做官，要想在蒙古国立足，也要找一座坚实的靠山，正所谓背靠大树好乘凉啊。也正如俗话说的，人不能在一棵树上吊死，狡兔三窟。自从成吉思汗过世以后，在十八年的时间里①，大蒙古国就更换了三位大汗，像走马灯似的，令人眼花缭乱。太宗窝阔台五十六岁去世，在位十三年。定宗贵由汗英年早逝，去世时年四十三岁，在位仅三年。眼下蒙哥登上了汗位，今后还不知道局势会怎样发展，使生活在夹缝中的赛典赤忧心忡忡。所以，赛典赤尽心尽力圆满完成几届大汗交给的任务。说实话，宪宗蒙哥待自己亦不薄，刚即位，就任命自己与塔剌浑行六部事，后又升迁为燕京路总管、采访使。看来蒙哥对自己还是信任有加的。

公元1256年蒙哥征蜀，赛典赤负责供应大军所需巨额粮饷未曾有失。此外宪宗蒙哥个人的品行不错，记得宪宗七年，回鹘献水精盆、

① 公元1227年成吉思汗去世，公元1245年蒙哥即位。

珍珠伞等物，大约值银三万余锭。蒙哥却说："方今百姓疲敝，他们更急需钱粮，我不能独自占有这些财物，还是将这些财物交归国库吧。"赛典赤大为感慨，感慨之余，觉得蒙哥是个洁身自好，有仁者之心的君主，但缺乏王者的雄才大略。所以赛典赤又暗中观察，积极寻觅潜在的新兴政治势力，以保证日后自己家族的生存与发展。根据父亲和他的长期观察、分析，忽必烈雄才大略，广揽人才，颇具实力，是草原上一颗冉冉升起的政治新星。为达到目的，赛典赤父子二人不顾朝廷关于官员不得与外藩亲王结党营私的严厉定规，冒着巨大的政治风险，暗地里长期为忽必烈输送财物，继而成为忽必烈的心腹和政治密友。使人惊诧的是，赛典赤"常阴资"的行为绝非礼节性的、小数额的场面上的应付。忽必烈要建藩府，要扩充自己的私人军队，养死士，招募谋士，购置马匹器械等，绝对是需要不菲的经费支持他的野心。对于这种行为，不忽木说得十分清楚："以内府财物私结亲王""乱了朝廷章法"。但是，赛典赤的精巧所为不仅瞒过了自己控制的衙门里的大小经办官员，竟然还瞒过了专司纠察各级官员善恶、政治得失的御史言官们。当然，特别是瞒过了对赛典赤信任有加的宪宗蒙哥汗。抑或，这是赛典赤未雨绸缪，在政治上"选边站队"，明哲保身的精明之举；抑或，是赛典赤一生之中的道德品质的污点？若非忽必烈皇帝在赛典赤逝世十年后亲口披露，可能这个天大的秘密将尘封于漫漫的历史中。此是事后评说。

因为赛典赤与忽必烈有如此的特殊关系，所以忽必烈更加倚重于他。及至忽必烈执政时期，赛典赤的工作频繁调动，甚至一年之内多次调职，简直成了皇帝的救火急先锋，哪里事态紧急，忽必烈就将他安排到哪儿，而赛典赤却总是无条件服从，毫无怨言。

公元1260年，忽必烈在开平称汗，中统元年，乙未，朝廷立十路宣抚司，以赛典赤、李德辉为燕京路宣抚使，徐世隆副之。是年赛典赤四十九岁。不到一年的时间，即中统二年八月，戊戌，忽必烈旋即

提升赛典赤为中书平章政事[①]，降制奖谕。五十岁的赛典赤正式进入大蒙古国的决策中枢。

中统三年三月，忽必烈任命郑鼎、赛典赤、答里带、三岛行宣慰司事于平阳、太原。壬申，命户部尚书刘肃专职钞法，平章政事赛典赤兼领之。五月，以平章政事赛典赤兼领工部及诸路工作。六月戊寅，以陕西行省平章赛典赤等政事修治，赐银五千两。十二月辛酉，又下诏任命赛典赤为四川行枢密院为行中书省，以赛典赤、也速带儿等佥行中书省事。

中统五年七月，诏四川行省赛典赤自利州还京兆。

中统六年九月，赛典赤任行陕西五路西蜀四川中书省事。

中统八年五月乙丑，蒙古军兵围困守襄阳的南宋军，赛典赤、郑鼎提兵，水陆并进，直趋嘉定。汪良臣、彭天祥出重庆，札剌不花出泸州，曲立吉思出汝州，以牵制之。改签省也速带儿、郑鼎军前行尚书事，赛典赤行省事于兴元，负责军粮供应。

至元元年，置陕西五路西蜀四川行中书省，出为平章政事。莅官三年，增户九千五百六十五、军一万二千二百五十五、钞六千二百二十五锭、屯田粮九万七千二十一石，撙节和买钞三百三十一锭。中书以闻，诏赏银五千两，仍命陕西五路四川行院大小官属并听节制。

至元三年，宋兵攻陷大梁平山寨。平章赛典赤命令李忽兰吉领兵千余骑出战。斩首宋军将士三百级，夺得马匹二百八十骑，并营救了被宋兵俘虏的都元帅钦察等家属百余口。

---

① 元于中书省、行中书省置平章政事，为丞相之贰。元代的行中书省置平章政事，则为地方高级长官，简称平章。从一品。

第六章 南征军兵困六盘山 蒙古人跨囊金沙江

一

中世纪的蒙古人以游牧为生，为了保护自己的家园，守护与扩大生存空间，抗击外族时时的入侵，早期就建立了由“蒙古军”“探马赤军”组成的军队建制。探马赤军由各个部落组成，相当于常设军队，而蒙古军则由民众组成。按照蒙古国的规定，全国实行全民义务兵役制，每户人家的男子，凡年满十五岁以上、七十岁以下者，都要入籍为兵，每十人为一牌，设“牌头”。一旦战争爆发，则随军出征，战时停歇则屯聚牧养。当蒙哥大汗下达征兵昭示后，不到半个月便集合了七万人马，号称十万。

元宪宗二年（公元1252年）九月，秋高马肥，天清气爽，忽必烈厉兵秣马，踌躇满志率领大军踏上了大迂回的征程。只是为了保密，对内对外都只宣称大军的任务是从侧翼进攻驻守在四川的南宋军队。

一路上旌旗猎猎，人马嘶叫，黄土飞扬，浩浩荡荡连绵数十里，好不威风。

南征大军于当年十二月渡过黄河，第二年春天从宁夏入甘肃临洮[①]，四月出萧关后向六盘山逶迤前行。

这日来到六盘山南段的陇山，忽必烈与刘秉忠、兀良合台三人并

① 临洮，古称狄道，自古为西北名邑、陇右重镇、古丝绸之路要道，位于甘肃省中部，定西市西部，是省会兰州的南大门。

驾齐驱。只见一路上山势雄伟，巍峨挺拔，古树参天，杂草丛生，山路曲折险狭。三人正用手中马鞭指点沿途风光，畅谈征战之事，突然天边一片乌云掠过山顶，瞬间雷鸣电闪，滂沱大雨从天而降。卫士费了好长时间，才找到一个山洞让三人遮风避雨。这场冬雨竟然一连下了两三个时辰。正当忽必烈焦躁不安之时，一个浑身泥浆的人连滚带爬地闯了进来，高声喊道："大帅、大帅，大事不好了、大事不好了！"

忽必烈定睛一看，依稀可以辨认出是负责后队的阿术。心里不禁"咯噔"了一下，一种不祥之兆冷飕飕地爬上了脊梁。

他连忙扶起阿术，急迫问道："阿术，莫非是辎重营出了问题？"

阿术泪流满面，哽咽着说："大帅，辎重营被山洪、泥石流冲下了山箐，死伤了百十个弟兄啊！"

兀良合台走上前来，一掌将儿子推翻在地，大声呵斥道："孺子小儿，为何不早加防范，你不知道那粮草辎重是三军的性命所系！"

虽然大军初动未遇强敌便遭遇损失，但是忽必烈知道，作为军中主帅面对突发事件，他不能惊慌急躁，自己的一举一动将影响将士们的情绪，想到这里他反而镇静了许多。

他劝慰兀良合台说："老将军莫要动怒，这冬天原本红日高悬，怎奈天公突变，正所谓'天有不测风云'，不可怪罪阿术兄弟！"

兀良合台说："话虽这么说，但眼下大军断了粮草该怎么办呢？"

忽必烈说："事已至此，待雨停歇后，安排军士收集剩余粮草食物，均匀分配各部，另外组织一些兵士到山涧林地寻找一些野菜、野果权且充饥。更重要的是，急速派遣一支精干小队，向后方的赛典赤求援，命他火速组织粮草赶赴六盘山！"

阿术拱手说："大帅，末将愿意返回求援！"

忽必烈说："好，就有劳阿术兄弟辛苦一趟！"

阿术得令，起身急匆匆走了。

老天好像故意与忽必烈作对，这场大雨连绵不停地下了三天。大军进退不得，这六七万将士，是一支庞大的正规军，而绝非小股游击队伍，正常情况下，全军每日将消耗近两千石粮食，兵士们所搜集到的剩余食物已经告罄。许多兵士吃了一些不知名的野菜、野果后出现了腹泻、头昏。眼看人困马乏，所幸的是，六盘山林密草茂，山涧流水，禽兽出没。忽必烈灵机一动，下令兵士猎杀山上林中的黄羊、野兔充饥。但是至后几日也难寻觅禽兽踪影。兵士们无奈只得上树掏鸟窝，掘土洞抓田鼠以勉强维持生命。至第四天，雨过天晴，但自午时时分，红日当头，烈日暴晒，热气蒸腾，这骤然一冷一热，近三成将士病倒。

真是祸不单行，雪上加霜。暴晒之后，天上又飘飘摇摇下起了鹅毛大雪，漫山遍野白雪皑皑、寒风凛冽。队伍中有人已经含着眼泪开始宰杀他们心爱的战马充饥。

站在山巅的忽必烈，身上的猩红披风被长风吹得嘶嘶作响，望着秋月飘雪，眼见兵士们一个个倒下的凄惨景象，想着大军进退维谷，心中一阵凄冷。他仰天长叹：想我忽必烈心怀壮志，莫非我的宏图大业就要在这六盘山终结？长生天啊，祈求您保佑您的子民吧！伟大的太祖成吉思汗，您快快显灵吧，保佑您的孙子尽快走出困境！

忽必烈在心中暗暗计算，此时，阿术应该回到后方了啊，赛典赤啊，你启程了吗？

二

再说阿术带领十几个士兵快马加鞭、披星戴月，一路不敢停歇，三天后赶到了赛典赤设在临洮的府衙，已近子时时分。筋疲力尽的阿术找到值星官纳速剌丁，请求转呈忽必烈给赛典赤的十万火急手谕。

纳速剌丁是赛典赤的长子和得力助手。

纳速剌丁虽然知道军情紧急，但却面有难色。原来此时赛典赤正在做“霍虎坦”（宵礼）。纳速剌丁深知父亲的习性，多年来父亲一直保持做礼拜的习惯，其间任何人都不得打扰。思考瞬间，觉得这是事关十万大军生死，极为紧迫的大事，宁可受父亲责罚自己也要赶快转报。

赛典赤秉烛看过忽必烈的手谕大吃一惊，不敢怠慢，即命纳速剌丁连夜紧急调派士兵安排救援。未等天明，赛典赤就带领三千先遣队立即出发。阿术顾不得浑身伤痛，不听赛典赤再三劝阻，执意要为先遣队做向导，赛典赤拗不过他，只好让阿术随队前行。

待赛典赤、阿术与纳速剌丁率队抵达六盘山时，忽必烈的大军已经在此滞留了八天。

躺在林间雪地里衣甲不整，狼狈不堪的兵士们看到赛典赤驰援的队伍兴奋万分，用足他们的力气拼命高喊：“赛典赤！赛典赤！赛典赤！我们有救了！”

隔二日，后续大批的马队、驼队、牛车沿着泥泞的山路也赶到了。

望着赛典赤送来的数以万计战袄、裘、帽、战马甲及铁装具，数千顶帐篷、万石粮食、千头牛羊、百石食盐、百坛高粱酒，还有治病的药物。忽必烈举起双手说：“感谢长生天保佑！感谢伟大的太祖成吉思汗保佑！”

赛典赤恭敬地对忽必烈说：“属下赛典赤救援来迟，特向大帅请罪！”

忽必烈紧紧地握住赛典赤的手激动地说：“多亏你及时解困，不然远征计划就将功亏一篑。赛典赤，你果不负我啊！我将奏请蒙哥大汗为你记功啊！”

救援物资分配既定，军心稍安，三军重新安营扎寨。

忽必烈在老管召集各路将领，一边吃饭，一边召开军事会议。

忽必烈站起来，举起酒碗开口说道：“诸位，赛典赤劳苦功高，我们大家敬他一碗！”

刘秉忠、兀良合台、阿术等众将官听命一饮而尽。

赛典赤对忽必烈说：“大帅，支援大军乃是我的本职，不敢奢谈辛劳，恕属下不能饮酒，只能以茶代酒了。”

忽必烈笑着说：“此番解脱困境，一时高兴竟忘记你是虔诚的伊斯兰教徒，不食禁食的。”

一众人吃喝了一阵，忽必烈啃了一支羊腿，用手中的骨头指着地图说道：“而今险情已过，越过六盘山后可以直达四川境，我意于忒剌[①]分东、中、西三路南征大理。东路由抄合、也只烈将军领军三万，出西昌、叙州（今宜宾）、姚安，预防四川宋军攻击我军左翼，尔后再回折大理。西路由兀良合台将军与阿术领军三万，从理塘、乡城、巨甸、石鼓入丽江。本帅亲自率中路军四万居中调停，从木里、永宁、丽江大举进击大理。”

兀良合台、抄合、也只烈、阿术等众将领起身拱手齐声道：“末将听令！”

安排完毕，赛典赤起身拱手说：“大帅，在下有一事相告，不知该不该讲？”

忽必烈：“你我共负王命，有话你只管讲来。”他招呼刚欲退下的众将领说：“你们也一起听一听赛典赤的高见。”

赛典赤又一拱手说：“大帅、各位将军，此次大军兵困六盘山给我一个启示。”

忽必烈心头一动，催促他尽快讲来。

赛典赤侃侃而谈：“虽说此次粮草辎重被毁是缘于天灾，但仔细想来，实是我军的配置过于刻板。以往我蒙古大军攻城略地，都以前锋、中军、预备队为布局，而后是粮草辎重为后援。而今却是长途奔

① 忒剌，即现松潘，位于四川省阿坝藏族羌族自治州东北部，是历史上有名的边陲重镇，被称作“川西门户”。

袭不比以往，以后大军远离后方，渐行渐远，战线越来越长，军需物资保障困难势必加大。刚才大帅议定南下分兵三路，后勤供给路线既长且分散，如若再遇天灾或敌军断我粮草后路，岂不更加凶险？”

忽必烈是何等聪明之人，赛典赤的话刚讲到一半时，他就已经坐不住了，众将领也是面面相觑。

忽必烈急迫地说：“赛典赤，你真是一个有心之人！依你之见本帅应该如何配置队伍？”

赛典赤不慌不忙地说：“孙子兵法曰‘水无常形，兵无常势’。凡行军布阵皆应依情势而变，切不可因循守旧。依我之见，可否将辎重营化整为零，每五千人马即设一个小辎重营，一则便于就近供给；二则即便有所闪失，也不至于影响整个大部队。此外，可在关隘要道之处分段设置站赤[①]。除了通达边情，布宣号令外，还可囤积少量粮草及收治伤病兵士，以供所需。”

听了赛典赤的话，刘秉忠、兀良合台等众将领莫不为之赞叹，都为赛典赤的深谋远虑而折服。

忽必烈开怀大笑，鼓掌说：“好你个赛典赤，难怪当初太祖就十分喜欢你这个机灵鬼，并留在身边做帐前宿卫云都赤，若不是你承担着粮草辎重供给的重任，本帅真想让你随军当军师，为我出谋划策呢！”

三

元宪宗三年八月（公元1253年），蒙古军横渡洮河，越过吐蕃人占领的地区，到达忒剌后按照原计划分兵三路。由忽必烈带领的中路军翻越大雪山，过大渡河，在深山峡谷中行两千余里，历经艰难来至

---

① 站赤，元朝时期驿站的译名。

金沙江北岸。

忽必烈在岸边的一块岩石上勒马瞭望，只见两岸奇石突兀，草木不生。只有一排排、一丛丛的仙人掌错落有致，长得十分高大茂密，连绵数十里。这金沙江绝非小江小河可比，宽阔的江面，有的河段浊浪排空，发出震耳欲聋的声响，有的河段看似平阔恬静，但却暗藏漩涡激流。忽必烈两三日来往复上下段二十余里真切观察，好不容易选定了一处江面平缓之地作为渡口，但是方圆四五十里竟无树木可以用来制作舟船，这四万人马连同辎重如何渡江？面对波涛汹涌的金沙江天险，习惯草原陆地作战的北方蒙古兵束手无措，忽必烈心急如焚。

虽然时至冬日，金沙江畔却依然是烈日当空，忽必烈顶着热气在江边来回踱步沉思。忽必烈心想，这寨子里的民众平时里如何过到对岸换取粮食、盐巴、茶叶？固然他们熟知水性，但是他们使用什么器械摆渡？两三日来并未见到一木一舟啊？眼见远处一个老汉和一个孩童正在吆喝着一群羊放牧。于是忽必烈来到放牧人的面前，抱拳拱手说道：“老爹，在下有礼了！”

蒙古军骤然而至，大队人马扎营江边连绵数里，一时间荒凉的河滩人欢马叫。忽必烈军纪严明，严令士兵不得进入寨子惊扰百姓，所以老人与小孩并不惊慌。

“军爷有何见教？”老人亦还礼道。

“我军欲渡江前往丽水，苦于无载人之舟楫，不知道你等民众平时里如何摆渡？还请老爹教我！”忽必烈说罢又作一揖。

老人见他谦恭有礼，捋着花白的胡须正欲回答，旁边的小孩笑着说：“那还不简单，你随我们去寨子里一看便会明白，只是我和爷爷还要放牧，太阳落山才能回家。”

“这娃还挺懂事的嘛，我让这几个大哥哥帮你们照看羊，他们可是草原上放牧牛羊的行家里手，你们只管放心带我前去寨子。”忽必

烈亦笑了，并用手指了指身后的几个年轻宿卫。

见老人点了点头，小孩将手中放牧的鞭子递给朝他迎面走来的一个士兵。

宿营前向导就告诉忽必烈，这个寨子叫大坪寨，寨民是一些“平米人”①，其祖先是来自大西北的羌人，以放牧为生，善骑射。

此地虽然叫“大坪”，其实是一个坐落在向阳半山坡上的村落。他们沿着崎岖山路，穿过一片仙人掌。约莫半炷香的时间，看见几间用鹅卵石砌墙、以石板盖顶的石屋。穿过几间石屋来到一屋前，老人招呼客人在石凳坐下。

“老爹，这娃是您的孙子吧？”忽必烈问道。

“军爷好眼力，黑狗正是小民的孙儿。”老人回道。

“那您的儿子呢？”忽必烈并不急于寻找自己想要的答案，只想先唠家常，套近乎，因此显得十分轻松随意。

黑狗插嘴说：“我阿爸、阿妈和几个叔叔、伯伯前几日去山后狩猎去了，他们每次都会捕获几头豹子和麂子。”

老人呵斥道：“黑狗，军爷哪有时间听你啰唆许多，快将那家什取出来让客人看看！”

黑狗伸伸舌头，做了个鬼脸，跑进屋里抱了一堆黄色的东西放在地上。

忽必烈与随同来的两个宿卫将这堆黄色的东西展开，见是一张丈余见方、皱巴巴沾满尘灰的羊皮，其间还有几条牛筋缝补的线缝，三人呆望一阵不得其解。

老人笑吟吟地说：“军爷，这就是我们平米人摆渡之舟。”见忽必烈还是疑惑，便向黑狗唤道：“孙子，把那皮老虎拿来。”

老人说的“皮老虎”，是在两块木板之间用羊皮密闭连接的夹

---

① 居住在云南省西北部兰坪、丽江、永胜等地区的普米族自称“平米”或“批米”。公元1960年，根据本民族的意愿和民族识别结果，经国务院批准，正式定名为普米族。

板，后端有两个手柄，前端有一个尖嘴通气孔。老人拧开羊皮上的一个木塞子，将皮老虎的尖嘴通气孔对准羊皮上的孔洞，然后两手握住手柄反复使劲挤压。不一会儿，地上皱巴巴、空瘪的羊皮慢慢地开始微微鼓胀起来……此时，忽必烈恍然大悟，哦，原来这是一张经过缝制的夹层羊皮，充气以后就是一个皮囊！老人告诉忽必烈，“平米人”将成年大羊屠宰后，掏出内脏，剐下鲜肉，剥其皮阴干两个月，然后涂刷三层桐油、生漆，可以起到防霉、防虫、防水的作用，再阴干月余，再用牛筋缝制就可以做成羊皮囊。

忽必烈惊喜不已，原来善良、聪明、质朴的“平米人”就是利用这个羊皮囊征服了难以逾越的天堑金沙江！真是了不起啊！于是连忙拱手拜谢老人。

忽必烈立即命令士兵在附近十几个寨子重金购买了数千头羊，连夜宰杀剥皮。杀牛宰羊是蒙古人的家常活儿，一时间血流江面，红波泛滥，仿佛是经历了一场血腥的战争。羊肉一部分送给寨民，一部分作为士兵食用。召集工匠营数千工匠，在老人的指导下制作羊皮囊，最后将八个单体羊皮囊串联在一起，共计组成四五百个大型皮囊，宛若现代的气垫船。

三四天后蒙古四万大军，乘坐这些皮囊秩序井然地渡过金沙江。军情紧急，行色匆匆，待至半渡之时，忽必烈遥望对岸，才猛然想起还未留得老人姓名，未曾重谢这位引渡的恩人，心中歉疚不已！

不几日蒙古军顺利占领丽江，忽必烈才抽出空，命令刘秉忠携带白银百两、茶一驮[①]、盐巴十斤返回大坪寨，送给平米老人。

五百年后，清朝处士孙髯翁在其蜚声海外的大观楼长联中曾有“元跨革囊”之句，说的就是这段典故。

---

① 约为 100 斤。

四

公元902年，南诏政权崩溃之后的三十六年中，原南诏的疆域内处于四分五裂的状态，先后出现了三个小王朝，即长和国、天兴国、义宁国。后晋天福二年（公元937年）十二月二十一日，南诏名将段俭魏的六世孙、义宁国通海节度使段思平联合“东爨乌蛮”三十七部，攻入羊苴咩城（今大理城）驱逐了自立为王的杨干贞，改国号为“大理”。“大理”之名与南诏时期甚至更早出现的“大厘”“大礼”的名称有关联，“大理”的“理”和“厘”“礼”字相异而音相近。自段思平建立大理国开始，就将王国都城定名为“大理”，于是“大理”既是政权的名号，又是都城的名称。在元代，大理还被称为“哈剌章城”。由于举国上下君民笃信佛教，大理国又称妙香国，改元上元。

这羊苴咩城的名字颇为有趣，此命名却是与羊有关。“苴”，即是幼小之意；“咩”，就是羊羔唤母羊的稚嫩声音。这足见羊与大理民众日用、生产生活息息相关。

统一后的大理国设置的府、郡有：鄯阐府（管辖今滇中地区），威楚府（管辖今楚雄州一带），统矢府（管辖今姚安、大姚、永仁一带），会昌府（管辖今四川会理上下周围地带），建昌府（管辖今四川西昌上下周围地带），谋统府（管辖今云南鹤庆上下周围地带），永昌府（管辖今保山上下周围及德宏东部、临沧地区一带），腾冲府（管辖今云南腾冲以西、德宏至伊洛瓦底江上游地带），善巨郡（管辖今云南永胜、宁蒗、丽江等地），河阳郡（管辖今云南澄江、江川、玉溪、路南等地），秀山郡（管辖今云南通海以南至红河州一带），石城郡（管辖今云南曲靖地区至滇东北、黔西的盘县、普安、普定一带），兰溪郡（管辖今云南兰坪以西的怒江州），胜乡郡（管辖今云南永平、漾濞一带），天水郡（管辖今云南凤仪至弥渡一带），香城郡（管辖今四川盐源、盐边一带），成为当时中国较为强盛的地方政权。

大理国传至段兴智时，上层统治集团内部争权夺利，纷争不断。布燮（宰相）高祥专权弄柄，欺上瞒下，自封“中国公”，而大理国王段兴智实际已经只是个傀儡。大部分部落对高氏的独断专行，欺压盘剥怨声载道，痛恨不已，这为蒙古军攻灭大理国创造了有利条件。

大理国的一些小的部族早就对高氏横征暴敛，欺压他族的行径忍无可忍。公元1253年，癸丑秋，蒙古军大军经西川，过大渡河，经行山谷二千余里，自旦当岭入云南境，在蒙古大军攻势下，附摩（今摩梭人）、么些（今纳西族）二部酋长唆火脱因、塔裹马来迅速归降了蒙古军，并且还作为进攻大理的向导。

第七章　忽必烈智取大理国
段兴智败走羊苴咩

一

再说兀良合台带领的西路军势如破竹，接连攻取大理国诸城寨，元宪宗三年十二月十二日，忽必烈、兀良合台会师大理龙首关[①]。

兀良合台、抄合、也只烈、阿术等众将领竭力主张一鼓作气强攻羊苴咩城，一举消灭大理国。忽必烈却说，大军翻山越岭劳师远征，将士疲惫需要休整，自古先礼后兵，不妨可先派使者前去晓之以理，如能使之归附，也能免却刀兵之灾。众将诺诺。

哪知忽必烈派出的两个使者皆被大理国杀害，并将其首级悬挂于羊苴咩城的城头示威。蒙古军众将士怒不可遏，纷纷请战。忽必烈义愤填膺，如何受得这奇耻大辱！正待发令，帐前转出一人高声说道：“大帅暂且息怒，待末将前去游说！”

忽必烈抬眼一看，却是不久前刚归顺的么些人首领阿良（即麦良）。

阿良拱手说：“大帅前两日派出的使者均为蒙古人，不熟悉本地习俗，加之语言不通，难免引发误解。末将曾与大理国酋王段兴智有一番交情，在下愿意效犬马之劳，入城说动其君臣！”

忽必烈听他说得有些道理，便转怒为喜，说道：“难得阿良首领一片赤忱之心，那就有劳你代本帅前往！”

翌日一早，阿良单人单骑持信使符节出了大营直奔羊苴咩城下，

---

① 即大理上关。

从南门入，进了太和殿。阿良与段兴智见过礼，两人正在寒暄，布燮高祥拄着拐杖大声喝道："好个卖主求荣之徒，前些日子背叛王国，今日又来为蒙古鞑子作说客！左右还不快快给我拿下！"

殿上侍卫都是高祥的亲信，立刻上前将阿良五花大绑，捆了个结实。

阿良并不慌张，高声道："段王爷、高布燮，容阿良说完后，若有不是任凭发落！"

段兴智是个心地善良、优柔寡断的人，他向侍卫抬手示意放开阿良。

阿良从怀中取出忽必烈的亲笔信，段兴智一边展开信笺，一边道："你且说来。"

阿良道："蒙古国大汗蒙哥一心想一统中国，此次委派忽必烈大帅绕道大理，经湘黔东进北上，攻灭南宋王朝。这蒙古军是虎狼之师，如若阻挡当难免屠城之灾啊！"

见段兴智吟吟不语，犹豫不决，高祥走近段兴智，将拐杖一顿，劝谏道："我王却不可为竖子谗言所蛊惑，难道你忘记了假途灭虢、唇亡齿寒的典故了吗？"

阿良争辩说："忽必烈大帅信誓旦旦，只要段王爷肯予借道，将保证大理国完好无损。还请段王爷、高布燮三思而行！"

高祥怒声道："左右何在，将这贼人拉出去砍了！"

五六个侍卫一拥而上将阿良反剪在地。

段兴智缓缓从虎皮交椅上站起来，向高祥拱手道："虽然布燮言之有理，只是自古两国交兵不斩来使。现今连斩三名信使唯恐更加激怒蒙古人，莫如放了阿良让他带个口信，蒙古军可绕城而过，决不可侵扰百姓，另外命令兵士加紧城防。"

高祥叹息道："你这样助纣为虐，养虎为患，我大理国将毁于一旦也！"

段兴智是虔诚的佛教徒，此时闭目，双手合十，不再言语。

虽然高祥权倾朝野，但毕竟段兴智还是一国之主，他也不便在大殿之上公然对抗。于是转身对侍卫厉声道：“将这个贼子脸上留个记号，给我驱赶出城！”

可怜年轻英俊的阿良被侍卫剃了个阴阳头，又被削去鼻子，以箭贯耳，游街示众后驱赶出城。阿良血流满面，血染衣袍，狼狈逃回大营。

阿良将招降经过哭诉一番，兀良合台、抄合、也只烈、阿术等众将恨得咬牙切齿，兀良合台大叫：“高祥老贼欺人太甚，哪日生擒于你，必将碎尸万段！”忽必烈也忍无可忍，挥拳猛击案头，命令大军立刻攻城。

为安抚、表彰阿良忠肝义胆，忽必烈封阿良为茶罕章管民官，后又升为茶罕章宣慰司、副元帅。管辖之地有：越析郡、伯兴府、永宁府、北胜府、蒗蕖州、罗罗斯、白狼、槃木夷等地，其势力范围包括滇西北及四川、西康所属的若干地区。

二

羊苴咩城是早年南诏王异牟寻选定的都城，后来大理国兴，亦将其定为都城。羊苴咩城处于苍山的缓坡地带，方圆十五里，只有南、北两道城墙。北城墙依梅溪修建，南城墙依龙泉溪修建，溪水深沟成为天然的护城河。西依苍山为屏障，东据洱海为天堑，形势十分险要，易守难攻。

蒙古军连夜攻城，怎奈羊苴咩城城坚壕深，大理国守军顽强抵抗。蒙古军兵士死伤惨重，攻城两日终不能破，这是蒙古大军自远征以来遭遇到的最大失利。忽必烈只得下令暂时撤兵。为观察战事，便将中军大帐安排在苍山半腰的中和寺旁。

第三日酉时初，忽必烈连日劳累，战事不利，心中烦闷坐在军帐中饮酒消愁，接连十几碗下肚，只觉得头脑发胀，便伏在桌上昏昏入睡。

正在酣睡之际，忽必烈鼻间飘过一缕奇异的清香。他勉强睁开眼睛，朦朦胧胧中看见一位老者站立在帐中。忽必烈定睛一看，来人鹤发童颜，慈眉善目，一身藏青色粗布长衫，手中拿一支青翠柳条，脚下一团白雾围绕，似一朵白玉莲花。

只听老者轻声说道："醒了，醒了。"

忽必烈心感惊异，不敢怠慢，连忙起身拱手施礼，口称："在下蒙古国忽必烈见过老丈。"

老者也不还礼，仍然轻声说道："汝为何不远万里来至西疆边陲？"

忽必烈回道："听闻大理国奸佞当权，民众怨声载道，故我国遣兵帮助其平息内乱。"

老者说："将军此言差矣，蒙古国距此关山重重、遥遥万里，大理国国王未曾邀请贵国出面调停，诳语也。"

忽必烈见谎言被识破，慌得双膝跪地，坦诚直言道："我蒙古国欲南北夹攻剿灭南宋一统天下，故攻略大理国。"

老者捻须颔首，说："莫非将军为滞迟羊苴咩城而犯愁？"

忽必烈说："恳请老丈教我。"

老者微微闭目口中吟道："无为洗战马，三阳聚五华。至元显至尊，治国宜善治。"

忽必烈默念三遍仍不得其解，却见老者悄然转身走出帐外，忽必烈起身大步流星，紧追不舍。老者虽然脚步轻盈，忽必烈只是追赶不上，来到一座寺院山门前，忽必烈大汗淋漓，气喘吁吁，大声问道："老丈为何教我？"

老者回首道："此乃天数也，万望善待天下众生。"说完，倏然不见。

忽必烈进了山门，迈上数十台阶，宏大的圣殿前立着一座丈余高的黄铜大鼎。再抬头一看，见圣殿顶额上写着五个鎏金大字：“雨铜观音殿”。耳旁只听一阵暮鼓声悠荡传来……忽必烈仍想向前，突然眼前一片金光闪过，不禁脚下一滑，重重跌倒在地，心中一惊……醒来却是南柯一梦！

西坠的夕阳散发出刺眼的黄光，忽必烈眯着眼睛竭力追忆梦中情景。心中既惊又喜，急忙命宿卫唤来刘秉忠、兀良合台，将梦中奇异之事告知二人。兀良合台连连称奇，说道：“大帅，这大理国信奉密宗佛教，正与我蒙古人的信仰同宗同教，不妨请当地高僧指点释梦。”

翌日，将近午时，兀良合台引领一位僧人进入大帐而后退出。

忽必烈见来人的相貌竟与自己梦中所见老者毫无二致，只是身着红色僧袍，手中少了柳条枝。连忙双手合十，口称：“弟子忽必烈见过大师，还望指点迷津！”

僧人亦双手合十还礼。

忽必烈恭请僧人上座，自己在下垂首而立，将梦中境况细说一番。

僧人缓缓说道：“将军梦中所见实为我大慈大悲观音菩萨化身，菩萨显灵百年不遇也。观音菩萨眼见天下长期纷争不断，不忍生灵涂炭，黎民遭殃，故指引将军一条明路啊。”

“愿闻其详。”忽必烈恭敬地说。

“将军可否出外一观？”僧人说。

忽必烈随他出了大帐。

昔日蒙氏南诏仿效中原封五岳，以点苍为中岳，以绛云露山（在今禄劝）为东岳，以高黎贡为西岳，以蒙乐山（在今景东一带）为南岳，以玉龙山（今丽江辖区）为北岳。

僧人用手一指远处苍茫山峦说道：“中岳苍山排空出世南北连绵百余里。有斜阳峰、马耳峰、佛顶峰、圣应峰、马龙峰、玉局峰、龙泉峰、中和峰、小岑峰、应乐峰、雪人峰、兰峰、三阳峰、鹤云峰、白云峰、莲花峰、五台峰、沧浪峰、云弄峰，共计十九峰。两峰夹一涧，又形成十八条溪流，顺势而下流归洱海。这兰峰下却是有个无为寺，而龙泉峰下有个洗马潭。在这里居高临下，可俯视羊苴咩城的五华楼。”

忽必烈顷刻顿悟，心想莫非正应了观音菩萨“无为洗战马，三阳聚五华”的箴言？于是诚恳问道：“大师之意是我军应绕道翻越苍山，直取羊苴咩城？”

僧人双手合十，口念：“阿弥陀佛，老衲本不该多言红尘之事。”

忽必烈又问道：“再请教大师，那‘至元显至尊，治国宜善治’之句又当何解？”

僧人并不正面回答，只丢下了一句话：“四下二上九归潭。”不辞而别竟然离去。

六年后，排行老二的忽必烈与四弟阿里不哥争夺汗位，忽必烈最终获胜在开平称汗。待忽必烈登基时，想起观音菩萨的教诲，便将年号定为“至元”。至元三十一年（公元1294年）正月二十二日，忽必烈皇帝在大都病逝，享年七十九岁，谥号圣德神功文武皇帝，庙号世祖。正应验了僧人“四下二上九归潭”的箴言，亦是世间一件奇事。此乃后话。

忽必烈带领一队士兵往北，在兰峰东麓果然有一座无为寺，站在这里鸟瞰大理坝子一览无遗，便将自己的大营驻扎于此。为感谢观音菩萨点化，忽必烈亲手在寺内种下五株香杉树。至今尚存活一株，虽然已老态龙钟，却也郁郁葱葱，见证了七百多年前的这段历史。

三

忽必烈命令兀良合台、阿术继续在龙首关佯攻，自己亲自带领

一万精兵从苍山顺势而下。高祥挡不住蒙古军的猛烈进攻，只得挟持国王段兴智弃城向东而逃。蒙古军攻下羊苴咩城，忽必烈命令士兵在城中大街小巷四处张贴“止杀令”，严禁滥杀无辜，侵扰寺院，两路大军在城中五华楼前会师。

这五华楼原为唐朝大中十年南诏王劝丰祐所建，专为接待诸夷部。名为楼，实为羊苴咩城之内城，方圆五里，楼分五层，高百尺，可容万人。

入夜，五华楼台前火炬通明，礼炮齐鸣，旌旗翻滚，遮天蔽日。数万名骑士举起刀、枪、剑、戟、火把，高呼：“忽必烈万岁！忽必烈万岁！忽必烈万岁！”喊声此起彼伏，震天动地。一身戎装的蒙古军统帅忽必烈站在高楼上，心安理得地接受将士们的祝贺，兴奋之情溢于言表。他下令嘉奖兀良合台、抄合、也只烈、阿术等有功将士，设宴犒劳三军！

此时的蒙古兵开怀畅饮，群情激扬。兀良合台趁着酒兴，振臂高呼要烧毁大理国王宫，抄合、也只烈、阿术等将士举着火把呼拥向前。

一行人来至王宫，对着宫门一阵乱砸。稍倾，两扇红漆大门“吱呀”开了，正中缓缓走出一个身着白衣的年轻人，双手合十，轻言细语：“众位军爷意欲如何？”

兀良合台拨开众军士，大声喊道：“大理南蛮杀了我们数百蒙古勇士，我今夜要抄灭他段氏全家，方解心头之恨！”

年轻人依然轻声道：“这位军爷，此话差矣。想我大理国地处西南，上有君，下有民，有自己的语言与习俗，且并无一兵一卒入你蒙古疆域，而你蒙古军说是借我大理国之道北上灭宋，正当双方协议之时，发生了一些误会，贵方就突袭攻城，双方各有死伤，责任在彼。”

兀良合台一时被说得哑口无言，恼羞成怒，举起手中弯刀猛地向前劈去，只见年轻人脚下并不移动，身子略为一闪，兀良合台一来尚处醉态，二来发力过猛，手中弯刀竟然扑空，兀良合台紧接着又挥刀朝着年轻人面门而去……只听风声响处，“叮当”一声，兀良合台虎口震裂，弯刀掉落在石阶上。众军士无不惊愕，回头一看，见是满面怒气、手持大刀的忽必烈站在面前。

忽必烈将手中的刀递给紧随其后的刘秉忠，双手抱拳，向年轻人致歉道：“忽必烈治军不严，万望公子见谅！”

年轻人双手合十还礼，说道：“哦，想必您就是蒙古军主帅？在下段实见礼了。”

段实，又名信苴日，乃大理国武安皇帝天定贤王段兴智之胞弟。

忽必烈笑了：“你就是段兴智王爷之弟，失礼了，失礼了！我早该进宫拜访只是忙于整顿军务，不想与殿下竟是如此相见，再次告错！改日再叙！”

忽必烈转身说道：“兀良合台，你醉了！且回营休息！”说完厉声命令也只烈：“持我令牌，带领二百兵士把守段氏王宫，闲杂人等不得擅自入内，违者定斩不饶！”

此时，兀良合台酒醒了大半，在阿术的搀扶下悻悻离去。

忽必烈又命刘秉忠传令，所有攻入城内的士兵在子时之前必须全部撤至城外扎营，不得骚扰百姓。

第八章　刘秉忠巧施反间计
大理王甘当捕鱼鹰

一

翌日清晨，忽必烈、兀良合台、刘秉忠三骑沿着洱海岸边，穿过缥缈薄雾缭绕的柳树林，直奔洱海畔的沙村。

沙村又名海舌，是一块伸进洱海形似舌头的滩地，后来被称为海舌，沙村就坐落在海舌根部。大理国时期，第一代国王文武帝段思平，见这里幽静清凉，便在此处修建了避暑行宫，每到炎热夏季，国王便携带家眷亲信与众臣，到这沙村避暑纳凉。

身着普通衣服的忽必烈、兀良合台、刘秉忠来到海边，刘秉忠向一位正在收拾渔具的白人老翁讲明，欲借船半日出海观景，并给予二两银子以为佣金，老人欣然应允。三人上得小舟，只听船家喊了声："各位客官站稳了！"竹篙用力一撑，木船向着氤氲弥漫的湖心驶去。

望着浩瀚清澈的洱海，缥缥缈缈的细雨，刘秉忠大发感慨，不禁吟道："风里浪花吹又白，雨中岚影洗还青。"

忽必烈问道："莫非这是先生的新作？"

刘秉忠笑道："并非属下所作，此乃南诏宰相杨奇鲲之名句。"

面对从未见过如此神奇的湖光山色，忽必烈与刘秉忠两人兴致颇高，兀良合台只是望着湖水发呆。

船行一段，好客的老船家问道："敢问三位客官，可是前去观鱼鹰捕鱼？”

刘秉忠拱手回道：“老爹说得不错，我等久居北方，闻听鱼鹰捕鱼是大理洱海一奇事，故欲一睹为快。”

见老人打开话匣子，忽必烈便故意问道：“老爹，听说蒙古兵进了羊苴咩城，您老人家为何没有逃离此地啊？”

老人收住手中的竹篙，笑着说：“当初蒙古兵围城，高祥手下的人也劝老百姓尽快撤离，免遭屠城之灾。但我们听说蒙古人只是借道，而且又有观音菩萨指路，另外我自己又舍不得海边的薄田和这艘小船，就闭门暂时躲了几天，眼见蒙古兵纪律严明，便重操旧业驶船打鱼、捞海菜。”

刘秉忠投来一个得意的眼神，忽必烈会意，他知道刘秉忠四处散布观音菩萨点化的故事起到了安稳民众心理的作用。

船行约莫半个时辰，船家指着不远处的四五艘木船说道：“客官请看，那几只鱼鹰正在捕鱼哩！”

鱼鹰学名叫鸬鹚，本是野生鸟类，以鱼为食，是捕鱼能手。云南滇池、洱海一带的老百姓称之为“水老鸹”[①]“乌鬼”。据说，洱海渔民早在四千多年前就开始驯养鱼鹰。大理白族渔民在常年驯养鱼鹰中不断摸索，选优汰劣，积累了一整套良种交配、孵化、雏鹰饲养、成鹰训练的技术。鱼鹰经渔民驯化后成为捕鱼的好手。鱼鹰一般可以生存三十年左右。一只好的鱼鹰死后，渔民往往要为它立碑埋葬，以表达主人对它的感激和思念。

雨停了，霞光中，只见五六只全身披着青黑色羽毛的鱼鹰排列在船舷，圆圆的双眼炯炯有神，露出凶光，一张带钩的嘴如草原苍鹰锐利无比，四个脚趾之间有蹼膜相连，白人渔民常用“鹰头、鸡身、鸭脚”来形容鱼鹰。

---

① “水老鸹”，云南方言为“水老娃”。

大约发现了猎物，只听主人一声呼哨，鱼鹰们猛然从船舷飞起，争先恐后跃入海中。瞬间，悠闲的鲤鱼猝不及防，已被鱼鹰的大嘴咬得鲜血直流拼命挣扎，海水留下浅浅几摊血迹。在主人优美的歌声引领下，捕到鱼后的鱼鹰扑打着翅膀，纷纷主动靠船得意地把战利品交给主人，渔民用大捞海擎起猎物，随即从船舱中取出几条小鱼给鱼鹰喂食以资奖励。

忽必烈示意老船家将船驶近捕鱼人连声夸赞，刘秉忠取出二两银子买了一篓鲜鱼，三人乘兴而归。

大帐内，忽必烈、兀良合台、刘秉忠三人吃完鲜美鲤鱼。忽必烈放下碗抹抹嘴，问兀良合台："今日观鱼鹰捕猎，将军做何感想啊？"

兀良合台拱手，回道："回大帅话，今观鹰鱼搏斗感受颇深。属下以为，天下者，强者为王，败者遭食。那些敢于反抗我大蒙古的南蛮人如同水中的游鱼，我们必须像鱼鹰那样勇猛地将他们彻底消灭！"

听了兀良合台的话，刘秉忠不无担忧，暗暗叹了一口气，脸上露出一丝苦笑，知道自己只是一个幕僚，不便开口说什么。

忽必烈站起来，踱了几步，蹙起眉头，本想说他有勇无谋，但一转念，和缓地说："将军勇气可嘉，只是目前我军虽然破了羊苴咩城，但是仍然没有控制大理国的大部分领地。大理国开国历经三百余年，段氏根基深厚，西南除了僰、爨人外，尚有多个族群分布聚居。我等孤军深入侥幸取胜，日后治理西南还需要借助段兴智的力量。这有如猎户驯化鱼鹰，我们需要段氏这只'鱼鹰'为我们捕捉更多的'大鱼'啊。你知道吗，昨夜你那一刀砍下去，如若伤了段实，那将与段氏结下冤仇，我们的大业将毁于一旦啊！"又嘱咐道："将军率军东进时，切莫伤了段兴智的性命。"

兀良合台亦不回话，一拱手，转身走了。

兀良合台走后，忽必烈对刘秉忠说："烦请先生对段家多为关照！"

刘秉忠深知忽必烈的用意，蒙古军费尽周折占领大理国，今后的管治是个严峻的问题，大理国上至君王、官吏，下至普通百姓如何能够轻易服从，只能采用军事和安抚两种方法方才能实现对这个多民族地区的长期统治。而眼下安抚好段氏家族就是收降段兴智的最大的砝码和鱼饵。他深深佩服忽必烈的深谋远虑。

二

次日午后，刘秉忠亲自登门拜访段实，送上一批波斯的奇珍异宝，蒙古草原的名贵皮货和珍稀药材。

刘秉忠再三致歉："前几日，我部将士惊扰王宫冒犯殿下，我家主帅心下不安，特遣在下入宫请罪！"

这几日，段实也是忧心忡忡。羊苴咩城将破时，段兴智亦劝他一起突围，免受蒙古军之辱。自己血气方刚，表示愿意留下来看守王宫，誓言：宁为玉碎不为瓦全。一定要守住王宫，看护好王嫂与众王侄。在高祥父子的裹挟下，段兴智、段实兄弟俩人匆匆而别。而今人困樊笼，如陷囹圄，身居深宫，王兄音信杳无，看来是凶多吉少。全家人被蒙古军软禁，保不住哪一天就会发生意外之事，自己如何对得起王兄的重托啊。好在忽必烈目前尚未为难自己，而且每日派人送粮米、菜蔬、油盐。今日又见刘秉忠谦恭有礼，不觉放下心来。

一连几次，刘秉忠每进王宫必有厚礼馈送，都是彬彬有礼，问寒嘘暖。两人相熟之后，便谈古论今，议论儒学佛教，甚是投机。段实见刘秉忠风骨秀异，学识渊博，谈吐不凡，是个高雅之士，不由暗暗敬重。

唐朝贞元年间，南诏王为了在白族中传播汉族文化，派出大批贵

族子弟到长安、成都学习。南诏王隆舜还向唐王朝派来的使臣询问《春秋》大义。南诏中期以后，汉语成为白族地区的官方语言。段实是王亲贵胄自然谙熟汉语，故他与刘秉忠之间的交流不仅没有语言障碍，而且相谈甚欢。

一日刘秉忠又来王宫拜访，段实亲自到宫门迎迓。

刘秉忠笑着说："殿下，前几次刘某进宫时都是来去匆匆，今日略有闲暇，可否让我观瞻一番王宫？"

段实回说："难得先生有此雅兴，段实愿为引导，只是边陲小国之王宫不能与中原内地巍峨辉煌的王宫相比。"

这大理国王宫规模宏大，布局严谨，规制齐备，精巧细致。王宫是由三进院及三重殿组成的一个建筑群。三进院为前院、中院与后院；三重殿为前殿、中殿与后殿。

段实陪同刘秉忠从仪门而入。刘秉忠抬眼见仪门左右两侧有一副楹联：

上联是：踞苍洱上德为谷文治武功礼仪之邦。

下联是：镇三迤佛法上乘政通人和妙香国度。

刘秉忠读罢称赞道："好一个'礼仪之邦''妙香国度'。"

白族自称白子、白尼、白伙，意为白人，是我国具有悠久历史的少数民族之一，有本民族的语言、历法、医学、音律、宗教、信仰、习俗。但是白族却没有本民族自己的文字，在文字上则完全使用汉文，所以王宫内所有的楹联均用汉文书写。

转过照壁，在前院中有一个用大理石作围栏的水池。这水池一是平时蓄水，二是救火时急用。池边每个石栏的顶端雕刻着一朵精美的莲花。池中碧水清澈透亮，一丛丛翠绿水草轻轻荡漾，一群青黑色的鲤鱼悠然自得游弋其间。段实唤宫人拿来鱼食投入池中，鱼儿们竞相争食，搅乱了一池宁静清水。刘秉忠仔细一看，只见每一条鱼儿的脑门中心都有一个白点。

段实见他稀罕，便解释道："百年之前我国大旱，此水池亦是干涸，鱼儿因为缺水皆窒息而亡。其间，观音菩萨大发慈悲之心，用柳枝点洒甘露，瞬间大地普降春雨，解除了旱情。此池水满却不外溢，池中鱼儿死而复生，且脑门中心都有一个白点，传说是观音菩萨点化而成。自此这种鱼便被称为'神鱼'。"

刘秉忠听后击掌称奇。

跨过水池中央石拱桥便是中院。院内有前殿、中殿、后殿，是王宫的核心部分。

前殿两厢分别设置吏、户、礼、兵、刑、工六部及主簿、参军两房。前殿上悬匾额："太和殿"，因大理城原称太和城，其意吉祥，故而以为殿名。此处为大理国君臣议事之地，左右两侧有一副楹联："依佛为旨云蒸霞蔚四海扬波，移孝为忠鱼跃鸢飞六诏一宇。"寓意大理国"尊佛""孝忠"的治国理念。

从右边绕过太和殿来至中殿。两厢分别设有"会文""会武"两馆。中殿上悬一匾额："致远殿"，取"宁静致远"之意。左右两侧有一副楹联："静心修身便知佛，惟有慈心能悟道。"是大理国国王单独接见朝臣的殿宇。

后殿的高度较致远殿低一些，上悬一匾额。上书："静思殿"。左右两侧有一副楹联："读万卷书春风化雨，行万里路冬雪吐霁。"

刘秉忠说道："殿下，如果我没有猜错，这该是您王兄的书房了。"

"先生所言不错。"段实回说。

过了后殿是一个宽阔的四方天井。段实对刘秉忠说："此处便是后院，它由东西两院组成。"抬手指着左边一道紧闭的红漆朱门说："那里是西院，内有段氏家族祠堂，念经佛堂，为国王起居之地。"又指右边一道虚掩的圆形拱门说："这东院即是御花园。我们入内小憩如何？"

刘秉忠知道，西院是大理国国王内眷居住之地不便入内，便回了一句：“悉听尊便。”就随段实进了园子。

时值初春，只见园内花红叶绿，姹紫嫣红，茶花怒放。刘秉忠没有见过偌大的花花世界，一时令他心旷神怡，目不暇接。

段实指指点点，如数家珍：“先生请看，这株是‘紫云’，那株是‘大红袍’，植株矮小的那株叫作‘恨天高’……”

段实见刘秉忠沉醉其中，便小声说道：“请先生移步朝前观看。”

段实边走边说：“大理国种植茶花的历史已有千年。历代国王喜爱茶花，举国上下王公贵族、庶民百姓都喜爱茶花，于是种花、养花、赏花、赛花便成为我国的习俗。我们白人不仅喜欢茶花，亦喜爱兰花。”

刘秉忠说：“我们北方却是不产茶花与兰花，刘某只是在书上识得而已，今日却是大开眼界了。”

俩人来到一片绿茵草地，刘秉忠只觉得暗香扑鼻。段实指着说道：“这兰花原长于苍山背阴潮湿的山箐之内，我们白人将其成功移植到坝子里种养。先生请看，这株是‘墨兰’，那株是‘虎头兰’，还有‘雪兰’。哦，那株镶着金边、鲜红花蕊吐黄的那株叫作‘朝霞满天’，真可谓万里挑一的上品。它可是王兄的最爱。”话刚出口似觉不妥立刻收住。

刘秉忠瞥见刚才还兴致勃勃的段实，触景生情眼眶里竟盈了泪水。便说：“承蒙殿下悉心讲解，我们不妨喝口茶水。”

不远处即有一颗花繁叶茂的千年古茶花树，树下有一大理石桌子，旁边四个大理石石凳。宫人取来锦垫放在石凳上面，又用暖壶中的水沏了一壶茶。

段实、刘秉忠两人坐定品茗闲谈。

刘秉忠问道：“那天夜晚兀良合台冒犯殿下，而您却稳如泰山，虽未出手但看得出您的功夫在万人之上，想必是经高人指点和长期修炼的结果。”刘秉忠原本想说，段实的武功不在兀良合台之下。转念一想，不能长了别人的志气，灭了自家的威风，于是便改了口。

刘秉忠的岁数大约比段实长一轮，但却谦恭地称其为“您”，为的是拉近两人的距离联络感情。

段实也不隐瞒，如实说道：“先生观察果然仔细，段某年少时体弱多病，王兄便将我送至水目山禅寺[1]，拜慧真大师为师。这慧真大师是个奇人，来自天竺国，原先是带兵的一位将军，因为触犯军规，便剃度出家，后来游方至我国的水目山禅寺。白日里他教我一些武术强身健体，晚间便跟大师学习经文。他还时常给我传授一些治国之道，兵法战术。在我十六岁那年，哦，也就是前年，慧真大师即离开水目山云游四方，至今了无踪迹。”

刘秉忠心中暗叹，如果再晚几年若段实这样具有文韬武略的年轻人当政，蒙古大军要想进入大理，那绝非易事啊。

此前，俩人一来二往相见恨晚，但多次交谈刘秉忠都未涉及目前局势。段实毕竟年轻，有些沉不住气，待刘秉忠这次再来，便急迫问道：“敢问先生，东边战事如何？我王兄可有消息？”

老谋深算的刘秉忠知道鱼已上钩，便不慌不忙，品了一口茶，笑着说：“殿下无忧，我家主帅早已下令三军将士，不得伤害段王爷。”

段实知道大势已去，便试探道：“贵军将如何发落我段氏族人？”

刘秉忠笑呵呵地说：“殿下言重了，我大蒙古国上承天意，下顺民心，将结束天下长期战乱一统九州，使黎民百姓共享福祉。蒙古、僰爨、汉人本为一体，何言处置你段氏家族？只是……”说到这里，刘秉忠停住了话头，抬起茶盏。

段实心急，连忙问道：“先生之意是……”

刘秉忠叹了一口气，说道：“殿下，恕我直言，大理国由于奸佞

① 水目山禅寺，在今大理州祥云县。

当道，天怒人怨，气数已尽啊。为今之计只有你能拯救段王爷与段氏族人了！”

自羊苴咩城破之时段实就明白，覆巢之下岂有完卵，国破家何在。现在听刘秉忠口气似有一线转机，便追问道：“在下愿听先生指教。”

刘秉忠诚恳地说：“我家主帅乃是仁慈之主，他愿意与段王爷盟誓结好，贵我两方共管西南，保段氏万世富贵。段王爷深受奸相高祥蒙蔽，我军一定铲除高家父子，解除段家心腹大患。但期望殿下不辞劳苦，能够亲自前往东线对段王爷晓之以理，动之以情。如若能化干戈为玉帛，殿下功莫大焉！”

段实听后轻轻舒了一口气，为了段氏家族的存续也只得如此了。原本想立刻允应了刘秉忠之请，但一转念又说道：“先生，兹事体大，容在下与王嫂商议后再行回复。”

刘秉忠见段实有些犹豫，也不强求，告辞而去。

在返回的路上，刘秉忠对大理国的王宫记忆尤深，赞叹不已。心想有朝一日自己也要为大蒙古帝国规划一座气势恢宏的宫殿。及至忽必烈登基，刘秉忠果然为大元朝规划了一个气势恢宏的大都，作为帝国的京师，实现了他的夙愿。此是后话。

刘秉忠回到营房向忽必烈禀告情况，言说段实对劝说段兴智尚存疑虑。刘秉忠见忽必烈焦虑，便进言道：“主帅莫要心焦，依在下看，只需如此如此，事即可成。”

忽必烈脱口道：“先生是说施用反间计？”

不几日，段实勾结蒙古人欲自立为王的消息不胫而走，传遍了羊苴咩城的四街八巷。百姓和留守的大理国官员纷纷谴责段实背信弃义。有的传言更是离奇，说段实丧尽天良，要仿效隋炀帝杨广图谋“废兄霸嫂”。有的人甚至说，亲眼所见段实整天与蒙古军的刘秉忠闭门密谋意欲举事。

消息传到段实耳里，他十分恼怒，又十分无奈。自己忠心耿耿，置生死于度外，天日可鉴，但是对于这些流言蜚语却是无力反驳，如今真是跳进西洱河也洗不清了。他寻思，或许是部分留守官员的挑拨离间，或许是刘秉忠设计逼自己就范，但是苦于没有确凿的证据，更无处申辩。他想一死了之，死是世间最容易的事情，但是这样不明不白的死，自己仍然要背负后世千载骂名。思前想后，为了洗刷自己的污点，他命人请来了刘秉忠。

寒暄之后，段实讲了自己的苦衷。

刘秉忠眨了眨眼睛，故作惊讶："这些传闻在下多少也听到一些，而今殿下当如何处之？"

段实叹了口气，说道："只能依先生之意，劝说王兄早日回归大理重新掌管朝政，方能一扫阴霾，还我清白。只是贵方必须承诺两件事，否则段实宁死不从。"

刘秉忠回道："殿下请讲，万事皆可商讨。"

段实站起来，坚定地说："其一，贵我双方签署合约，共同管治大理国，我大理国王位永续世袭，各地官员任用仍由大理国国王自主。其二，请你家主帅亲笔书信由我转达王兄。"

刘秉忠笑着说："殿下开明豁达，所提两事只有一处需要斟酌。"

段实："愿闻其详。"

刘秉忠道："殿下英资聪敏，饱读史书，应该知道所谓一山不容二虎。天下归一，只能有一个皇帝，依我愚见，可否将大理国国王改动，称'大王'即可？此王非彼王，殿下博览群书，历朝历代封王封侯乃徒有虚名，如若大汗封您兄长为大王，则仍然可以掌握一定实权也！"

刘秉忠说得婉转，实则暗藏威逼。

段实沉思一阵，两害之下选其轻，只得接受刘秉忠的意见，便回道："今日之约，还需我当面向王兄禀明，由其亲自定夺！"

三

蒙古军在大理休整月余之后，忽必烈率兵乘胜追击至姚州（今姚安），擒获高祥并将其处死。

次年初，忽必烈接到赛典赤的密报，称北漠宫廷出现动乱端倪，望其速归。忽必烈率领部分蒙古军北上返回，留下兀良合台继续征服大理国境内未附诸部，并任命刘时中为宣抚使，捐赠黄金百两、白银千两修葺大理崇圣寺雨铜观音殿。

公元1254年春天，兀良合台率领蒙军离开羊苴咩城后，采取声东击西的策略，先是派遣一支骑兵直趋鄯阐[①]，做出即刻要攻城的样子，使得鄯阐城内的大理国君臣惶惶不安，据城固守。兀良合台自己则亲自率领蒙军主力扫除横亘在羊苴咩城与鄯阐城之间的大理国据点。首先发起攻击的对象是合剌章城（在今云南元谋与武定间）。接着，兀良合台率军进抵大理东部重镇罗部府（今云南武定）。大理国大将高升在这里召集起一支颇具实力的大理诸部军队准备与蒙军决战，怎奈蒙军野战能力极强，战术灵活多变，大理军抵挡不住，最后高升军在夷可浪山下被兀良合台的蒙古军击溃。

兀良合台率兵继续东进，兵临大理国的东都鄯阐（又称押赤城，今昆明市），激战七天七夜，蒙古军攻破北城门，段兴智在小叔信苴福的陪同下，带领小股人马仓皇出城，连夜向东南逃窜。

蒙古兵穷追不舍，至昆泽（今宜良）的一个彝族寨子将人困马乏的段兴智叔侄等人团团困住，围而不攻。此时段兴智身边仅剩百余名兵士。兀良合台即刻命人告知后方的刘秉忠知晓。

四日之后，段实匆匆赶到，在一间土掌房内见到段兴智。

屋内光线阴暗，段实大步趋上前去跪拜于地，口中大声称道：

---

① 今昆明。

"王兄在上，臣弟无能让您受苦了……"话未说完，早已泣不成声。

段兴智急忙扶起段实，兄弟俩人相拥而泣，一旁的信苴福亦潸然泪下。

段实仔细端详兄长，分别不到一年，段兴智已是半头华发，满脸胡茬，眼窝深陷，憔悴不堪，衣甲破损，哪里还有当年武安皇帝的风采，不觉泪如泉涌。

信苴福提醒段实："现在不是畅叙离别之情的时候，快将忽必烈之意向皇上禀明。"

段实强忍悲痛，遂将与忽必烈谈定之约细述一番，而后说道："臣弟擅自做主，乞望王兄裁决！"说毕复又跪地。

段兴智扶起段实，嗓音沙哑地说："皇弟忍辱负重，巧妙与蒙古军周旋，是我有负段氏列祖列宗，有负于你啊！"

信苴福说："有此结果，也算是不幸中之大幸。"

三人商议，同意接受蒙古国的结盟条款。

段兴智感激忽必烈不杀之恩，即归降蒙古军。段兴智与叔父信苴福北上觐见宪宗，为了安抚民心，稳定局势，蒙哥汗仍命段兴智为大理国国王，并诏赐金符，命其回国主持政事。

段兴智回到大理后，委任其弟信苴日管理国事，向兀良合台献出大理国东部乌蛮、白蛮等三十七部的地图并与信苴福率僰、爨军二万为前锋，引导大将兀良合台讨平未归附的诸郡。宪宗闻报大喜，采纳了刘秉忠的建议，赐段兴智为"摩诃罗嵯"（即"大王"），命其仍然主管诸蛮白爨等部，以信苴福领其军。宪宗八年（公元1258年），段兴智调集万余人白族子弟为主的军队，称为"寸白军"，随兀良合台蒙古军北上，他们先后攻占了广西、贵州、湖南的许多地方。于十二月进至鄂州（今武昌），与忽必烈南下大军会师，完成了蒙古国原定灭大理国后，从西南对南宋政权实行包抄的计划。由段兴智带领的部分"寸白军"，在攻破鄂州后，沿长江而上，到达湖南桑植等

县后定居，成为当地的白族人，其后裔繁衍为数万人，至今已七百余年。此亦是白族历史上的一件奇事。

由于段兴智在这场战争中忠心耿耿的表现，宪宗大汗决定再次对他进行表彰。然而，段兴智却在第二次北上觐见宪宗的道途中患病身亡。此后，段兴智被追谥为“向义天定贤王”。

至此，十万蒙古大军，历经两年，纵横三万里，圆满实现了忽必烈策划并实施的“斡腹”战略目标，为建立大元帝国奠定了坚实的基础，创造了冷兵器时代，中外战争史上最辉煌、最宏大的陆路远距离、大兵团迂回征战的典型范例，可称亘古未有。

为歌颂元朝开国皇帝世祖忽必烈征讨云南，一统西南的圣德神功，元成宗铁穆耳时，云南行省平章政事也速答儿于元大德八年（公元1304年）议立《元世祖平云南碑》。此碑建在大理城外苍山龙泉峰下，碑立于巨硕的石龟背上，高达四点五米，宽一点六五米，分上下两节，中有石条挡护，边有石框镶砌，碑额为大理石，雕二龙戏珠，额篆“世祖皇帝平云南碑”。撰文者是翰林程文海，以正楷大字书丹，劲瘦工严，有欧柳遗风。行文五十行，上石三十行，每行二十字，下石二十八行，每行二十五字，共一千三百个字。因岁月洗刷，现存一千余字。沧海桑田，《元世祖平云南碑》至今犹在，它默默地见证了云南的一段重要史实。忽必烈成为历朝历代的皇帝中亲自到过云南的第一人。

公元1257年，蒙哥汗赐兀良合台军银五千两、彩帛二万四千匹，授银印，并封其为大元帅镇守大理。中统元年（公元1260年），元世祖忽必烈即大汗位，他知道打天下需要一批像兀良合台这样的猛将，但目前西南大规模的战事已经停息，担心他今后莽撞行事，干扰抚治西南的战略，于是命其返回上都，并解除兵权。兀良合台一生征战，功勋卓著，至元九年逝世，时年七十二岁。追封河南王，谥武毅。此是后话。

第九章　宝合丁阴谋云南王
张立道险救忽哥赤

一

宪宗九年（公元1259年），秋七月辛亥，蒙哥大汗率军前往四川攻打合州时被宋军飞矢射中死于钓鱼山，终年仅五十二岁。忽必烈代表蒙古国与南宋议和，撤兵北归。

蒙哥大汗死后，蒙古国汗位之争也随即展开。领有汉地的忽必烈与受漠北蒙古贵族拥护的四弟阿里不哥为了争夺汗位而发生战争。最终忽必烈获胜，于公元1260年三月，在开平称汗，尊号“薛禅汗”。忽必烈接受刘秉忠的建议，开始按中国传统的王朝年号纪年，于公元1260年5五月建元中统。后又将中统五年改为至元元年，定开平为上都[①]。本年乙卯，改燕京（今北京）为中都。在刘秉忠规划下，大兴土木，将中都改建为京城。这新建的京城气势恢宏，右拥太行山，左揽沧海，头枕居庸关。城方正六十里，设十一门：正南为丽正门，南之右为顺承门，南之左为文明门，北之东为安贞门，北之西为健德门，正东为崇仁门，东之右为齐化门，东之左为光煦门，正西为和义门，西之右为肃清门，西之左为平则门。又有海子在皇城之北、万寿山之阴。

至元八年（公元1271年）十一月忽必烈正式登上皇位称帝，即元

① 开平，今蒙古正蓝旗东。

世祖，时年五十六岁。公布《建国号诏》法令，取《易经》中“大哉乾元”之意，改国号蒙古为大元，建立元朝，至元九年（公元1272年），又将中都改为大都，从此大都成为元朝的首都，及至明朝、清朝都将北京定为首都。

此时大理国虽然已平定二十余年，但内忧外患仍然暗流涌动，危机四伏。

蒙古军队于公元1257年使用武力占领大理国后，为实现军事目的，兀良合台按蒙古的规制，建立了军政合一的“万千百户制”，对境内地区实行全面的军事管制。“兀良合台自镇云南，凡八籍民户，四籍民田，民以为病。”“委任非人，政令屡变，天庭高远，人相闻知，边鄙之民，往往复叛。”兀良合台暴戾的统治方法不断激起民变。至元元年（公元1264年），滇东和滇中地区的白族和彝族，爆发了以白族僧人舍利畏为首，联合威楚地区（今楚雄州）的三十万各民族大起义。洱海地区至姚州（今姚安）一带的白族和彝族人民亦纷纷起而响应，进攻驻守鄯阐城的蒙古兵，蒙古贵族死伤惨重，急忙向段实求援。段实率领人马首先镇压了洱海至姚州一带的起义军，然后引兵东进，在安宁、新兴（今玉溪）等地与舍利畏激战，平息了叛乱。

大理地区动荡不安的局面引起了忽必烈的警觉，他感到西南地区“变乱不常”，自己“抚恤之心虽难切于己，而下民之志亦尚未安”“非重臣镇服不可”。于是，至元四年（公元1267年）八月，忽必烈封皇子忽哥赤为云南王，授金镀银印驼纽，镇大理、鄯阐、茶罕章、赤兔哥儿、金齿等处。同时立大理等处行六部，以阔阔带为尚书兼云南王傅、柴祯尚书兼府尉，宁源侍郎兼司马，行政机关和王府机构合为一体。

当初忽必烈北返时，留下宗王不花驻守大理（中统二年封为建昌王），又设大理等处宣慰司都元帅，重大军政事宜都元帅必须向宗王请示，这种职权分散的管理设置，为后来宗王、行政长官、军事统帅之间互相争权夺利埋下了祸根。

就在忽必烈正式登上皇位的这一年，云南发生了一件震惊朝野、惊世骇俗的大事。

二

时任大理等处宣慰都元帅的宝合丁自恃手中掌握着兵权，不把年轻的忽哥赤放在眼里，早就觊觎云南王的王位。他用重金美女贿赂拉拢云南王王府尚书阔阔带，两人沆瀣一气，阴谋篡权。

至元八年（公元1271年）二月乙巳，宝合丁邀请忽哥赤到宣慰都元帅府出席晚宴，只说是商量防务要事。

行前，亦摄思术纳思劝谏忽哥赤，说："王爷，今日是凶日不宜外出。且据我观察，宝合丁是个居心叵测、大奸似忠之人，'商量防务'为何不到王府，不选择白天？我看王爷最好是找个托词谢绝为好。"

这亦摄思术纳思何许人也？忽必烈崇奉喇嘛教，尊八思巴为帝师。忽哥赤也奉八思巴的异母兄弟亦摄思术纳思为师，平时对其言听计从。

忽哥赤却说："大师多虑了，抚治西南需要王府与宣慰都元帅和衷共济，精诚团结。今天我若拒绝，日后两家必生芥蒂。"

于是仅带领少许随从欣然前往。年轻善良的忽哥赤哪里知道，等待他的将是一条不归之路。

是晚，风高夜黑。宝合丁在宣慰都元帅府设宴，悄悄将砒霜置于酒肉中，并贿赂王相府官员无泄其事。张立道偶然听得阔阔带仆人悄悄议论，大惊失色，急忙只身骑马赶往城西的宣慰都元帅府。

张立道是个值得一提的人物。张立道字显卿，其祖先是陈留人，

后迁居大名府。父亲张善，原为金朝进士，金灭后即归顺蒙古国。张立道十七岁任备宿卫。忽必烈即位后，“立道跟随其北征，未尝去左右。”由于干练聪敏备受忽必烈信任。忽哥赤受封云南王后，忽必烈任命张立道为王府文学。他自到王府以后，除了完成本职事务外，经常考察大理地区的山川河流，深入山寨部落了解民情，多次上书忽哥赤，劝其发展农牧业，关注民生。忽哥赤接受他的建议，报奏朝廷批准任命张立道为大理等处劝农官，兼领屯田事，佩银符。

只说张立道赶到帅府门前时，只见四周戒备森严，知道情况不妙。立即甩蹬下马准备进入，却被守门的卫士横加阻拦，呵斥道：“今日都元帅与王爷、尚书商议剿匪大事，闲杂人等不得进入！”

张立道灵机一动，厉声呵斥道：“瞎了你等狗眼，我乃堂堂朝廷六品劝农官张立道，今有圣上使臣在王府要向忽哥赤王爷传达谕旨，误了大事你们吃罪不起！”

席上，一群僰人少女正在翩翩起舞，宝合丁与阔阔带两人竭尽阿谀奉承之词，频频向忽哥赤劝酒。三人正在推杯换盏，一酬一酢，觥筹交错，饮酒正酣之时，只听门口传来阵阵吵嚷之声。

宝合丁不悦，说：“何人大胆，竟敢在我帅府门前喧闹！”

卫士来报，说是张立道欲夺门而入。

宝合丁说：“哦，是小小劝农官张立道，来人啊，将他轰了出去，不要扫了本帅之兴！”

忽哥赤放下手中筷子，制止说：“都元帅何须动怒，张立道乃是一介书生，自来谨小慎微。今夜冒昧前来定是有什么紧急之事，不妨让他入内。”

一旁的阔阔带向宝合丁使了个眼色，宝合丁说：“既然王爷吩咐，那就让他进来好了。”

上得厅堂，张立道两手推开众舞女，急匆匆上前。

忽哥赤招手，说："显卿，难得你有如此雅兴也来参加夜宴。"

张立道气喘吁吁刚要张口，宝合丁手举酒杯拦住去路，趁机说："显卿先生来得正是时候，今夜我与王爷尽欢，你也要助兴噢，来、来、来，本帅敬你一杯。"宝合丁用的是一种称为"转转壶"的特制酒壶，其内部分为两格，手柄上有一个可以转动的机关。斟酒时，向左或右转动，即可分别倒出正常的酒或毒酒。忽哥赤哪里知道这酒壶暗藏玄机和两贼人的阴招。

张立道用力挥手将宝合丁的酒杯打落在地，高声喊道："王爷！酒肉中有毒！宝合丁与阔阔带两贼子要加害于您！"

眼见阴谋败露，宝合丁恼羞成怒，大声喝道："速将张立道予我拿下！"

站立两厢的卫士上前立刻将张立道五花大绑。

忽哥赤闻言大吃一惊，急忙伸手用力使劲抠喉咙，污物喷溅了一身，但因食量过多毒效发作，不一会儿便七窍出血即时薨命。阔阔带命令卫士将其尸首抬走。

宝合丁亲自为张立道解开身上绳索，深作一揖，说道："本帅敬重先生忠心义胆，莫如跟随于我，今后定当厚报。"

张立道昂头挺胸，斩钉截铁地说："宝合丁，俺老张今日不幸落入你手，要杀要剐由你自便，绝不依从你这叛逆贼子！"

阔阔带走过来好言相劝："显卿啊，你的旧主忽哥赤已经死了，这古话说得好，'识时务者为俊杰'，只要你在这份奏折上与我联名保举宝合丁大人为云南王，将来保你有享不完的荣华富贵。"

张立道怒目呵斥道："阔阔带老贼，皇上待你不薄，你却卖主求荣、狼狈为奸、助纣为虐，皇上知你害死其爱子，定将你碎尸万段，你将死无葬身之地也！"说毕仰天哈哈大笑。

宝合丁与阔阔带见威逼不成，恼羞成怒，便命令侍卫将张立道打

入死牢，对外则宣称张立道谋杀忽哥赤，等待朝廷判处。随即阔阔带伪造忽哥赤遗嘱，向朝廷举荐宝合丁为云南王。宝合丁连夜率领一队兵士前往云南王王府向王妃索取王印，遂自立为云南王。

三

阴森黯黑的地牢里弥漫着阵阵霉臭，几只老鼠在墙角跳跃，眼中闪烁着绿光，嘴里不停地发出“吱吱”的叫声。被打得遍体鳞伤的张立道躺在稻草堆中。过了一天一夜，他慢慢地苏醒过来，微微睁开眼睛，不顾浑身的疼痛，艰难地翻转身子，挣扎着慢慢爬到墙边，哆哆嗦嗦地伸出右手摸了摸坚硬的土墙，他失望了。他想起来这里是都元帅府关押犯人的地牢，就是一只苍蝇也别想从这封闭的空间中飞出去。失望中他冥思苦想，如何才能把宝合丁、阔阔带反叛的消息传递出去？左思右想不得要领，不觉又昏睡过去。

昏睡中一丝白光在眼前闪过，接着耳边传来几声“咯吱”的声音，白光中一个黑影向他走来。张立道惊恐万分，本能地向后退缩，口中喊道：“你是谁？你不要过来！你想要干什么？”

只见那个黑影缓缓放下手中的提篮，轻轻地说：“张大人，莫要怕，我是罗老幺啊。”

张立道努力思索了一番，“哦”了一声，说道：“你就是楚威铁匠铺的罗老幺？”

来人仍然轻声说：“张大人莫非忘了，三年前若不是您慷慨解囊，我老父亲怎么能入土为安啊！”

张立道逐渐想起来了，罗老幺是彝人。三年前他父亲病逝，可是家境贫困竟无安葬费用。刚好自己到楚威一带视察农事，便赠予二两纹银帮助罗老幺一家解了燃眉之急。

只听罗老幺说：“父亲过世之后，我便关了铁匠铺在这都元帅府充为牢卒。不想在这里不期遇见恩公张大人，今日特为您送些便饭。”

张立道不禁感慨万千，想不到昔日自己的举手之劳，今日竟有如此机缘。他囫囵扒了几口饭，喝了一口汤，放下手中碗筷抹抹嘴，低声说道：“老幺兄弟，如今张某身陷囹圄，有一要事相求于你。”

罗老幺一边收拾碗筷，一边问道：“恩公有何事尽管吩咐就是。”

张立道压低声音说：“宝合丁与阔阔带两个贼子毒害忽哥赤王爷，我欲将此情况向外传递，揭露阴谋以使朝廷尽快平叛。”

罗老幺说：“恩公蒙难，我一定拼死将消息带出去。”

张立道思考片刻，说：“仅凭你传消息，只恐口说无凭。”

“那我即刻取了纸笔请恩公修书一封。”罗老幺说着起身欲走。

张立道拉住罗老幺说：“不可，不可，一来时间紧迫，你多次往返走动将引起贼人耳目警觉；二来夹带书信万一被搜查，反而连累于你。”

罗老幺着急地问道：“那眼下如何是好？”

张立道灵机一动，说声“有了。”随即掀起罗老幺的长衫，咬破食指，写下一首诗：

宝马扬尘，
合辙务珍。
丁卯日出，
反待良辰。

罗老幺整理衣襟说：“还是恩公考虑周全。”

张立道将食指在口中吮了吮，说道：“你速去找在都元帅府担任工匠提举[①]的张忠，将此消息转告于他即可。”

罗老幺提起食篮，转身走了。

趁着黑夜罗老幺来到工匠营，将宝合丁毒死忽哥赤王爷，图谋篡

---

① 按元朝官制相当于从九品。

位，张立道即将被斩首之事急切告知张忠。

这张忠乃是张立道的族兄，擅长打铸兵器，被宝合丁征召入工匠营，后随军进驻大理。张忠身高丈余，面如炭色，豹头环眼，燕颌络须，声如洪钟，恰似《三国演义》中的猛将张飞，平时亦自称自己是燕人张翼德之后人。看似粗人，却是粗通文墨，粗中有细之人。此时张忠趁罗老幺没有防备，一个反剪，两只手像一把铁钳将他按倒在地，口中喊道："大胆奸人竟敢诬陷都元帅，还欲诱骗俺老张！"

跪倒在地的罗老幺连声说道："提举切莫高声，我这里有张立道大人给您的书信。"

张忠将信将疑，松开了手，口中说："谅你也逃不出这屋！"

罗老幺起身用力撕下长衫前襟将血书呈上，张忠举起蜡烛仔细读了两遍却是不得要领。当读完第三遍时张忠猛然领悟，好个聪明的张立道，这是一首藏头诗啊："宝合丁反"。张忠连忙放下血书，对罗老幺拱手施礼道："罗壮士受惊了，刚才俺老张莽撞多有得罪了！"

罗老幺回礼说："不妨事，眼下急迫要解救张大人，尽快向朝廷禀明真情。"他接着说："我在狱中有两三个同乡好友，你我可趁夜劫走张大人。"张忠点头称是。

张忠平时里在工匠营豪爽仗义，人缘不错，便立即召集了几个要好的朋友向他们讲明情况，众人歃血为盟，并安排其中两个兄弟提前赶往大都向朝廷急报事变经过。

安排停当众好汉正要出发，张忠却说："不妥，不妥，想那都元帅府地牢戒备森严，仅凭我们几个人硬闯，岂不自投罗网？"

罗老幺说："提举所言极是，可否由我顶替狱中的张大人，来个金蝉脱壳？"

张忠说："此计虽好，只是害苦了罗兄弟！"

罗老幺慷慨说："我等既已歃血为盟，同为兄弟，为救立道兄长，平息叛乱，我愿两肋插刀！"

张忠等人救出张立道，十二个人仓皇逃出羊苴咩城向西疾走，一路风餐露宿，历尽千辛，自不必说。一个月之后，来到吐蕃地界，恰好遇上忽必烈派遣的御史大夫博罗欢、王傅别怗与张忠派往京师报事的兄弟。

张立道、张忠等人随博罗欢、别怗二位钦差返回大理，救出奄奄一息的罗老幺，迅疾查明宝合丁、阔阔带两人叛逆的实情并据实报奏朝廷。忽必烈下旨：将十恶不赦的宝合丁、阔阔带及王府受赂官员及阿老瓦丁、亦速夫等就地斩立决。另任阿鲁帖木儿为都元帅。

只可惜宝合丁昼思夜想要当云南王，建立独立王国的美梦化成了泡影，最终只落得身败名裂，做了刀下之鬼！

张立道忠勇聪慧，学识渊博。至元十七年（公元1280年）张立道入朝，极力奏请世祖以云南王子也先帖木儿承袭王爵。世祖忽必烈准了他的奏请，封也先帖木儿承袭王爵。又命张立道为临安广西道宣抚使，兼管军招讨使，佩虎符。辞行时，忽必烈赏赐张立道弓箭、衣服、鞍马等物。

张立道辞别忽必烈，赴任新职。一路之上鞍马劳顿，终于到了任所。可没有想到刚到任就遇上禾泥路大首领必思煽动一些少数民族反叛与官府对抗。张立道立即发兵征讨将其剿灭，而后乘胜追击，攻取金齿甸七十城，众酋长纷纷归顺。张立道将酋长送给他的驯象、金凤等珍奇异物，都献于朝廷，自己不留分毫。

至元二十二年（公元1285年），张立道收编两江之侬士贵、岑从毅、李维屏等所部二十五万户，将其户籍交给当地官府。其后，张立道又调任临安广西道军民宣抚使。在建水创立孔庙、学堂，在衙门内写上“为官清廉”的训词，警告贪官污吏。此后回到大都，其间权臣当道，张立道只任闲散官职。虽然闲散，仍然不忘国家大事，根据当时急于要办的政务，亲拟条陈上奏，忽必烈大加称赞并加以采纳。

至元二十八年（公元1291年），忽必烈遣张立道巡视两浙，不久

授任为四川南道宣慰使，又调任陕西汉中道肃政廉访使。至元三十年（公元1293年），忽必烈曾孙松山封为梁王，出京镇守云南。大德二年（公元1298年），朝廷将张立道从陕西行台御史之职调为云南行省参政，作为梁王的辅助，只可惜视事一月便去世了。

张立道曾三度出使安南，在云南为官最久，深得人心，当地民众为了纪念他，为他立祠于鄯阐城西。张立道所著诗文有《效古集》《平蜀总论》《安南录》《云南风土纪》《六诏通说》若干卷。此是后话。

第十章　元世祖筹划新云南
赛典赤受命大明殿

一

忽必烈在大明殿召见张立道、张忠等人，仔细询问忽哥赤被害经过。张立道痛哭流涕将详情告知。忽必烈听后悲感交集，泣不成声，唏嘘不已。

忽必烈生有十个儿子，长子朵而只王，次子皇太子真金（即裕宗皇帝），第三子安西王忙哥剌，第四子北安王那木罕，第五子云南王忽哥赤，第六子爱牙赤大王，第七子西平王奥鲁赤，第八子宁王阔阔出，第九子镇南王脱欢，第十子忽都鲁帖木儿王。

这五皇子忽哥赤是个早产儿，自幼身体稚弱，忽必烈十分关爱。原想一方面让他到气候温和的西南休养身体，另一方面让他在西南边陲历练历练。不料疏于防范，聪明善良的忽哥赤竟惨遭宝合丁之毒手，心中甚是悲痛。忽必烈自责用人失察，自己待宝合丁、阔阔带不薄，且委以重任，而竟未察觉两人的狼子野心，竟然弑主篡权。作为父亲，作为一国之君，痛失爱子对不起皇后，更对不起列祖列宗，想到这里越发痛心疾首，故而不顾体面当着臣下潸然泪下。

他感慨万千地说："爱卿与张忠等诸位义士为我家事出生入死，劳苦功高，其忠可嘉。今后你愿意留在朕身边，还是辅佐太子或者在安西王忙哥剌手下任职，惟你自己选择。"

张立道拱手说："立道愿意跟随陛下左右尽职尽责！"

忽必烈大喜，赐张立道金五十两，以旌其忠。张忠等亦各被授予官职。

张立道、张忠等人跪拜谢恩。

二

忽必烈痛失爱子忽哥赤的悲情尚未释然，使他烦心的事却接踵而至。

至元十年（公元1273年），西南罗羽（今云南武定、禄劝一带）等民族首领反叛。告急文书如雪片一般飞报大都，朝野上下为之震动。虽经全力平定，但是忽必烈对西南连续几年发生的异常事变十分震惊，既要集中主要精力考虑解决征讨南宋，又要稳定西南大局最终实现南北夹击、一统中华的战略目标。

这些烦心之事，搅得忽必烈寝食不安，日思夜虑。怎样才能使西南稳定呢？忽必烈痛定思痛，开始思考选择治理西南的能臣。可是思考几日，仍旧没有头绪。一日，监察御史魏初进言，平章政事赛典赤忠勇老成、纲纪省事，可以担当此重任。一番话提醒了忽必烈。

至元十一年甲戌（公元1274年），闰六月，正在参加西线作战并负责保障全军后勤供应的赛典赤接到诏书，星夜从前线赶回大都。

这天午后，忽必烈皇帝传旨在大明殿召见赛典赤。

此时的赛典赤已经是中书省平章政事，相当于副丞相之职，从一品。他经常参加朝议，对王宫的路径实在太熟悉了，无须宫人引导，他从容地穿过月华门，顺道从大殿左门而入。殿内空无一人，略一抬头见忽必烈正襟危坐，立即趋前几步伏地口称："臣赛典赤叩见陛下，圣躬万福！吾皇万岁、万岁、万万岁！"

上首传来忽必烈的声音："老爱卿平身。"

赛典赤起身说："谢陛下。"

忽必烈亲切地说："老爱卿啊，你我虽说是君臣，但情同安达。朕在藩府时你就鼎力相助终成大业，今日里朕与你独对，切莫拘泥于礼节。"

忽必烈命人给赛典赤赐座，上茶。

忽必烈吮了一口，立刻放下茶杯，对一旁的侍从说："今儿天这么热，换'舍儿别'吧。"

侍从诺诺退下，不一刻端上两个精致青花瓷碗。

"舍儿别"是一种饮品。又名"舍利别""摄里白""舍里八"等。早年由撒麻耳干医生撒必进献给成吉思汗，逐渐成为宫廷饮料。朝廷中有专门负责制作"舍儿别"的官员，称为"舍儿别赤"。其制作方法，一类以柠檬、杨梅、木瓜、葡萄等水果，去皮、核，捣碎去渣，慢火熬煮，加蜜、糖、香料等；一类以宫桂、丁香、白豆蔻仁、五味子等药物，加糖蜜之类熬煮，有医疗效果。朝廷还命广州、泉州、西南、镇江等地制作"舍儿别"，定期供应朝廷。

赛典赤喝了一口清凉可口的"舍儿别"，顿时觉得清沁肺腑。"舍儿别"是宫廷专用饮料，受到如此特殊待遇，赛典赤心想皇帝日理万机，不知道今日单独召见究竟为了什么事情。

正在寻思，只听忽必烈诚恳地说："你知道朕曾经亲征西南，了解那里的情形，但因为近年来朕用人失察酿成事故，致使西南地区人心惶惶，祸事连连。老爱卿德高谨厚，清正廉洁，有口皆碑。朕思考已久，想拜你为云南行省平章政事抚治云南，你觉得如何？"

赛典赤慌忙下跪叩首说："回陛下，臣自追随太祖以来，我一门深受五朝皇眷[①]，五十余载战战兢兢，日夜不敢忘记王命。而今臣已过

---

① 指元太祖成吉思汗，太宗窝阔台，定宗贵由，宪宗蒙哥和世祖忽必烈。

耳顺之年，体力精神不如往昔，早就想解甲归田，告老还乡，颐养天年，恐怕难于承担如此重任啊。”

忽必烈见状，急忙从龙椅上下来扶起两鬓染霜的赛典赤，继续劝慰说：“按照我朝定制，凡七十岁以上精力衰耗者，才可以致仕（即退休）。老爱卿虽说年过六旬比朕长四岁，但是康健神爽。如今天下尚未一统，战祸连年，生灵涂炭，而今西南情势复杂，最近兵部又报，西南罗羽酋长阿旭反叛，使朕寝食难安，老爱卿是我大元五代忠良，还望你能够替朕分忧解难啊！”

赛典赤感慨万千，热泪盈眶，再次下跪伏地，哽咽着说：“陛下如此看重老臣，纵然是粉身碎骨，老臣亦要接受皇命欣然赴任！”

忽必烈扶起赛典赤，握着他的手说：“老爱卿言重了，你只管放手去做，诸事有朕为你做主！”

赛典赤复归坐下，说：“陛下已经考虑在西南地区实施行省管理？”

原来，蒙哥四年（公元1254年），蒙古国灭大理国后，忽必烈自大理北返，留大将兀良合台戍守西南，并任命刘时中为宣抚使与大理原来的统治者段氏共同治理原大理国地区。那时，段实名义上仍然是大理国的国王。然而，蒙哥根据兀良合台的建议，在大理地区按蒙古国游牧经济基础建立军政合一的“万千百户制”，将大理国原有的三十七部并成十九个万户府，任命土人和蒙古官员为万户长和达鲁花赤，兀良合台任都元帅总镇其地。公元1260年，忽必烈即位后，在公元1263年至1271年间设宣慰司兼行元帅府事。先后派遣昔撒昔、也先、宝合丁、阿鲁帖木儿担任此职，在云南设行省以前，他们是云南地区的军政首领。

忽必烈说道：“西南夷数百年来长期自立一方。自宪宗四年，大理国归附以来，这十余年里仍按蒙古军政合一的‘万千百户制’，这一体制已经不合时宜，同时还要结束‘羁縻’政策。今后应该按照内地体制设置行省，军民统一，政令统一，这是治本的基石。”

忽必烈所说的“羁縻”政策源于两汉时期。当时的中央王朝曾经在“西南夷”各民族地区先后设置郡县，派遣汉族官吏前往担任太守、县令。但是又不可能使用对内地汉族人民进行统治的方式，所以不得不封“西南夷”民族内部原有的一些奴隶主、部落贵族为王为侯，使他们保持原来在本民族中的统治地位，按照旧存的方式去统治本民族人民。郡县官是中央王朝在地方的代表，土著王侯们在政治上要听从郡县官吏的调度，经济上则需将其按原有剥削方式剥削所得的一部分，以纳贡的形式提供给郡县官吏上缴中央王朝。这种对“西南夷”各族进行统治的政策，汉朝统治阶级称之为“羁縻”。《史记·司马相如列传·索隐》说：“羁，马络头也；縻，牛纼也。”《汉官仪》云：“马云羁，牛云縻，言制四夷如牛马之受羁縻。”其意是形容当时夷地民众的管束有如马受笼套束缚，牛受绳索钳制。

忽必烈试图改变自汉朝以来对西南夷实行的羁縻制，而由中央直接任命官员进行地方管理。但是由于西南地区民族众多，情况各异，在后来的实践中，不得不在一些偏远地区仍然实行羁縻制。《元史·百官志七》说：“西南诸溪洞各置长官司，秩如下州，达鲁花赤、长官、副长官，参用土人为之。除袭替土官外，急阙久住者，依例以相应人举用。”不仅西南如此，东北如此，西北亦莫不如此。又不仅长官司如此，更大的宣慰司亦莫不如此。《元史·文宗本纪》即说：“至顺二年（公元1331年），置八百等处宣慰司都元帅府（驻今泰国清迈），以土官昭练（泰族）为宣慰使都元帅。”及至明、清时期全国部分少数民族地区都沿袭了羁縻制。

赛典赤问道：“适才陛下言说欲将行省定名为‘云南’吗？”

忽必烈颔首：“正是。”

围绕“云南”这个称谓，赛典赤在脑子里迅速回溯历史。

汉武帝元封二年（公元前109年），汉武帝征发巴蜀地区的士卒降

伏滇王。汉廷以滇王故地为中心，设置益州郡（郡治滇池县，今昆明市晋宁县），辖包括云南县（今云南省祥云县）在内的二十四县，“云南”一词首创作为地理名词和行政区划名称的历史，是为“云南”地名之源。县名来历有二：一因山得名，即县西北百数里有终日与云气相连的云山，县在其南，故名云南；二因祥瑞征兆得名。传说汉武帝梦见吉祥彩云现于白岩（今弥渡红岩），县在其南，故名云南。

汉建兴三年（公元225年），诸葛亮亲征南中，把南中五郡调整为七郡，其中从建宁郡（原益州郡）中划出弄栋（今姚安），从永昌郡划出叶榆（今大理）、邪龙（今巍山）、云南三县，从越西郡中划出遂久（今丽江）、姑复（今永胜）和青蛉（今大姚）三县，共计七县设立新郡——云南郡（郡治云南县，今云南驿），这是“云南”继云南县之后作为更高一级行政区划最早在神州版图上出现的名称。云南驿北控成都，东制押赤城（昆明），为当时西南地区的咽喉要地。后来的南诏国曾经先后在这里设置了云南节度使、城、赕、州等军政机构。

唐朝开元二十六年（公元739年），唐廷封南诏皮罗阁为“云南王”。宋太宗时，大理“首领白王”乞内附，被册封为“云南八国都王”。宋朝政和七年（公元1117年），宋徽宗赐大理段和誉为“云南节度、大理国王”。以后“云南”一词亦成为封号名称。六年前忽必烈皇上曾封他的五皇子忽哥赤为“云南王”……

想到这里，赛典赤不由自主地“哦”了一声，他突然领悟了忽必烈的苦心孤诣，将“云南”从县、郡名称提升至“省”的称谓，这里面饱含着作为皇帝、父亲的忽必烈对五皇子忽哥赤深深的眷恋和割舍不断的父子情感。他要将西南地区定为云南，以这种方式永久地纪念他的儿子。①

① 云南作为“省”的称谓始于至元十一年（公元1274年），至今已有740年的历史。

忽必烈亲切地说："爱卿啊，朕诸事缠身，好长时间没有与你单独对谈了，今天天气不错，我们出外走走。"

六月的大都暑气逼人，夏日的天空一片湛蓝，不时飘过几朵白云。君臣两人漫步来到御花园边走边聊。只见园内亭台水榭错落有致，绿树碧水相映成趣，道路两旁的鲜花姹紫嫣红，争相斗艳。

赛典赤无心观赏，略为思考，战战兢兢地拱手说道："陛下，此次老臣前往云南有三件事情需要陛下决断。"赛典赤开始用"云南"称呼那个自己从未去过的万里之遥的西南夷地区。

忽必烈迎着一丝扑面清风"哈哈"笑了。看了看旁边诚惶诚恐的赛典赤，诙谐地说："想当年朕出征大理时，向蒙哥大汗提出两个条件，而爱卿今日却提出三个条件，哦，但讲无妨。"

忽必烈正式登基做了大元皇帝后，刘秉忠及王磐、徒单公履等一班近臣制定了一整套烦琐的朝廷礼乐。自此以后君臣见面，无论正式场合还是非正式场合，大臣们觐见皇帝时，举手投足，话语之间都要严格按照规定的程式，否则将视为欺君之罪。尊卑分明、等级森严、细小入微的封建礼仪像一道无形的屏风，虽然彰显了皇家的威严，同时也阻隔了君臣之间的亲和力。

赛典赤望着前面的忽必烈心中一阵感慨。自登基以来忽必烈多了些矜持、威严和高深莫测，却少了当年大碗喝酒、大块吃肉，不拘小节的简约豪迈之情，如今见眼前的万人之上的皇帝又恢复了往日的自然。

赛典赤说："其一，云南虽平，但是十六年来仍然按照军政合一的体制进行管治，将原有的大理国三十七部并成十九个万户，任命土人和蒙古官员为万户长或达鲁花赤，又设都元帅、宗王府，相互掣肘，政令屡变，官员民众无所适从，此是云南产生动乱之根源。今后设置行省，应该撤销宗王府，实现军民统一，政令统一，这是治本的基石啊。"

对于赛典赤希望撤销宗王府之事，忽必烈不置可否，他从地上

捡起一个石子扔向池塘，水面漾起层层涟漪，问道：“那第二件事是什么？”

赛典赤说：“老臣想向陛下要一个人一同前往云南。”

忽必烈又笑了，说：“朕以为爱卿是想要一二万精兵强将哩，区区一人有何难哉？”

君臣两人谈得投机，赛典赤的心也就逐渐放松下来。

忽必烈说：“老爱卿即将远行，今日我们不妨到海子一游。”

这海子在大都城之北，万寿山之阴，聚西北诸泉之水而汇聚于此，湖面广阔如海。此时，清风徐徐，水波涟涟，清凉无比，岸边的一大片荷花在绿叶中含苞欲放。

两人上了船，忽必烈问道：“刚才老爱卿所说，究竟是何等高人，值得你如此推崇？此人现在何处呀？”

“老臣担心陛下不肯割爱。”

“爱卿尽管直言。”

赛典赤说：“此人就是不离陛下左右的张立道。”

“张立道？”

赛典赤接着说：“显卿十七岁时担任拖雷的宿卫，那时我就与其相识①。他干练敏捷，且久居云南，熟知当地物产、交通、山川、城郭、关隘，而且学识渊博、勤勉尽职，如若有他相助则治滇有望。”

忽必烈用手指了指赛典赤，说：“爱卿好眼力识得千里马，如今正是用人之际，就依你意让显卿随你前往云南。但是显卿在大理时曾遭遇劫难，只恐心有余悸不肯前往。”

赛典赤笑着说：“此事陛下不必担忧，臣自有办法说服显卿。”

忽必烈见他信心十足，便说：“如此甚好，就让他担任大理巡行

---

① 根据纳为信考证，公元1235年，张立道为十七岁，当生于公元1218年，比赛典赤小七岁。见纳为信：《赛典赤·瞻思丁世家》。今日中国出版社，1992年12月

劝农使[1]好了。”

忽必烈再问：“那最后一件事呢？”

赛典赤欲言又止。

忽必烈再三催促之下，赛典赤才慢吞吞地说：“我想恳请陛下恩准，老臣的五个儿子一同远赴云南。一则让他们历练历练；二则可以照护老臣。但是这个想法可能招致外界非议，所以有些迟疑不决，不好开口。”

忽必烈问道：“依爱卿之意，正在宿卫军的忽辛也要一同前往吗？”

赛典赤一听“宿卫军”三个字，不禁勾起了当年自己“入军为质”的心酸往事。他稍微安定了一下心情，平静而坚定地说：“这圈久的马驹啊，也该放出去遛遛了。”

忽必烈爽朗地笑了：“哦，老爱卿多虑了，我没有别的意思。俗话说得好‘打虎亲兄弟，上阵父子兵’。成大事者，内举不避亲，外举不避仇。你这五个儿郎朕从小就看他们长大，已经练就一身功夫，正是施展才能的大好时机。如今云南是百废待兴之时，若假以时日，他们哥几个一定能千锤百炼，大有作为，成为朝廷的栋梁之材！”

果然后来赛典赤的五个儿子都有建树，成为朝廷的中流砥柱。

赛典赤拱手说：“拜谢陛下体察老臣心怀！”

赛典赤接着问道：“老臣刚才所提第一件事，陛下尚未给予明示，不知妥否？”

忽必烈说：“建立云南行省，统一军民、政令势在必行，只待近期朝会正式廷议后即组织施行。只是这撤销宗王府之事，还需要从长计议。既然决定建立行省，那么这宗王府也只是皇室在地方上的一个象征，他们不得干预行省的管治，爱卿尽可放心，一切事务由你临机处置。”

---

① 巡行劝农使，官名，掌巡查荒田，劝农垦种等事务。

“行省”全称是“行中书省”，意思是代表中央最高行政机构在地方行使职权。关于行中书省，在南宋时期的金国（公元1115年至1234年）已有行省之设置。《金史·百官志》就记载：“熙宗天会十五年（公元1137年），罢刘豫，置行台尚书省于汴。天眷元年（公元1138年），以河南地予宋，遂改燕京枢密为行台尚书省。”可见，“行中书省”原为中央派出机构，元朝将其改为地方行政建制。行省平章政事相当于现代的省长，为一省最高行政长官，集地方军政权力于一身。“行中书省，掌国庶务，统郡县，镇边鄙，与都省互为表里。”“都省握天下之机，十省分天下治之。”说明“行省”具有中央派出机构和地方最高行政管理机构双重性。这种政治管理体制在中国郡县制度建设方面是重大创新与突破。

赛典赤虽有疑虑，但是他也考虑到忽必烈皇帝为了权衡皇族内部各派势力的既得利益，在全国各地设立宗王府已经成为定制，仅仅取消云南宗王府也不适时宜，因此他也就没有再坚持自己的意见。

元朝先后分封过若干云南王。至元五年，封五皇子忽哥赤为云南王。至元十七年，也先帖木儿袭封云南王，大德十一年，晋封为营王。至元二十七年，封甘麻剌为梁王出镇云南，至元二十九年改封晋王。至元三十年，忽必烈皇曾孙松山封为梁王出镇云南。延祐七年封王禅为云南王，泰定元年进封梁王。泰定元年，帖木儿不花袭封云南王。至大二年，封老的为云南王，元朝在云南设立宗王府一直保留到元朝灭亡。

忽必烈与赛典赤君臣俩人相谈甚欢，太阳西坠，返回宫中秉烛夜谈，斟酌策划，直至天边泛白。

至元十一年秋，经过朝会廷议，决定任命赛典赤为平章政事行省云南。统合剌章、鸭赤、赤科、金齿、茶罕章诸蛮，赐银二万五千两、钞五百锭。

就这样命运之神将赛典赤父子带到了边陲云南。

三

为了说服张立道前往云南，赛典赤颇费了一番心思。

连日来，赛典赤拜访了曾经参与进军云南的兀良合台、阿术、抄合、也只烈等人。虚心向他们求教云南的山川地势、交通关隘、民族风情、人口物产、军队布防等情况，并让纳速剌丁一一详细记录。

这日趁夜，赛典赤来见张立道。

一阵寒暄过后，赛典赤拱手说："皇上命我前往云南赴任，显卿先生久居云南，对那里的情势一目了然，还望先生指教。"

纳速剌丁好奇地问道："张大人，听说西南夷地杂草丛生，瘴气漫延，蚊虫肆虐，那蚊虫体大有骨，据说三只蚊虫可以炒盘菜，这是真的吗？"

张立道哈哈一笑，说道："公子所言半实半虚。西南夷地瘴气时有发生，轻则染上疟疾，重则侵人性命。蚊虫甚多确实不假，但生而有骨，以虫做菜却是惊悚之言。"

赛典赤说道："纳速剌丁休得戏言，且说正事，张先生还忙着哩。"说毕让纳速剌丁取出一卷地图放在桌子上。

论年龄、官衔，赛典赤都比张立道要大，为表示对其尊重，赛典赤谦恭地称张立道为"先生"。

张立道借着烛光展开地图仔细观看后，猛拍桌子，说道："恕张某直言，此图谬误百出。您看竟将滇西的永昌标注成滇西北，可谓谬之千里。平章大人若依此图行事则将贻误政事！"

张立道平素不仅为人耿直，疾恶如仇，而且做事精细，容不得半点马虎。

赛典赤深知张立道的性格，有意将一张标注错乱的地图给他观看。

此时赛典赤故作自责道："先生教训得是，教训得是啊。我未曾去过云南，此图是我道听途说绘制而成，若非先生指点险些误了王

命，此等废物留它何用！”说罢抓起桌上的地图顺手在火烛上付之一炬。然后感叹道：“我对云南知之甚少，如何治滇为民啊！”

张立道慨然道：“平章大人年逾花甲，尚且志在千里，显卿惭愧，在下不才愿意追随大人远赴云南！”

一旁的纳速剌丁面露喜色，知道父亲的激将法已经见效。

赛典赤却连连摇手说：“不可，不可，想前几年显卿先生在大理历尽艰辛，险遭贼人毒手，好不容易回返大都。现又得皇上恩宠，正可在朝廷中枢大展宏图，怎可再让先生前往边陲不毛之地吃苦受累啊。”

张立道愤然道：“七尺男儿该志在四方，上报皇恩，下为黎民百姓。显卿略懂经济，当下云南建省百废待兴，在下愿意竭尽绵薄之力！”

赛典赤感动万分，紧紧握着张立道的手说：“有显卿先生相助，我无忧啊！”

张立道说：“平章大人，待我再邀约几位朋友一同前往，您觉得如何？”

“如此甚好！全拜托显卿先生。”赛典赤回说。

次日，张立道将张忠、罗老幺等人请至家中说明缘由。

张忠首先说：“我早就想回大理吃鹤州的羊汤锅哩！”

罗老幺说：“这京城热起来无处躲凉，冷起来整天钻在被子里不想出来，实在没有我家大理的天气好。我想回家重开铁匠铺，娶个媳妇孝敬阿妈，为她老人家养老送终呀。”

三人你一言我一语，兴奋异常。

隔几日，赛典赤与张立道来到大明殿陛辞。忽必烈勉励再三，亲自将赛典赤送至午门，并将自己的大红斗篷为赛典赤穿上。

忽必烈对赛典赤说：“老爱卿年届七十岁时，朕将调你回京，或再参与赞划朝廷政事，或致事归家，颐养天年，届时任凭你抉择。”

赛典赤问：“果真如此？”

忽必烈：“君无戏言！”

赛典赤回说：“那老臣愿意回家侍奉母亲，以尽孝道！”

两人爽朗大笑，击掌为约。

赛典赤再次向忽必烈施礼拜别。

赛典赤与张立道并纳速剌丁、张忠、罗老幺等一队人马出了大都肃清门竟往西南而去。

第十一章　休息月罢兵鹤庆州
赛平章礼服南平王

一

赛典赤一行人离了大都，循着当年忽必烈进入西南的路线日夜兼程，风餐露宿，栉风沐雨，一路辛苦自不必说。

经过一个月的艰辛跋涉，队伍好不容易来到大理地界，在鹤州（今鹤庆）驻扎停歇。可是，没想到却遇到了一个大麻烦。

宝合丁、阔阔带等被处死后，忽必烈任命南平王脱忽鲁出镇云南。脱忽鲁是个颐指气使、心胸狭隘、利欲熏心的人。他自恃自己是蒙古宗王，听说赛典赤要入主云南，回想起当年与赛典赤的过节，又生怕剥夺了他手中的特权。于是派兵封锁了通往大理的要道，妄图阻挡赛典赤入滇就职。王府兵士与赛典赤派出的先遣队互不相让，双方剑拔弩张，对峙几日，随时都有爆发冲突的可能。

这日，赛典赤与张立道正在鹤州州城的四方街了解民情。

青石板铺路的四方街上，有批发茶叶、皮毛、粮食、木材的货栈，有专供过往商贾住宿的客栈，有茶馆、酒肆。两人走近街的西面，传来一阵阵“叮叮咚咚”的敲打声。两人好奇，便快步向前，见临街一溜铺面都是打制金银制品的小作坊，一家连着一家，有二三十家。这些商家做生意却是奇特，招揽生意并不吆喝，而是用手中的小锤有节奏、精准地敲打甑子上的金银铂片，以悦耳的敲击声来吸引顾客。

赛典赤与张立道进了一家挂着董记幌子的金银店，只见柜台里摆放着各式各样的手镯、耳环、挂件、烛台，柜台上放着三四口铜火锅，墙上挂着几幅大理石的浮雕。店铺拥挤而不杂乱，店家充分利用了狭小的空间。

店家并未起身相迎，仍然专注地干活计。知道来人是外乡客，店主人打开了话匣子："我董家四代都以制作金银铜器为生，这些物件啊，除了本地以外，还远销到中甸、西昌、拉萨、青海等藏区。前年修缮布达拉宫，寺里的僧官还专程请我去了一趟拉萨哩。"

三人相谈正欢，只听见"踢踏踢踏"一阵马蹄声由远而近。不一会儿，纳速剌丁来到店前翻身下马，气喘吁吁地向赛典赤禀报前方情况。赛典赤与张立道辞别店家立即赶回城外的宿营地。

诸将闻听脱忽鲁有意刁难愤愤不已，但却不见赛典赤发号施令，知道赛典赤军令严明，故不敢多言。

赛典赤的五个儿子相约一齐急匆匆跑到大营。为首的纳速剌丁大声说道："父帅，这脱忽鲁胆大妄为，目无王法，他还辱骂父帅只是个二等色目人。简直不把您这个御封云南行省平章政事放在眼里，不如让孩儿带领一帮人马闯过封锁线踏平王府，将他定个反叛之罪！"

哈散、忽辛、苫速丁兀默里、马速忽几个儿子也在一旁附和。

在大帐中端坐的赛典赤慢慢放下手中的《古兰经》①，眼睛巡视五个热血年轻人，轻声叹了一口气，说："此事早已在我的预料之中，原想脱忽鲁只会在我主政后从中作梗，未曾想到他做事竟然如此激烈。"

赛典赤心想，莫非脱忽鲁还在记恨当年在"那达慕"的那次博克比赛，那可是五十多年前的事了。他不想将少时与脱忽鲁的过节向孩子们讲明。

见父亲正在沉思，纳速剌丁以为父亲已经默许，便说："既然父

① 《古兰经》亦称为《古若阿尼》。

帅有意，待我去杀他个下马威！”说罢转身就要走。

赛典赤见状立刻喝住，说：“纳速剌丁不可造次！脱忽鲁不同于叛逆宝合丁，他是皇亲，势高权大并无反叛的事实，只是对我个人有戒备之心。在西南设立王府是忽必烈大皇帝亲自订立的长期之策，今后我们将与他共处西南，因此还得从长计议啊。”

纳速剌丁性急，说：“难道就任其飞扬跋扈？”

赛典赤没有正面回答，明知故问道：“我来问你，我们自大都一路走来，至今已是几月？”

纳速剌丁顺口答道：“十月初离开大都，路上已经走了近一个月了，现今已是十一月。”

赛典赤缓缓地说：“按照我们伊斯兰的教历、教规，十一月是‘都尔喀尔德月’，也就是‘休息月’。在第三个圣月里严格禁止打斗，难道你忘记了圣训了吗？”

纳速剌丁惭愧地说：“孩儿只顾行军赶路，倒是把这个教规忘了啊。”

赛典赤接着说“儿啊，我知道你们忠勇，但是不能仅凭冲冲杀杀。今后凡遇矛盾之事，一定要学会善思隐忍，世间万事万物并非个人可以为所欲为的。”

纳速剌丁点头说：“父帅教训的极是，孩儿记住了。”

哈散又问：“现在进不得，退不得，这眼下的事情如何处置为好？”

赛典赤说：“还记得一路之上，为父给你们讲的战国时期，蔺相如与廉颇‘将相和’的故事吗？”

“记得！”五人齐声回应。

赛典赤又说：“汉家人说‘进了哪家庙，就敬哪家佛’，而今只能与脱忽鲁坦诚相交，晓之以理，动之以情，释其疑忌，解开他的心结。”

忽辛急切问道："那如何了结此事？"

赛典赤说："我打算派人前去与脱忽鲁联络感情。但是即便派张立道去做说服，脱忽鲁心里也会觉得我轻看于他，思前想后觉得只有让纳速剌丁前往，方显见我的诚意。"

纳速剌丁拱手说："末将一定不辱使命！"

赛典赤让纳速剌丁从忽必烈赏赐的财物中取出钞十万锭，金百两、银千两赠送脱忽鲁作为见面礼。

哈散、忽辛、苫速丁兀默里、马速忽嘴上不说，但是心里不服，想不通父亲为何如此软弱。

不待半日一切准备停当，纳速剌丁只带了七八人前往大理羊苴咩城。

隔一日，在南平王王府见到脱忽鲁。

纳速剌丁送上赛典赤的亲笔信，谦恭地说："末将纳速剌丁特奉父帅之命前来拜见王爷。父帅说王爷远戍西南，辛劳备至，特备薄礼送上，不成敬意，还请笑纳。父帅奉旨入滇抚治，执行政令的权力归于行省，但是王府可以对行省事务进行监督，今后还请王爷多多指教。"

脱忽鲁是个吃软不吃硬的人，听了纳速剌丁的几句话，竟然出乎自己的意料，原想可能会与赛典赤有一番激烈争斗，不想赛典赤对自己却是如此恭敬。再一细想，赛典赤是四朝老臣，颇得当今忽必烈皇帝信任倚重。况且人家毕竟王命在身，是堂堂从一品的封疆大员。自己也不要把事情做绝，否则闹到铁面无私的皇帝那里，吃亏的难说还是自己。

想到这里，脱忽鲁改变了矜持的态度，转而笑盈盈地说："贤侄过谦了，想你父与本王同朝为官多年，共侍皇上，为国为民真心可鉴。平章政事虚怀若谷，本王历来敬仰备至。前些天手下人有所冒犯，本王实不知情，闹了一些小误会。从今往后本王一定与平章大人

同舟共济，不负皇命！”

南平王脱忽鲁吩咐设宴款待纳速剌丁，并委派亲臣撒满、位哈乃随纳速剌丁去鹤州迎接赛典赤。

撒满、位哈乃两人到鹤州后受到赛典赤隆重接待，并授两人为行省断事官，参以行省事务。两人返回羊苴咩城后，在脱忽鲁面前竭力推崇赛典赤的为人，从而进一步打消了脱忽鲁的疑忌。第二天脱忽鲁亲自带领王府官员出羊苴咩城，前往二十里外的喜洲迎接赛典赤入城，两人冰释前嫌。赛典赤顺利地解决了第一道难题，“由是政令一听赛典赤所为”。但是旧体制带领的病垢并没有根本解决。

二

面对错综复杂，百废待兴的局面，赛典赤连日思考，迅速完善行省机构、统一全省号令是当务之急。

为准确划定全省各地的边界，便于今后的管理，赛典赤召集众部下，进行了全面细致的分工。他将全省分为五个区域开展勘察：由其本人及段实负责滇西地区；由爱鲁与哈散负责滇东地区；由张立道负责滇南地区；由纳速剌丁与苫速丁兀默里负责滇东北地区；由忽辛与马速忽负责滇西北地区[①]。经过近一年的实地勘察，各路人马按时完成了勘察任务。又过了半个月，张立道将全部资料整理修改完毕，呈报给赛典赤。

赛典赤是个心细如发的人，他十分清楚，对各路、府、州、县边界的划定，户籍人口、称谓、官员的遴选，各部门职责的确定等，都关乎千秋大计，仅从修改“禄劝”名称一事就可见一斑。

一日他将负责滇东地区的爱鲁与哈散召来，问道：“这‘碌券’

① 当时以大理为中心划分。

是什么意思？”

爱鲁答道：“碌券是爨人（彝族）聚居地，爨人古称‘洪农碌券’。”

赛典赤问道：“这‘洪农碌券’又是什么意思？”

爱鲁答道：“回大人的话，‘洪农碌券’，就是‘罗婆部族统治下的平民百姓之地’。”

赛典赤摇摇头说：“此一称谓实在不雅，有轻蔑百姓的意思。”

爱鲁、哈散检讨说：“末将疏忽！”

赛典赤提笔将改“碌券”为“禄劝”。

元朝至元二十六年设禄劝州，管辖易龙、石旧二县。后来明洪武十七年（公元1384年），先后撤易龙、石旧县并入禄劝州。禄劝作为地名一直沿用至今。此是后话。

宪宗五年，云南曾经设立万户府十有九，分鄯阐为万户府四。至元七年，改为路。八年，分大理国三十七部为南北中三路，路设达鲁花赤并总管。

至元十二年，一切筹备工作完毕，赛典赤上奏忽必烈：“哈剌章、云南壤地均也，而州县皆以万户、千户主之，宜改置令长。”此奏章得到朝廷批准。于是将原来的万户、千户、百户改为路、府、州、县四级职权分明的基层政权组织。路设总管，府设知府，州设知州，县设县户。云南全省“为路三十七，府二，属府三，属州五十四，属县四十七，其余甸寨军民等府不在此数。”

由赛典赤谋划定名的云南省州、县名，大多数沿用至今[①]。

忽必烈皇帝让赛典赤在全国首创建立行省，他一日不敢懈怠。赛典赤在云南策划、推广郡县制并不是简单地机械模仿、复制汉代的郡县制，他根据云南区域发展不平衡和需要的实际情况进行精细的考

---

① 各种史料对元朝初期云南设立府、州、县的记载略有差异，本书谨以宋濂：《元史·卷六十一·志第十三·地理四》（中华书局，2011年3月版）为依据。

量。滇中地区的中庆路、威楚开南等路、澄江路，滇东北地区的乌蒙路，滇西北地区的大理路、丽江路等都是路、州、县三级管理机构，设置都比较俱全。但是滇西南地区的柔远路、茫施路、镇康路、镇西路以及滇东南地区的元江路等地均只有路一级行政设置，而无下一级设置。此外，为了保护疆域和军事需要，在一些偏远、人烟稀少的边疆地区也设置了路，如平缅路、蒙光路、木邦路等。

值得一提的是，在大规模撤销原来的军事建制万户府、千户所、百户所的同时，赛典赤深知云南地缘政治的特殊性，特别是各战略要地驻军的重要性，因此保留了一些军政一体性质的行政管理机构。如滇南重镇元江，“地接南越，为南防之咽喉”“实南迤要冲区，欲固藩篱，则兵防尤不可忽顾”。至元十二年（公元1275年）冬，赛典赤招降元江后，于次年“遥立元江府以羁縻之”。并根据实际需要，在元江反而增设万户，同时保留了地势险要的马笼山千户，归元江万户管辖。

在改置临安路时，将处于内地的蒙自千户改为蒙自县，而将兵士抽调至东南面“其地近交趾”的“舍资”（今屏边县），另立“安南道防送军千户”。在其北面的广西路所属师宗部、弥勒部各增设了千户驻防。至此，元江、舍资、师宗部与弥勒部三处形成了一个互为掎角的三角形，师宗部意在防备贵州西南的宋军，舍资则负责维护云南南部与交趾边境一线的安宁。

对于新设置郡县的官员，赛典赤“选廉能者任之”，将其所推荐的各路、府、州六品以上官员报朝廷吏部，皆一一准奏任命。

至元十二年（公元1275年），赛典赤奏请忽必烈批准，由宣慰司兼行都元帅府事，并听行省节制，使行省成为全省最高军政机关。这些建制，从某种程度使宗王府的权力受到一定的限制，而对行省却加强了行使监督、建议及决策，重大军事行动的权力，进一步完善了行省制度的权威。

局势初定，至元十三年（公元1276年）春正月，赛典赤，以改定云南诸路名号上奏，朝廷允准正式设立“云南行中书省”，设置巡行劝农司、肃政廉访司等各级衙门，云南正式成为大元帝国的辽阳、河南江北、陕西、四川、甘肃、江浙、江西、湖广、征东等十个行省之首。

建云南行省开创了我国行省建制的先河。元代的行政区域，初期承金制，以路为第一级地方行政区域，下设府、州、县。路的辖区较小，元朝设置诸路宣慰司和都元帅府，分别行使政务和军务，诸路有多有少，而且变动较大。后来全国除河北、山东、山西直接隶属中书省，称为“腹里”之外，建十个行省，作为第一级地方行政区域，下设路、府、州、县。

云南行省于至元十三年（公元1276年）设立，治所先为大理羊苴咩城，后为鄯阐，建立行省体制结束了蒙古国对云南长达十二年的军事占领及所实行的军事管理体制。赛典赤首创云南行省，符合中国的国情与云南的省情，是云南文明历史进程的一次质的飞跃与变革，它从体制上确保了云南的稳定。

自元朝以后，云南未出现过地方性的割据与分裂，同时是中国地方建政历史上的一个重要的里程碑，云南是全国第一个设立行省的地区，为元朝后来在全国建立行省提供了丰富的理论基础和实践经验，为地方行政管理体制改革提供了一种新模式。云南行省建立后，其他九个行省相继建立，形成了元朝“都省握天下之机，十省分天下之治”的建制和管理格局：江西行省于至元十四年（公元1277年）设立，治所洪州（今南昌），甘肃行省于至元十八年（公元1281年）设立，治所甘州（今张掖），湖广行省于至元十八年（公元1281年）设立，治所鄂州（今武昌），江浙行省于至元二十一年（公元1284年）设立，治所杭州，陕西行省于至元二十三年（公元1286年）设立，治所京兆（今西安），四川行省于至元二十三年（公元1286年）设立，治所成都，辽阳行省于至元二十四年（公元1287年）设立，治所辽阳

（今沈阳），河南行省于至元二十八年（公元1291年）设立，治所南京（今开封），岭北行省于大德十一年（公元1307年）设立，治所和林（今蒙古国哈尔和林），云南行省比最后设立的岭北行省早了三十一年。

中国省级建制始于元代，而首个“行省”又始于云南。赛典赤是云南行省的第一任平章政事（省长），是中国的第一任行省平章政事（省长），同时也是第一个由少数民族人士担任的行省平章政事。

元帝国朝廷设置中书省总理全国政务，也称都省。因大元幅员辽阔，除腹里地区直隶于中书省，西藏地区由宣政院管辖外，又于诸路重要都会设立十个行中书省，以分管各地区。行中书省早期是作为中央政府的派出机构，带中书省的职衔，在外行使“省”的职能。为地方最高行政机构，并为一级政区名称，简称行省，或只称省。灭南宋之后，行省逐渐转变成了一级地方行政组织，其首长也不再带中书省的官衔。行省下有道、路、府、州、县、基层行政设施。

从此，云南地区的行政建制与全国统一起来，置于元朝中央的直接控制之下。终结了南诏、大理五百余年的地方割据状态，加强了中央集权的统治，云南省的历史翻开了新的一页。

第十二章　五英豪闲逛观音市
四公子解救采药人

一

行省虽然形式上已经建立，但是全省形成了“行省”“大理王府”“南平王”“都元帅”四驾马车并行不悖，各行其是的格局。小小的一个羊苴咩城竟盘踞着四股势力，蜗居着四大衙门。四种政治力量明里暗里相互交错、争斗、博弈，往往政出多门。譬如重复征派兵役、差役，修城、开河、筑堤、运输等力，重复征收田税等等，名目繁多的赋税极为苛重，致使民众怨声载道，苦不堪言，而行省颁布的政令往往难以落实。

这年的大理观音市成为“行省”与“大理王府”矛盾爆发的导火索。

公元前四世纪左右，中国开通了南方丝绸之路。从成都到达大理的路线有两条：西线经雅安、西昌、盐源、会理、大姚，称为“灵光道”；东线经乐山、叙州（今宜宾）、乌蒙（今昭通）、曲州（今曲靖）、鄯阐（今昆明）、楚威（今楚雄），称为“五尺道”。从大理经永昌（今保山）、腾越（今腾冲）入缅国、天竺的一段称为“博南道”。二千多年前，自车里（今西双版纳）至吐蕃有一条茶马古道，是滇、川、藏进行商业贸易和文化交流的重要通道。茶马古道向西经云县、凤庆到达大理，再往北经丽江、中甸进入吐蕃。大理成为南方丝绸之路和茶马古道的交汇点。特殊的地理位置，使得大理成为南来

北往物资重要的集散地。

云南随着战事平息，生产逐渐恢复，在许多城镇村寨逐渐形成了定期的集市，云南人俗称“街子”。这些“街子”午前聚集，抵暮而罢。云南人沿袭农耕文化的传统，分别以牛、虎、马、龙、鸡、猫、狗、羊、猪等动物为“街子”名称。譬如鄯阐西郊有马街，东南的呈贡有龙街，个旧有鸡街，威楚有猫街、狗街，寻甸有羊街，这些“街子”并非以买卖各种动物而得名，而是以农事的牛日、虎日、马日、龙日、鸡日、猫日、狗日、羊日、猪日为赶集的日子。到了“街子”天大家就会如期而至，以物易物或出售自家多余的产品，买回需要的物品。其中规模最大、最负盛名的是大理观音市。大理观音市后改名为三月街、三月会，现今又称三月街民族节，会期是每年农历的三月十五日至二十日。1991年，三月街被定为大理各民族一年一度的节日。

远在唐代南诏时期，羊苴咩城不仅是西南地区的政治、经济、文化中心，还是南诏与东南亚诸古国进行文化交流、贸易通商的重要门户。那时，佛教已传入南诏国。南诏先民对佛教传说中的观音菩萨十分崇拜。相传，这位面慈心善、救苦救难的观音娘娘，曾经制服了盘踞大理的恶魔罗刹。于是，为报答观音菩萨的功德，“年年三月十五日，众皆聚焦，以蔬食祭之，名曰祭观音处。后人于此交易，传为祭观音街。”明代嘉靖进士、白族史学家李元阳编撰的《云南通志》中，也有这样的文字记载，“观音节，三月十五日在苍山下贸易各省之货。自唐永徽间至今，朝代累更，此市不变，知是观音入大理，后人至日烧香，四方闻风，各以货来也。”

明代崇祯年间著名旅行家、文学家徐霞客，在滇西旅游、考察期间，于公元1636年对大理三月街进行考察，并在《滇游日记》中，做了如实的记录。

清代乾隆时期大理人师范在《月街吟》中写道：

乌绫帕子凤头鞋，结队相携赶月街。

观音石畔烧香去，元祖碑前买货来。

清末首批大理留日学生、白族音乐家李燮羲，曾写了这样一首《三月街竹枝词》：

昔时繁盛几春秋，百万金钱似水流。

川广苏杭精巧货，买卖商场冠亚洲。

为了筛选“尤善驰骤”的“大理马”作为战马，赛马成为三月街的一大活动。

二

只说这日，又逢大理观音市。

只见这街子上，熙熙攘攘，摩肩接踵，热闹非凡。蜀、赣、粤、浙、桂、秦、黔等地四方商贾如云，南腔北调，人声鼎沸。

这边白人、罗罗人早早地来到街子上，占据了有利的位置，前边的摊位上摆满了毛毡、白叠、兽皮、大理刀、甲胄、胡羊、长鸣鸡、麝香和各种药材。后面的木栅栏里有几十匹大理马和一群羊，他们准备用这些特产换取蜀人的丝织品、瓷器、漆器、铁器、盐巴、茶叶和汉文书籍。那边吐蕃人搭起了十几座帐篷，用藏马、皮毛、麝香、藏红花、贝母、虫草等与大理、四川、浙江等地的商人交易茶叶、盐巴、铜器、布帛、红糖等生活必需品。再看那边，远道而来的缅国人、天竺人、波斯人肩挎搭袋，用琳琅满目的宝石、海贝、琉璃、石髓、琥珀、金银饰品交换丝绸、茶叶、瓷器，他们一边操着生硬的白语或汉话，手中一边比比画画正在和对方讨价还价。

一大早，纳速剌丁、哈散、忽辛、苫速丁兀默里、马速忽五人出了西门再往西一里半，在演武场观看完赛马，余兴犹存，几人边走边说。

哈散说：“真过瘾，这大理的赛马丝毫不输我们草原的‘那达

慕'大会。"

忽辛说："那个巍山白人小伙子的骑术不错，接连赶超了三四个骑手，后来居上夺得魁首。"

马速忽却是不服气，说道："倘若要是我出场，还说不定花落谁家呢。"

纳速剌丁反驳道："老五此话不妥，你是堂堂军人，蒙古国的骑兵，食着军粮，每天训练，怎么能够与一个农家子弟相比？"

说得马速忽满脸通红。

已近午时，众兄弟只觉得腹中饥饿。

苫速丁兀默里对纳速剌丁说："大哥，平时里父亲管教甚严，今日难得赶一趟街子，我们吃碗凉粉再回去吧。"哈散、马速忽、忽辛也附和着说："白人做的凉粉是素食并无禁忌。"

纳速剌丁是长兄，时刻严于律己，以身作则，关爱兄弟，众兄弟都听他的话。纳速剌丁见不远处有一个挂着"大理李记凉粉"的幌子，便说："那，好吧，前面好像就有一个食摊。"又道："你们先吃，我去去就来。"说罢转身走了。

四个人拨开拥挤的人群，来到食摊前。摊主是一位白人大嫂，一身白衣上外罩黑色丝绒领褂，腰间系一条绣花围腰，头挽发髻，上罩黑丝网。她热情地问道："几位小哥，想请点哪样？"云南人将"吃"敬称为"请"。一口地道的大理白家话宛若江南的吴侬软语。

哈散说："烦请这位大嫂给我们每人来一碗凉粉。"

苫速丁兀默里抢着说："大嫂，大嫂，每人来两碗。"

一旁的马速忽模仿哈散的口吻，文绉绉地说："烦请大嫂少放一些辣椒就是。"

李家大嫂应了一声："唉。"随即从一个瓦罐中抓出一把晶莹透亮的凉粉，均匀地分在四个大碗里，接着又均匀地向每个碗里放了一小撮香菜、韭菜，然后拿起青花小瓷勺淋了些花椒油、芝麻油、酱油、酸醋。娴熟流畅的手法把四个年轻人看得眼花缭乱。

李家大嫂停住手，笑盈盈说道："几位小哥先请请看，哪样不合适你家就说。"

苫速丁兀默里从筷筒取了一双筷子，抬起土碗狼吞虎咽，大呼爽口，放下空碗，不及歇气又抬起另一碗扒了两口。

忽辛眼尖，看见纳速剌丁匆匆过来，手中拿着一个皮卷儿。

忽辛问道："大哥，你手中拿的是什么物件？"

纳速剌丁回说："你没听人说'上关风，下关花'吗，这大理哟风大，我给父亲买了一件羊皮坎肩避寒哩。"

马速忽说："还是大哥想得周到。"

忽辛给纳速剌丁递过一碗凉粉、一双竹筷，说："大哥赶快吃吧。"

正当五人吃得高兴，只听见前面一阵喧闹，五六匹马从狭小拥挤的街道冲撞而来，马上凶神恶煞的汉子高声喊道："众人闪开！"一边喊，一边用皮鞭抽打来不及避让的老百姓，由于速度太快，竟然把李记凉粉的食摊撞翻，木桌、凉粉、瓦罐、瓷碗、筷子撒满地上。

这突如其来的事情，使苫速丁兀默里怒不可遏。他迅速上前几步拉住肇事的马匹笼头，大声喝道："休要撒泼！"

坐在马上的汉子高声问道："何人竟敢挡道？"

苫速丁兀默里厉声斥道："我是何人并不重要，你等撞坏李家食摊理应道歉赔偿！"

汉子哈哈大笑："小子，劝你别狗拿耗子多管闲事！"说完欲打马往前，怎奈苫速丁兀默里双脚立定稳如泰山，那马竟不能挪动半步。

双方正在僵持不下，李家大嫂走过来对苫速丁兀默里说："这位小哥，退一步海阔天空，王府家的人我们惹不起，总还躲得起，今天就算我起早撞着鬼了！"

苫速丁兀默里哪里肯松手，顺口问道：“哪个王府？”

在羊苴咩城有两个王府，一个是南平王王府，一个是大理国王府[①]，苫速丁兀默里故而发问。

“此人是段王府的大管家。”李家大嫂悄声说。

纳速剌丁担心四弟疾恶如仇的火爆脾气会惹出事端，便走上前来，对段王府大管家拱手道：“敢问这位大爷何事这么匆忙？”

大管家傲慢地说“大爷我急着前去城西演武场惩处家奴，误了大事你等吃罪不起！”

纳速剌丁强忍心中怒火，掰开苫速丁兀默里抓住马缰的手，轻声说道：“四弟，让他去吧。”

苫速丁兀默里心有不甘地一甩手，管家抛下一瞥轻蔑的眼光，猛然打马呼啸而去。

那边哈散、忽辛、马速忽三人正帮助李家大嫂收拾破损的食摊。

纳速剌丁走过去，取出银两交给李家大嫂，歉疚地说：“今日之事让您受惊了，些许小钱聊为补赔。”

李家大嫂一看，急忙推辞：“几碗凉粉不值几文钱，小哥莫客气了！”

纳速剌丁诚恳地说：“您家起早贪黑，小本经营实属不易，千万莫要见外推辞！”

旁边的哈散、忽辛、马速忽说道：“大嫂，下个街子天我们还来您家吃凉粉！”只有苫速丁兀默里仍然怒气冲冲，愤愤不平。

临别时，马速忽好奇地问道：“请问大嫂，方才那个满脸横肉的人说惩处家奴是怎么回事情？”

---

① 蒙古军占领大理国后，名义上仍然保留了大理国的称号。见宋濂《元史 本纪第四 世祖一》记载：中统二年四月“以礼部郎中刘芳使大理等国。”中统二年六月“赐大理国主段实（信苴日）虎符，优招抚谕之。”据宋濂《元史卷166信苴日》记载：“以段兴智主国事……（段）兴智遂委国任其弟信苴日。”至元十二年，赛典赤更定诸路名号，定大理路，此时大理国的名号正式取消。

李家大嫂说："段王府在云南有上百处庄园，园内有几万个家奴为王府劳作，倘若家奴违反庄园的规定，轻则鞭笞，重则关水牢，割耳、剜眼、剃鼻，再重者则要被活生生地扔去喂藏獒啊。"

纳速剌丁五人听后惊悸不已，苦速丁兀默里怒声说："今日我倒要看看他王府的手段！"说罢径直而去。

纳速剌丁见状，急忙招呼三个兄弟尾随其后。

三

午后的太阳火辣辣地照耀着城西演武场，场内人头攒动。赛马结束后人们正在观看几个波斯人表演杂耍。只见三只斑斓猛虎顺序穿越熊熊燃烧的火圈，却毫发未损。众人看得目瞪口呆，津津有味。突然，演武场左边掀起一阵尘灰，五六匹奔马疾驰而来，冲散一群观众直至台上。卖艺的波斯人见状，急忙吹起呼哨招呼老虎，来不及收拾什物，慌忙逃离现场。

纳速剌丁五人来到时，只见高台右侧有一名带着木枷的青年汉子，赤裸的上身伤痕累累，气息奄奄，被铁链锁在一根木柱上。

王府管家吸了一阵水烟筒，将水烟筒丢在一边，从地上拾起马鞭，缓缓站起来伸了伸懒腰，左手握着腰间的挎刀，干咳了两声，扯着嗓子说："众百姓听了，今天本管家在这里要严惩违反家规的赵长生！"

台下的民众悄无声息，噤若寒蝉，紧张得大气都不敢出。

突然有人大声问道："我家娃娃究竟犯了王府的哪条规定？"随着话音，人群中一个老人颤颤巍巍地走向台前。

管家皮笑肉不笑地说："哦，是赵老倌啊，你儿子犯了什么事你还晓不得吗？"

老人"扑通"跪在尘埃上，哀求道："管家大人，请你家看在我赵家三代为王府卖命的情分上就宽限几天吧！"

“宽限几天？你老倌说得轻巧！你也不算算日子，已经超过三天了，王爷还等着进补呢！”

跪在地上的老人又不住叩头，口中说：“你家今天饶了长生，明天我拼着老命去苍山寻找！”

管家不耐烦地说：“今天说今天的事，明天说明天的事。赵长生，本管家再问你一次，为什么没有找到我要的东西？”管家用手中的马鞭挑起年轻人的头，可怜那年轻人早已被打得没有气力开口说话了。

对于他们的谈话，纳速剌丁五人是丈二金刚摸不着头脑。苫速丁兀默里心想，莫不是要年轻人去采集什么药材，或者去捕捉什么珍奇的飞禽走兽？即便延误几天，也不至于把一个人折磨成这样。想到这里，便问旁边的一个中年汉子。

那位中年汉子说：“哪是什么药材，飞禽走兽，是苍山特有的两种稀罕动物，一种叫雪蛆，又叫雪蚕，形状像瓠；另一种叫雪蛤蟆。此两种动物味极甘美，是补精养血的极品。它们都藏于苍山背阴的积雪之中，由于浑身雪白很难辨别找寻。段王府经常派皇家庄园的家奴冒险上苍山找寻。”①

苫速丁兀默里“哦”了一声。

只听老人说道：“回管家大人的话，我儿自幼眼神不好，在那莽莽大山中一时难以寻得，故此拖延了几天时间。”

管家一阵狞笑，说道：“好啊，既然他的眼睛不管用，那还留它何用？来啊，小的们，剜去这个贱人的右眼，看他还敢不敢违抗家规！”

一个侍从应声而出，走到摆放着弯刀、钳子、铁锤、铁钩、凿子、竹筒等刑具的木桌前，取出一个约莫一尺长、一寸粗细的竹筒，来到受刑人的跟前，对着竹筒吹了吹气准备动刑。

---

① 关于大理苍山“雪蛆”与“雪蛤蟆”的记载，见（清）檀萃，宋文熙、李东平注：《滇海虞衡志校注》，云南人民出版社，1990年12月版。

历来王府惩罚家奴有各式各样的方法。“剜眼”其实并不用刀，而是用这个看似普通的竹筒。只要将竹筒的一端对准受刑人的眼睛，然后用力在竹筒的另一端一拍，眼珠即刻脱落！关于这种酷刑，苫速丁兀默里曾经听见多识广的张立道先生讲过。在吐蕃地区贵族对待犯事的农奴就是使用这种残酷的方式。想不到就在堂堂行省所在地，在光天化日之下竟也会有如此野蛮的事情发生，而且就在自己的眼皮底下！一个无辜年轻人将会失去宝贵的眼睛！今后他将怎么生活、劳作？想到这里他怒不可遏，气得七窍生烟，发指眦裂。此时，真个是火从心中起，怒从胆边生，只见他双手拨开人群，双脚腾空，瞬间跃至台上，顺手夺下行刑者手中的竹筒，重重地摔在台面上，狠狠地用脚将竹筒踩碎！

这突如其来的举动使全场的人目瞪口呆，接着掀起一片喝彩声。

管家一时也愣住了，不知道是何方神圣从天而降，回过神来，定睛一看，呵，真是冤家路窄，这不就是半路阻截马队的那个年轻汉子吗？于是便气势汹汹地说：“好啊，又是你这个扫把星！”边骂边挥舞手中马鞭就要抽打。苫速丁兀默里眼疾手快，只轻轻一抬脚，正中管家手腕，马鞭飞出好几丈远。

管家在这羊苴咩城呼风唤雨十几年，未曾受过如此羞辱。于是恼羞成怒立马抽出弯刀，吼道：“小子快快报上姓名，大爷不杀无名鼠辈！”

苫速丁兀默里哈哈大笑，朗声道：“你四大爷坐不更姓，行不改名，本人苫速丁兀默里！我劝你积德积善，真主才会保佑你死后不下‘多热海’[①]！”

管家口中喊道：“乳臭小儿还轮不到你来教训你大爷！”一边说，一边举刀就砍。

---

① 回回人诅咒人下地狱为“下多热海”。

苫速丁兀默回敬道："今天不教训教训你这狂妄小人，你就不知道马王爷有三只眼！"说完也不避让，一转身迎上前去，用右手食指与中指夹住劈过来的刀锋，轻轻往前一推，刀背不偏不倚正好划中管家的右眼，顿时血流满面，管家疼痛难忍，手中弯刀"哐当"一声掉落地下。

若论本事，苫速丁兀默乃是蒙古军中的猛将，要取眼前这个对手的性命易如反掌，只是父亲常年教导，不可以暴制暴，得饶人处且饶人，于是便手下留情。

五六个王府兵士见状大惊失色，纷纷抽出弯刀欲攻击苫速丁兀默里。此时纳速剌丁、哈散、忽辛、马速忽也来到台上。

纳速剌丁走到瘫坐在地上的管家面前，拱手说："管家大人，我等是行省属下，刚才我这位兄弟多有冒犯还请你见谅。"

苫速丁兀默里却是不依不饶，呵斥道："还不快快放人！"

管家早就听说赛典赤平章有五个如狼似虎的儿子，只是平时未曾见过，今日已经深深领教，于是就坡下驴、顺水推舟，右手捂着流血的右眼，挥动左手，连声说："放人，放人，赶快放人！"

纳速剌丁知道四弟激情之下闯了大祸，给父亲添了大麻烦，不及细想，搀扶着赵长生父子离开了演武场。

第十三章　两巨头戏耍段王爷 信苴日惊魂老祠堂

一

黄昏时分，五兄弟来到赛典赤的书房，见父亲正在与张立道商议事情。

纳速剌丁战战兢兢地讲完事情的经过，五兄弟忐忑不安地等待父亲的训斥。

见父亲铁青着脸，半晌没有开口。苫速丁兀默里辩解说：“今日之事怪不得孩儿，只是那段府管家太凶残！”

纳速剌丁扯了扯苫速丁兀默里的衣袖，说道：“当时事发突然，只怪我没有管住四弟。”

哈散、忽辛、马速忽急忙跪在地上，七嘴八舌，纷纷揽过。

赵老倌见状，走到赛典赤前“扑通”跪下，未曾开口便老泪纵横，他哭诉道：“青天大老爷，今日之事皆因我家而起，若不是众公子出手相救，我儿的一双眼睛就……唉，我们过得苦啊，你家要为我们做主啊！”

赛典赤连忙将老人扶起，并仔细询问查看赵长生的伤情。

老人声泪俱下地说：“我家三代为段府家奴，租种皇庄田地，除了每年纳租五斗八升稻谷外，还要承担‘夫马田’‘守卫田’‘守坟田’‘鹅鸭田’等劳役，遇到青黄不接的三四月，只能上山掏野菜充饥……”老人说起苦日子，泣不成声。

出乎意料，赛典赤没有责怪闯祸的儿子们，他压住心头的怒火，吩咐纳速剌丁兄弟妥善安排好赵长生父子的食宿，速请医官为赵长生疗伤。

纳速剌丁等人走后，半晌，赛典赤依然没有说话，在书房来回踱步。他在沉思如何解开这些不能回避的棘手难题。他反复权衡眼前的事情该怎么处理，下一步该怎么走，结果又会怎么样。

段实依仗归顺朝廷，曾经帮助朝廷平息舍利威的叛乱有功，因此有恃无恐，表面上顺从朝廷，对行省毕恭毕敬，暗地里却是阳奉阴违，尾大不掉，这将给其他民族地区一种现实的和潜在的示范，如果不能妥善处理，对于今后行省的管理将带来无穷的隐患。但是一旦公开撕破脸皮强行处置，又担心有卸磨杀驴之嫌，引起众民族地区首领的逆反之心，还有皇上怎么考虑……

张立道见他犹豫不决，便端起茶盏递给赛典赤，说道："大人请用茶，且看显卿这两个字。"说完打开自己茶盏的盖子，用食指蘸了些茶水，在书桌上写下两个字。

赛典赤吮了一口茶，低头一看见是"柔、坚"二字。

张立道说："在下冒昧揣测，大人之所以为难，莫不是投鼠忌器？想那段实乃是忽必烈皇帝御封总管大理国，他权势很大，'自各万户以下皆受其节制'，大人还要顾及皇上那边。"

赛典赤没有正面回答，放下茶盏，提笔在纸上重重写下"柔、坚"二字。搁下笔，对张立道说："好一个'柔、坚'！老子在《道德经》中说'天下之至柔，驰骋于天下之至坚'，显卿的意思是处理此事需要举重若轻。看来这次啊，要请南平王脱忽鲁出面了！"

两人会意，相视一笑。

趁夜，赛典赤、张立道两人前往南平王王府说明来意，脱忽鲁说了句："好一个隔山打牛之计。"便欣然应允。

二

翌日一早，赛典赤、脱忽鲁开列行省与南平王王府仪仗队，鸣锣开道，招摇过市来到段王府前。这段王府即是原来大理国之王宫。

赛典赤平时行事低调，出门都是轻车简从，今日为了威慑段实特地大张旗鼓。段王府门前侍卫哪里见过如此阵仗，慌得连滚带爬入内禀报。

昨夜，段实酗酒深醉，此时还在锦被中畅游梦乡。听下人来报，云南省的两位巨首及张立道在门外等候，惊得一骨碌爬起来，不及洗漱，急忙抓起一件"白叠"[1]衣服披上赶到门前。抬头一看，只见赛典赤一改平时粗布大衫的装束，头戴盔式官帽，身着从一品红色朝服，足蹬青泥朝靴，威风凛凛。再看一脸络腮胡的脱忽鲁，一身黄缎王爷服饰，胸前挂一串红珊瑚大珠，耳际缀着金色大吊环，在清晨的阳光下熠熠发光，一副雍容华贵的样子。又见身着四品朝服的张立道跟随其后。

段实急忙下跪，口称："在下段实不知王爷、平章大人、张大人三位大驾光临寒舍，有失迎迓，望乞恕罪！"

脱忽鲁斜了一眼跪在地上的段实，慢腾腾开口说："信苴日，好悠闲哟，日上三竿，太阳都晒着屁股啰，你还在梦中神游哩！"脱忽鲁仗着自己是皇亲，又是皇帝御封的南平王，并不称呼段实的大名，更不称呼他的官衔，段实脸上好一阵难堪，无言以对。

赛典赤慢慢下马，缓缓走上一步，双手扶起段实，说道："本官与南平王不请自来，一大早就打扰段王爷心中实在不忍！"

虽然段实的正式官职是大理路总管，但他承袭了其兄"向义天定贤王"的称号，所以赛典赤仍然尊称他为"王爷"。

---

① 云南出产的棉布以精巧著称，有"白叠""朝霞"等名目，是贵族服用的衣着。

段实起身在前面引导，脱忽鲁、赛典赤进了仪门，绕过那面镶嵌着大理石的巨大照壁，进得太和殿，南平王脱忽鲁坐在上首，行省平章政事赛典赤居右，张立道居左。段实不敢落座，只好站立一旁。

赛典赤见状心中发笑，口中却说：“请段王爷入座。”

段实唯唯诺诺的在下首椅子坐下，心中暗自思忖：平素里自己与两个老头并无往来，不晓得今日突然光临所为何事？

为了打破难堪的沉寂，段实只好离座，战战兢兢地拱手道：“不知今日二位有何指教，在下惶恐。”

坐在正中的脱忽鲁并不发话，只顾把玩自己胸前挂着的那串珊瑚大红珠，有意在显摆自己特殊的地位。

赛典赤轻描淡写地说：“哦，其实并无什么大事，只因我与脱忽鲁王爷得知道段王爷近日身体有恙，特来看望。”赛典赤面前的两人都是王爷，为了表述清楚，他只能如是说，以便于区分。

听赛典赤这么一说，段实放下心来，恭敬说道：“在下身体无恙，却让王爷、大人牵挂了。”

脱忽鲁幽幽地说：“信苴日，我观你印堂发暗，面色青灰，定是日夜操劳以至精血不足，难怪你要让皇庄家奴前往苍山找寻雪蛆、雪蛤蟆滋补呢。本王爷年岁渐长，也是肾虚精亏，整日里精神恍惚，可否割爱让出一二？如果效果甚佳，本王爷也让手下弄他个百把斤来。”

段实心中咯噔一下：果然来者不善。昨日晚饭之时，大管家将其演兵场受辱之事向他作了禀告，他只想这不过是一次偶发的误会，告诫管家隐忍了事。不承想两个老头子借题发挥，一大早便登门兴师问罪。他瞥了右眼上缠着白布的管家一眼，一时窘在那里，不知道如何应答。

赛典赤走上前来，笑盈盈地说：“段王爷，你我同为朝廷臣子，肩负皇上治理云南的重托，身子骨要紧哦，本官现将皇上赏赐我的高丽老山参转赠予你却望笑纳。”

随同前来的张立道展开一个红色锦盒，里面是一支长约尺余的红参。

段实身不由己，下跪拜谢。

那边，脱忽鲁说起了风凉话："哦哟哟，平章大人可是有些偏心眼哦，好东西也没有我脱忽鲁的份儿。"

赛典赤拱手，说："脱忽鲁王爷说笑了，您看，今日不是专程来看望段王爷的嘛。孝敬您的礼物啊，改日我定当登门补上。"

脱忽鲁说："今个儿高兴，我就这么一说，平章大人就当真了。想我脱忽鲁大小是皇上御封的南平王，怎么会小肚鸡肠？"

段实见两个老头子一唱一和，阴阳怪气，明里暗里调侃自己，心里很不是滋味，但又不便发作，只得忍气吞声。正当他站也不是，坐也不是的时候，只听脱忽鲁又说话："显卿啊，刚才我们聊到哪儿了？"

张立道说："回王爷的话，刚才好像说的是'皇庄'。"

段实心里一震，好你个多嘴多舌的张立道，无事却找茬。

坐在虎皮圈椅上的脱忽鲁伸了伸腰，说："长时间蜗居深宅大院，衣来伸手，饭来张口，倒是养得散漫了许多。信苴日，我听说你在滇东、滇西，包括这羊苴咩城郊，洱海湖畔有十几处'皇庄'，哪天可否让我去你那'皇庄'围猎捕兽，活动活动筋骨啊？"

当段实听到"皇庄"两个字，顿时汗流浃背，额头上沁出了汗珠。如今已是蒙古人的天下，他想起了当年刘秉忠的话："天底下只有一个皇帝"，自己的庄园怎么还能挂"皇庄"的牌子？这可是大逆不道啊！

此时的段实犹如被放在火塘上烘烤的工鱼，左右翻身都备受煎烤；如同被逼到险崖峭壁上的麂子，向前向后都是陷阱与深渊，进退不得。这个脱忽鲁太狠毒，步步逼人，刀刀见血。

段实"扑通"跪下，口称："小臣罪该万死，那'皇庄'乃是先

王，哦，不，是小臣兄长段兴智在位时之所为，小臣即刻派人撤除就是！”段实竭力解释。

赛典赤眼望着段实的狼狈样，只顾抬起茶盏品茶并不多言。

张立道上前扶起段实，说：“段王爷差矣，想那‘皇庄’乃是历史遗迹，撤之可惜。”

段实转身唤大管家道：“段老三，还不快快带人撤下那些牌匾！”

大管家急忙走了。

赛典赤虚手一抬，招呼段实道：“段王爷，请用茶。”仿佛他是主人一般，真正的主人却成了宾客。

赛典赤拱手道：“段王爷，本官今日造访还有一事。”

段实的嘴还未来得及抿一口茶，连忙放下手中茶盏，拱手说：“不知大人还有何事指教？”话刚一出口，便觉得这个“还”字说得十分欠妥，无意中透露了自己的烦乱心境。

赛典赤说道：“本官除了探视段王爷病情以外，特来负荆请罪啊。”

段实一头雾水，回道：“究竟所为何事？”

赛典赤说：“本官四儿苫速丁兀默里少不更事，昨日街子上误伤贵王府管家，俗话说‘子无教，父之过’，现今我已将这个逆子押于府前，任凭段王爷发落！”

段实诚惶诚恐地说：“大人言重了！昨日之事纯属误会，皆因家奴段老三莽撞引发，险些伤了四公子，也怪我平时对手下人管教不严所致，老大人，该赔罪的是在下啊！”说毕起身就要下跪。

赛典赤扶起段实，说道：“难得段王爷这般宽洪雅量，昨夜我已重责犬子，让他今后遇事长个记性。”

段实真个是哑巴吃黄连有苦难言，听着赛典赤这话，不是告诫他的那个闹事的儿子，却仿佛是在教训自己，一时竟呆站在原地，不知所措。

赛典赤放下手中的茶盏，拱手对段实说道：“段王爷，我看脱忽鲁王爷也有些倦了，我们就此告辞。”

脱忽鲁起身，边走边说：“今日考虑不周，本王未曾给你带来些东西哟！”

段实满脸堆笑，言不由衷地说：“小臣一定铭记王爷教诲！”

临到段王府大门前，赛典赤说道：“段王爷切勿多礼，都是自家人，请留步。哦，看我这记性，都元帅阿鲁帖木儿昨日去了威楚巡视军务，不能亲自前来拜望，让我代为问候。”说罢拱手，上马而去。

三

这晚，玉兔高悬，皎洁如霜。

段实辗转反侧，夜不能寐。起床后没有惊动其他人，独自一人来到王府后院供奉着先祖的段氏家族宗祠。在他的记忆里，这座老祠堂他不知道来过多少次了。每年春、秋两季的祭祖大典，每位先人的忌日，重大事项的商议，王兄仓皇离开羊苴咩城时还到这里拜辞，就连自己的婚姻大事都是在这里决定的。

他默默地凝视了祠堂大门两侧的对联，依稀能够辨识。上联为：“祖宗忠厚留遗久远”，下联为：“岁时蒸赏祭享仰敬”，横批为：“宗功衍庆”。

他轻轻地推开那扇厚重的黑色雕花紫檀木门，一阵“吱呀”声撕碎了四周的宁静。清幽幽的月光照射着青凌凌的地板，黝黑的木桌，祭祀的器物，祖先的牌位隐约看见。在暗黑中，时间的暗流渐渐冷却、凝固、结痂、堆砌，变成了满心伤痕累累。

段实呆呆地望着面前的一切，白日里两个老头儿配合默契的双簧戏依然历历在目。一个唱红脸，一个唱白脸，死缠烂打，软硬兼施，步步紧逼。他在沉思，这是赛典赤给自己的一个警告，这个像狐狸一样

狡猾的老头儿，明白无误地告诉自己今非昔比，大理国的历史已经寿终正寝。一山不容二虎，如今在云南掌舵的人是他行省平章政事赛典赤，卧榻之侧岂容他人鼾睡。俗话说，强龙压不过地头蛇，现在应该反过来说，地头蛇斗不过他这个北方来的强龙。

他轻轻地叹息一声，五味陈杂，浮想联翩：中统二年，跨越千山万水到大都入觐，受到忽必烈皇帝的亲自召见并赐虎符，诏领大理、鄯阐、威楚、统失、会川、建昌、腾越等城，自各万户以下皆受其节制。至元元年，白人僧侣舍利畏联合威楚、统矢、鄯阐及三十七部爨人格杀守将反叛，鄯阐屯守官无力抵御，便遣使向大理告急，自己亲率大军东进讨伐，以少胜多，大败叛军于威楚、统矢等地。至元三年，奉诏入觐，朝廷大加褒奖，赐金银、衣服、鞍勒、兵器……十年后的那个秋天，舍利畏又集聚十万人马谋攻大理，朝廷诏命都元帅也先与自己前往讨伐，自己亲冒镝矢，一举攻破安宁，收复鄯阐、威楚，新兴（今玉溪）、石城（今曲靖）、肥腻等地[①]。

他想到了昔日在东都（即鄯阐城，今昆明）惬意的日子，琼浆玉液，锦衣玉食。雪白如银的素馨花飘落在清澈见底的银凌河上，花瓣暗香飘溢，木浆声声，搅碎了盘龙江江面的流光溢彩，引得河水银波荡漾，美轮美奂的彩船上灯红酒绿，与冶艳风流女子推杯换盏……过去已是过眼云烟，眼前却是迷雾重重，穷途末路。

往事如烟，二十年来，尽管自己忠心耿耿效忠朝廷，谨小慎微接人待物，但是仍然遭到无端的猜忌。这猜忌仅仅是赛典赤、脱忽鲁和阿鲁帖木儿吗？不，他们这样有恃无恐，背后是远在大都城里大明殿上的那个忽必烈皇帝。朝廷不愿意看到在大一统的帝国之内还有一个大理国存在，形成一个“国中国”的畸形怪胎。他想起赛典赤临走时留下的那句意味深长话，还有宣慰使司都元帅府，秩从

---

① 《元史·卷一百六十六·列传第五十三·信苴日》记约十年后，舍利畏再次举事，段实（信苴日）派奸细伪装成商人去见舍利畏，将他刺死，起义军失去领袖后，起义失败。

二品的阿鲁帖木儿的一支虎狼之师正在虎视眈眈地监视着自己的一举一动。

想到这里，段实头皮发麻，心惊肉跳。唉，想我太祖神圣文武皇帝段思平，自文德元年（公元937年）灭大义宁国，始创大理国以来，相传至今二十二世，历经三百一十六年，原想世代相传，国祚永续。可如今自己这个大理王爷早已只是一个虚幻的称号而已。赛典赤和脱忽鲁可以随便找你的一个小小的差错，便可置自己于死地。虎落平阳被犬欺，龙卧浅滩遭虾戏，自古以来都是卸磨杀驴，杯酒释兵权。忽必烈皇帝对自己已经是很宽容的了，败军之将不敢言勇，亡国之君不计宠辱，人在屋檐下不得不低头啊。

他想到了二十二位先祖中有九位避位为僧，他想效仿文经皇帝段思英[①]，上明皇帝段寿辉[②]，中宗皇帝段正淳[③]剃度修行，皈依佛门，脱离红尘，抛弃烦恼，在古佛青灯、晨钟暮鼓中了却自己的后半生。此时此刻，他在犹豫，他在思考，他想到了夫人，想到了自己的儿子阿庆（段庆）。他们肯定受不了寺院的戒律森严，无法孤守那清苦简陋的生活，自己可以忍受，偌大一个家族也要跟着遭罪吗？一阵冷风从门缝外略进，段实骤然清醒了许多，他不甘心就此失败，他要奋争，要做最后一搏！

他拿起酒壶倒了一杯酒，端起盛满苦酒的杯子，和着苦楚，和着泪水饮下，而后扔了酒杯，点燃了一支白烛，在木桌上研墨提笔向忽必烈皇帝写了一封奏折，恳请朝廷撤销其向天义定贤王的称号，恩准其解甲归田，领地仅保留四五处农庄维系家用，其余庄园土地悉数上

① 大理国文经皇帝段思英。年号文经，公元944年至公元945年。皇叔段思胄与其争位，被废帝为僧，到大理无为寺修行，法号宏修大师，圆寂时九十七岁。

② 宋神宗元丰四年（公元1081年）时，高智升与高升泰父子逼迫上明帝段寿辉退位出家，拥立段正明继位。十三年以后的宋哲宗绍圣元年（1094年），高升泰废段正明，自立为帝。

③ 大理国国王段正淳在1108年时让位给其子段和誉，出家为僧。死后谥号为文安帝，庙号中宗。

缴行省，解禁家奴制度云云。他颓唐地将狼毫扔在地上，蜷缩在暗黑的角落里，期待着远在万里之外的忽必烈给自己一个公正的判决。

四

段实明哲保身，以退为进的策略收到了实效。忽必烈亲笔拟旨，对他大加勉慰。希望他与行省平章政事赛典赤和衷共济云云。仍然任命他为大理路总管并承诺今后子孙世袭。至元十八年，段实与儿子段庆前往大都觐见忽必烈皇帝，忽必烈命段庆宿卫东宫，敕封段实为云南诸路行中书省参知政事。至元十九年，段实奉诏与右丞相拜答儿迎接征讨缅甸的大军，行至金齿病逝，其治理大理共计二十三年。

此后，朝廷果然没有食言。段实病卒以后，段忠至元十九年至至元二十年（公元1282～1283年），其子段庆至元二十一年至大德十一年（公元1284～1307年）袭爵，累授镇国上将军，大理金齿等处宣慰使都元帅，佩金虎符。段正大德十一年至延祐四年（公元1307～1317年），段隆延祐四年至泰定五年（公元1317～1328年），段俊泰定五年至至顺三年（公元1328～1332年），段义至顺三年至元统二年（公元1333～1334年），段光元统二年至至正四年（公元1334～1344年），段功至正五年至至正二十五年（公元1345～1365年），段宝至正二十五年（公元1365～1381年），段明（公元1381～1382年），段世（公元1382年）[①]等世袭大理总管十二世，自中统二年（公元1262年）至洪武十五年（公元1382年）止，先后计一百三十年。

明朝洪武元年（公元1368年）闰七月，朱元璋命大将徐达、常遇春率明军由临清沿运河北上，连克德州、通州等地。二十八日，元顺帝妥欢帖木儿放弃大都，携后妃、太子及部分官员逃回上都。八月

---

① 段明、段世是段宝的儿子。

初二，徐达、常遇春率军进入大都，将其改名为北平府，统治中国九十七年的元朝寿终正寝。

元朝虽亡，但北方、南方部分地区仍有残余势力负隅顽抗，此时，割据云南的是梁王把匝剌瓦尔密。他是忽必烈第五子忽哥赤的后裔。洪武十四年（公元1381年）九月初一，朱元璋命令“颍川侯”傅友德为征南将军，“永昌侯”蓝玉为左副将军，“西平侯”沐英为右副将军，统兵三十万征讨云南。明军与梁王军在曲靖白石江鏖战多日，终将梁王军击败，鄯阐门户洞开，梁王获悉曲靖失守，见大势已去，乃逃往晋宁州（今云南晋城）忽纳砦，为免受其辱，便阖家自尽。明军趁势进入昆明。洪武十五年（公元1382年）闰三月，明军移军西进攻陷大理城活捉了段世，将其解送到京城。朱元璋为了安抚初定的云南，采取了宽大的怀柔政策赦免了段世，给段世的长子赐名“归仁”，并授予永昌卫镇抚的官职；给段世的次子赐名“归义”，授予雁门镇抚的官职。大理平定以后，朝廷将大理路改为大理府，建立了卫所，设立指挥使司。最后一任大理总管尘埃落定，寿终正寝，云南的历史翻开了新的一页。元廷退居漠北，史称北元。公元1402年元臣鬼力赤篡位建国鞑靼，北元亡。此是后话。

赛典赤巧妙地收回了段氏统辖万户以下官吏的权力，使之权力范围仅限于大理地区。这时的“大理总管”与蒙哥让大理国末代国王、向义天定贤王段兴智仍守其地，世袭总管及与中统二年，忽必烈敕授信苴日总管，守大理，“自各万户以下皆受其节制”不能同日而语，段实仅只是“大理路军民总管府总管”，一个地方官员而已。

第十四章　张雄飞吟诗碧鸡山
云南省治所中庆府

一

经过一番或明或暗的政治角力，虽然段实的权力在一定程度上受到了制衡，但是段氏在西南经营三百多年，所谓百足之虫死而不僵，瘦死的骆驼比马大，段氏的政治势力在全省仍然盘根错节。在行省、平南王及大理段氏的多重统治中，各种势力错综复杂，矛盾重重，政治势力划地而治。赛典赤依旧忧心忡忡。

赛典赤考虑的问题主要有两个。其一，由于历史原因云南治所在偏于滇西的大理，而不利于对滇东等其他地区的管理；其二，朝廷建立云南行省的目的，除了扩大疆域之外，更要配合朝廷南下大军，形成南北夹击的态势，一举消灭南宋，实现天下一统。张立道亦多次向他建议将行省治所迁移到地理位置居中的鄯阐（今昆明），以避开大理段氏势力的影响。

赛典赤觉得张立道的建议很有道理，但是迁移行省治所是一件大事，由于到大理之后新建立的行省百废待兴，诸事缠身，抽不出时间前往鄯阐亲自考察。

恰好这年冬天忽必烈任命张雄飞为宣慰使到陕西、云南等地视察。赛典赤认为这是一个好机会，可以邀请张雄飞一同前往滇东实地考察，并可让其向忽必烈皇帝转奏自己把行省的所在地从大理迁往中庆府的意见。

张雄飞字鹏举，琅琊临沂人，自幼喜好诗词。

赛典赤一向张雄飞表明，他也欣然同意。

出发之前，赛典赤对张雄飞说："这次前往滇东，下官想借此作沿途考察，我们一行只能骑马而行，你这位京城来的宣慰使大人就不能乘坐暖轿啰。"

张雄飞恭敬回道："平章大人偌大年纪尚且能够身体力行，不辞辛劳，鹏举怎敢偷闲躲懒啊。"

赛典赤吩咐纳速剌丁："此行不要安排仪仗队，事前不要通知沿途各地官员，不要扰民为好！"

纳速剌丁拱手说："末将这就去办！"

赛典赤、张雄飞、张立道、纳速剌丁带领卫士、马夫、厨师等二十余人轻车简从，即日离开羊苴咩城向东出发。

赛典赤一生谨守伊斯兰教的教规，特别注意饮食，在家自不必多说，一旦外出必定带上自家的厨师阿老瓦和所需食材。

一行人过弥渡，至宾川时，张雄飞说："平章大人，我在大都时就听人说，这鸡足山是西南佛教圣地，今日不妨顺道一游。"

赛典赤心中有事，无奈张雄飞是朝廷派来的大员，只得依他。

将近午时，众人登上金顶，慈眉善目的鸡足山住持德存率众僧出迎。

赛典赤、张雄飞、张立道、纳速剌丁等人通了姓名并以礼致敬。

住持双手合十，口称："阿弥陀佛！难怪今日佛光普照，却是有贵客施主光临敝寺！"

住持抬手指向东方半空，说道："众施主请看！"

赛典赤、张雄飞、张立道、纳速剌丁等人转身仰望，只见金顶中央高耸的塔顶上方一团赤黄蓝白的彩色佛光耀眼夺目，四散的光芒宛若一朵盛开的九瓣五彩莲花，皆惊诧不已。

住持说道："这佛光却是难得一见的吉祥圣景，老衲在此十余

年，也仅仅见过两次啊！”

赛典赤、张雄飞一行人也觉稀罕。

老和尚又言道：“老衲夜观星象，近日紫微星明亮，吉地应在东方，施主欲决宏图大略于斯。”

赛典赤是一个虔诚的伊斯兰教徒，并不信佛教，但这位深居简出的高僧却准确地预测或者揣测了自己的动向，让他心中一震。他让纳速剌丁取出二十两银子赠予住持，以作寺院修葺之用。张雄飞、张立道亦分别挂了十两银子的功德。

赛典赤抱歉地对住持说：“本人信奉伊斯兰教，就不进庙参拜了！”

说毕，竟与纳速剌丁信步观山听风去了。

张雄飞、张立道二人在住持引导下，进入大殿拈香许愿。

是夜，赛典赤等人在山上留宿一夜。

次日，继续东行。过云南驿、威楚、安宁。一路之上，走走停停，走村串寨了解民情。赛典赤指挥张立道等人详细记录绘制沿途的道路、关隘、河流以及农牧的情形。

十余天之后来到碧鸡关。这日，天气晴好，红日当头，一行人勒马远眺，整个滇池坝子尽收眼底，一湖碧水清澹如镜，不觉心旷神怡。放马下山，道路两旁松驻葱茏，猿啼鸟鸣，溪流淙淙，张雄飞此时兴致勃勃，不禁诗兴大发，朗声吟诵道：

北阙辞丹凤，南云看碧鸡。
紫苔移玉座，瑶草湿金泥。
雨霁龙归涸，风生虎渡溪。
寻梅穿竹径，采药蹑松梯。
白日依山尽，青山入海底。
寄书无雁过，择木有猿啼。
花映高低树，园分远近畦。

飞星驰宝马，沉水吐银猊。

鱼戏莲房北，鸥鸣荻渚西。

长歌汉颂罢，刻石纪新题。

张立道用手中马鞭遥指说：“二位大人请看，远处依稀可见的城郭就是鄯阐城。”

鄯阐城（一名柙赤城，又称鸭池，今昆明），汉时，郭昌在滇池坝子首建城池，因此就以他的名字称为“郭昌城”，继后更名为“谷昌城”。至晋代，又改建苴兰城。中唐时代，南诏异牟寻又毁苴兰城而改建拓东城于五华山南面。唐朝时阁罗凤反叛，取姚州，公元765年命其子凤伽异增筑城称“拓东”（至今昆明市内还有拓东路），六世孙券丰祐改为“鄯阐城”（“鄯阐”意为别都），是为大理国的东都。赛典赤主政后，将鄯阐改称为昆明县。

关于“昆明”一词的起源，有多种说法。“昆明”最初是我国西南地区一个古代民族的族称。“昆明”在中国古代文献中写作“昆”“昆弥”或“昆沵”。早期并非城市名称，而是居住在中国西南地区即今日的云南西部、四川西南部的一个古代民族的族称。

“昆明”一词的出现，可追溯到汉武帝时期。著名史学家司马迁在《史记·西南夷列传》中写道：“西自同师（今保山）以东，北至叶榆，名为昆明，皆编发，随畜迁徙，毋常处，毋君长，地方可数千里。”由此可见，“昆明”一词是古代云南一个少数民族的族称。

“昆明”作为地名出现，则是在唐代。“武德二年，于镇置昆明县，盖南接昆明之地，因此为名。”但是此处所置昆明县，不是今天的昆明，而是四川定笮镇（今盐源县境）。唐代把定笮镇命名为“昆明”，是因为此处的“昆明”仍指昆明族而言。由于汉、唐以前，昆明族大部定居云南西部地区，直到南诏、大理国时期，乌蛮、白蛮兴起，昆明族居住的地方为乌蛮、白蛮所据有，昆明族才东迁于滇中，聚居于滇池周围。

关于“昆明”一词的含义，晋常琚解释说：“夷人大种曰昆，小种曰叟。”这句话可解释为人口众多的昆明族。就字形言，昆为“日”“比”二字并合而成，即日日相比之意，言其文明将日比一日进步；明为“日”“月”二字并合而成，即日月合璧之意，言其前途将如日月之升恒，昆明之取义如是……

元朝宪宗五年（公元1256年），在云南设立十九个万户府，分鄯阐为万户府四。至元七年（公元1270年）改为路。至元十三年（公元1276年），改鄯阐为中庆路。下辖录事司、昆明县、富民县、宜良县三县及嵩明州、晋宁州、昆阳州、安宁州四州。“昆明”作为云南的地名始出现并延续至今。

二

赛典赤一行来到车家壁，这时鄯阐达鲁花赤爱鲁早已在此迎候。赛典赤、张雄飞、张立道、纳速剌丁一行弃马登舟，一路顺风顺水，两个时辰后，来至蒲草田驿馆。

爱鲁有意陪同赛典赤、张雄飞、张立道、纳速剌丁一行考察。赛典赤说：“我们此次主要是考察鄯阐城的地理环境、经济民俗。若你等相随必定鸣锣开道、前呼后拥、劳动四方、惊扰民众。我们还是微服私访为好，见了老百姓他们才敢讲真话，亲眼亲闻更真实可信。”

转身问道：“鹏举兄，你以为如何？”

张雄飞说：“平章大人说得有道理，全凭您安排。”

赛典赤笑着说：“那我们就装扮成自西北来的商人，我是大掌柜，鹏举为二掌柜，显卿便是管家，纳速剌丁为伙计好了。”

一行人跋山涉水，花了月余时间，走遍了滇池坝子方圆百里。

这鄯阐是云南最大的坝子，宛若镶嵌在红土高原上的一块璞玉。坝子阡陌纵横，大抵呈半圆形。西起碧鸡山，北接长虫山，东南接罗藏山（今梁王山）。地势立体分布，由北向东南呈梯度逐步降低，中部低地势平坦，东西高，山地、丘陵、河网交错相间。北依长虫山，南临五百里滇池。“一山分四季，十里不同天”，山区气候寒凉，坝区气候温和，正如明代著名诗人杨慎《滇海曲》所言：“天气常如二三月，花枝不断四时春”。水源充沛，田野肥沃，农牧发达，商贸兴盛。金马山与碧鸡山东西相对，罗藏山、玉案山、观音山、商山（在今云南民族大学、昆明理工大学、云南师范大学附近）、圆通山、五华山、鸣凤山、凤凰山、龙泉山、龙山、洛阳山、龙潭山、石寨山、月山等拱卫着鄯阐坝子。坝子内白沙河、宝象河、马料河、捞鱼河、洛龙河、大河、柴河、东大河、古城河、新河、盘龙江等大小河流交错纵横，从东南北方向汇入滇池。

张立道见张雄飞自从大理出发以来，一路之上只是入寺拜佛，观景吟诗，饮酒作乐，并不传达忽必烈皇帝命其巡视云南的旨意，这有悖常理，心中疑惑不解。这个张鹏举葫芦里究竟卖的什么药？那日考察归来他忍不住将自己的想法告诉了赛典赤。

张立道不无担忧地说：“张雄飞胸无点墨，只会吃喝玩乐，皇上派此等庸才前来，岂不误事？”

赛典赤微微一笑，说：“显卿多虑了，我看鹏举虽然表面文质彬彬，却是一个城府很深的人。不显山不露水，虽然好饮酒，但却不贪杯，随时保持清醒的头脑。你不见他虽然白日里好一番闲情逸致，但每晚馆舍内他的房间里烛火彻夜通明，定是伏案挥毫。至于行省治所迁移这事，他是想等待我先开口，以免落得一个朝廷大吏干预地方行省事务之口实，他这个宣慰使啊，对事物拿捏得倒十分精准。”

在鄯阐考察月余，赛典赤、张雄飞、张立道、纳速剌丁一行返回大理。

这日，张雄飞来到行省衙门，坐定之后，张雄飞开口道：“平章大人，鹏举此次离京转眼已近三月，在下不日即将回京复命，特

来告辞！”

赛典赤眯着眼睛，笑吟吟地说：“此次宣慰使巡查云南，跋山涉水，着实辛苦了，只是滇地尚有许多秀丽山川大人还未曾踏访实为憾事。”

张雄飞明知赛典赤在调侃自己，却并不在意，欠身拱手说道：“只待来日再与平章大人相聚！”

赛典赤道：“宣慰使王命在身下官不敢强留，今晚欲在五华楼为大人饯行。”

张雄飞亦不推辞，起身拱手道：“恭敬不如从命，鹏举告辞！”

是夜，五华楼灯烛明亮。

宾主坐定后，赛典赤对张雄飞说：“宣慰使大人，您知道皇上历来提倡克勤克俭，今日略备薄酒权且为您饯行，只有显卿与纳速剌丁作陪。”遂亲自为张雄飞斟酒。又说道：“下官遵从教规，只能以茶代酒，望大人见谅。恭祝大人一路顺利！”

张雄飞亦不谦让，举杯一饮而尽。

张立道也举起茶盅，说道：“显卿滴酒不沾，只能以茶水相敬！”

张雄飞自斟满酒，一饮而尽。

在座的纳速剌丁见机而行，端起茶盅说道：“宣慰使大人风流倜傥，文采飞扬，晚辈敬您一杯！”

张雄飞抬手一仰，三杯酒下肚。

赛典赤用筷子指指说：“大人请品尝这大理的工鱼味道如何？”

张雄飞自恃酒量过人，自斟满酒，举杯对赛典赤说：“鹏举此次能够圆满复命全仗平章大人，在下敬您一杯！”

赛典赤举起茶盅吮了一口，算是回礼。心想，这张雄飞到这时还在绕圈子。

你来我往，禁不住赛典赤、张立道、纳速剌丁三人频频恭敬劝酒，不一刻一罐大理雕梅酒已经告罄，全是张雄飞一人承担。这梅子酒起初喝着润甜，却是后劲大，雄飞此时已是满脸通红。

换了一罐新酒，纳速剌丁又为张雄飞斟满一杯酒。

赛典赤见时机已到，便诚恳地问道："宣慰使大人离别之际，可否对治理云南之事指教指教？"

只见张雄飞像变戏法一样，从袖中慢慢取出一轴纸卷，张立道、纳速剌丁两人见状，立刻动手将桌上部分菜盘、酒盅移开留出一角。

张雄飞打开了话匣子："云南行省初创百废待兴，各路、州、府、县建制已定，而今当务之急是将行省治所由大理的羊苴咩城迁至鄯阐！"

他一边说，一边在桌面上展开纸卷，赛典赤、张立道、纳速剌丁三人一看，却是一幅云南地图。

张雄飞指着地图侃侃而谈："平章大人请看，自元宪宗三年大理国归化以来，经过二十余年的时间，云南管辖的范围，如今东至普安路的横山（今贵州盘县、普安县），顺元路（驻今贵阳）；西南至江头城（今缅甸实阶区东北的杰沙），设置了邦牙等处宣慰司（在今缅甸），凡三千九百里而远；南至临安路的鹿沧江（今越南莱州省北部的黑江），八百媳妇（今泰国北部的清迈府和老挝境），并设置了八百宣慰司宣慰司；北至罗罗斯的大渡河（包括今四川西昌地区和凉山彝族自治州等地），凡四千里而近。"说到这里，有意停了一会儿，又喝了一杯梅子酒。

张雄飞所言不差，当时云南省的区域面积，超过了元朝以前诸朝或地方政权所统治的区域范围。

赛典赤仔细一看这幅云南地图倒比自己掌握的资料还要翔实得多，看得出来许多地方有明显的新的批注。

张雄飞放下手中酒杯，接着说："汉朝时期以滇池为中心，开设了朱提道、灵光道、永昌道、牂牁江道、麋泠道等交通干线。唐朝前期修筑了安宁城，开通了步头路，实现了以滇池为心中连接滇东北戎

州都督府（今宜宾），经滇西北连接嶲州都督府（驻今西昌）；经通海、建水沿红河水路南下连接安南都护府（今越南河内）的道路，南诏、大理国时期，除了修缮石门道和安南至天竺道外，又开辟了巢州道、黔州道和北至雪山道，鄯阐居于云南中心，交通四通八达，可谓总纲挈维也！”

张雄飞滔滔不绝地说了一阵觉得口渴，端起茶盅喝了一大口，润润嗓子。赛典赤抬头瞟了一眼旁边的张立道，意思是果然不出所料，山东汉子终于高谈阔论了。

张雄飞放下茶盏，继续说道：“利用鄯阐优越的地理位置，一则可作为向北配合朝廷夹击南宋的基地；二则可作为向南经略安南诸国的前哨，故将行省治所迁至鄯阐是迫在眉睫之大事！”

张立道也言道：“据查证史料，鄯阐坝子千年以来并未发生过地震，实在是一块风水宝地！”

赛典赤哈哈大笑，说道：“好你个张鹏举，非要老夫请你喝上一顿酒方才吐露实话！”赛典赤一阵高兴，此时除去了官场俗套和官话。

张立道举起茶盏，说道：“鹏举大人深谋远虑，显卿再敬你一杯！”

张雄飞摆摆手，连声说道：“使不得，使不得，这一杯酒却是不能喝。这迁移行省治所，居中治理云南，实现南北‘斡腹’乃是皇上亲自订立的战略国策，鹏举只是一个传声筒而已！”

张立道拿来烛台，低头仔细再看图纸，果然上面除了张雄飞的笔迹外，尚有许多朱砂红笔御批，惊异不已。

赛典赤听后大喜，原来自己迁移行省治所的构想竟与忽必烈皇帝的战略不谋而合。便留张雄飞再住几日，并邀请南平王脱忽鲁、都元帅阿鲁帖木儿、大理总管段实等人仔细商定，上报朝廷将云南治所由大理迁至鄯阐，治中庆路。

三

一切就绪，赛典赤准备动身前往鄯阐。为了不惊扰各方，行前一天，他分别派张立道、纳速剌丁、哈散到平南王府、都元帅府、大理总管府，向脱忽鲁、阿鲁帖木儿和段实辞行。

翌日清晨，天色灰蒙，赛典赤一行百十人静悄悄出了羊苴咩城东门。哪知平章大人东去的消息不胫而走，许多民众扶老携幼，箪食壶浆，黑压压一片，早已在城门两侧跪地相送。赛典赤眼中湿润，立即止住前行队伍，连忙翻身下马拱手，口称："众位乡亲请起，请起，我赛典赤何德何能，竟然一大早劳动众位乡亲！"

李家大嫂眼疾手快，接过丈夫手中的瓷碗，大步来到赛典赤跟前，说道："平章大人，请再吃一碗我们白家的凉粉！"

赛典赤接过碗筷，拌了拌作料，大口吃下。许多百姓一拥而上，这个抱着鸡鸭，那个牵着羊，肩上扛着米面，还有的提着满满一箩筐时鲜蔬菜，争先恐后都要送给赛典赤。赵老倌在儿子的帮助下，好不容易挤开拥挤的人群，颤颤巍巍险些跌倒，赛典赤过去伸手搀扶老人。赵老倌跪地，将小半篓的核桃双手高高举过头顶，口称："恩公大人啊，请你家千万收下这几个漾濞核桃吧！这核桃可是我家自己的第一次收成啊！莫看核桃小物，吃了可以补脑，在手中把玩又可以活动筋骨！明年中秋节我老倌再到鄯阐城送到你家尝鲜！"

听着这朴实无华的语言，赛典赤再也把持不住内心的激动，热泪不禁夺眶而出，他实在难以拒绝这份真情厚谊。人心是杆"公平秤"，人心是把"公平尺"，倘若你为百姓做了一点好事，他们将永远铭记在心！他知道民众将治理云南，建设新云南的希望寄托在自己的肩上，任重而道远啊！

众人将赛典赤一行送出四五里，望着渐行渐远的队伍，仍然驻足目送，依依不舍。

公元763年，南诏阁罗凤东巡滇池地区，认为这里自然条件优越："山河足以作藩屏，川陆可以养人民"，是非常理想的筑城之地，于是决定在这里建南诏的别都。广德二年（公元765年），凤伽异开始构筑拓东城，其城址在五华山南麓，土桥以北，盘龙江西岸[①]。设拓东节度，此后设置鄯阐府，成为南诏国东部政治、经济、文化中心。拓东城又被称为"东都""东京""上京"。大理国初期，改拓东节度为鄯阐节度，大理国后期，废节度，只设鄯阐府。宋宣和元年（公元1119年），乌蛮三十七部联合攻占了鄯阐府，鄯阐城遂成为"废城"。不久大理国重新扩建，鄯阐城又恢复了往日的生机。当年兀良合台攻打鄯阐城时，肆意烧杀抢掠，使一座好端端的城郭变成了废城。

赛典赤到鄯阐后，立即组织人力勘察地貌、地形，编制规划方案，修建行省衙门、驿馆，筑路治桥，复修城恒，建市兴商。在他的精心经营下，作为行省中心的鄯阐城得到了大规模的扩建。在拓东城的基础上，扩建后的鄯阐城范围为：城东退离盘龙江西岸约一百步；城北向北拓展约一里，把五华山、祖遍山囊括在城内；城南至土桥、金碧路；城西至福照街、九龙池（今翠湖），以玉带河为护城河。昆明城粗具规模，云蒸霞蔚，车水马龙，经济日益繁荣，很快就超越大理的羊苴咩城而成为云南政治、经济中心。时人王升在《滇池赋》中赞叹道："五华钟造化之秀，三市当闾阎冲；双塔挺擎天之势，一桥横贯日之虹。千艘蚁聚于云津[②]，万舶峰屯于城垠；致川陆之百物，富昆明之众民。"可谓市井林立，寺坊遍布，甚是繁华。马可波罗亦称当时的押赤城已经是"大而名贵，商工甚众"的第一大都市。民国时

① 关于拓东城的具体位置，学术界观点不尽相同。有说，在盘龙江西岸，金碧路、东寺街一带。有说，在今昆明状元楼一带。有说，在今昆明市南区，跨盘龙江两岸。

② "五华"即五华山；"三市"即中庆城的三市街；"双塔"即祖遍山上的东西二塔；"一桥"即是云津桥。

期的袁嘉谷先生说：“云南中枢……自元代至今在昆明。”

明朝洪武十五年，昆明城重建，将圆通山、五华山、祖遍山、九龙池（今翠湖）纳入城中，形成了“三山一水”的城市格局。城池北移，北城墙由五华山扩展到圆通山，东城墙至盘龙江西岸，西城墙从福照街移至蒲草田（今东风西路），南城墙由土桥移至近日楼。城墙从土墙改为砖墙，拓基周九里三分，高二丈九尺二寸，向南。城共六门，上各有楼：南门称为“丽正”，楼称为向明（清朝总督范承勋改为“近日”）；大东门称为“咸和”，楼称为“殷春”；小东门称为“敷泽”，楼称为“壁光”；北门称为“拱辰”，楼称为“眺京”；大西门称为“宝成”，楼称为“拓边”；小西门称为“威远”，楼称为“康阜”。南门偏西设有钟楼。环城有河，可通舟楫。自此昆明城基本定型。清代昆明城的范围与明代相比变化不大，但是城内外街道发展迅速。清代城内有大小街道一百五十余条，大小巷道四百余条。主要的街道有南正街、东院街、西院街、二纛街、三纛街、长春街、书院街、布政司街、卖线街、钱粮街、钱局街、武城街、金碧街等，其中南正街是当时昆明城内最繁华的街道。还有“三坊二十四铺”“三坊”是：崇政坊，南起南门，北至马市口，即今正义路；报功坊，南起马市口，北至圆通街；世恩坊，在北门街附近。“二十四铺”是：高山铺、忠爱铺、中端铺、羊马市铺、鱼课司铺、土桥铺、鸡鸣桥铺、石桥铺、新城铺、云津铺、三义铺、嵩山铺、三元铺、十里铺、咸和铺、太和铺、金牛铺、敷泽铺、桃园铺、商山铺、螺峰铺、文林铺、胜应铺、龙翔凤翥铺。昆明城由明、清延续至民国时期，清朝末期民国初期，昆明则跨过盘龙江向东拓展，抗战时期向四周扩展。此是后话。

第十五章　赛平章义抚众夷酋　张显卿舌战交趾王

一

赛典赤在云南大刀阔斧改革弊政，得到了广大官员、民众的欢迎与支持，但是却触犯了少数原有土官的既得利益，因此这些人私下串联纠集跑到京师大都向忽必烈皇帝告御状。

忽必烈是一个勤政精明的皇帝，听说从云南来了一些少数民族的代表，要反映赛典赤独断专行的问题，深感吃惊也极为重视。心想赛典赤是自己器重的肱骨大臣，绝不会做出危害地方，危害百姓的事。一方面本着“兼听则明偏信则暗”的为君之道，另一方面要向天下表现自己是亲民之君，于是不久，忽必烈在大明殿召见了云南来的代表。

为首的一个土官振振有词地向忽必烈“举报”了赛典赤的“十大罪状”。其一，赛典赤下车伊始便废除了头人世代征收的“人头税”；其二，赛典赤废除了私自买卖娃子（奴隶）的规定；其三，各地土官六品以下必须由行省任命，六品以上必须奏请朝廷任命……

忽必烈耐着性子听完四五个人声泪俱下对赛典赤的“控诉”，手拍龙椅，勃然大怒道：“古训说‘用人不疑，疑人不用’，赛典赤忧国爱民，他在云南的所作所为朕洞如观火。如今已是大元新朝，某些陈规陋习自然应该革除。你们所说的这些‘罪状’正是赛典赤推行新政的功绩，你们少数人为一己私利，竟敢结党营私，诳语诬告忠良！”

忽必烈命刑部羁押这几个诬告者，并将他们送回云南由赛典赤处置，以儆效尤。

听说告御状的人被押解回省城，许多老百姓齐聚平章衙门，他们想看一看平章大人如何处置这些犯事的人。

几个蓬头垢面的诬告者戴着刑具，紧张异常，齐刷刷跪在衙门的院子里。许多人都以为，带头闹事的人将受到严厉的惩处。

赛典赤走下台阶，亲自为他们一个个打开刑械，感叹地说："古人云'人非圣贤孰能无过'，本人初到云南，对民情事务不甚了解，难免犯错，还望诸位谅解。你们归化不久，不勤于学习新朝规制，囿于自身蝇头小利，有负王命且耽误了自己的前程。念你等初犯，如果今后你们能够改弦更张，与本平章和衷共济，勤勉为民，我不仅不会治罪于你们，而且将根据各自特长分派边远州县历练三年以观后效。"

诬告者们纳头叩拜，如捣蒜泥一般，口称："我等小人编造谎言欺瞒皇上，诬告平章大人实属罪该万死，赛平章不计前嫌，给我们一条生路，实是我等再生父母，今后我们将誓死以报啊！"

围观的老百姓热烈鼓掌，纷纷赞叹赛典赤心胸广博，不计前嫌，宽厚待人之举。

当晚，赛典赤设宴款待即将重新赴任的这些官员，并赠予衣冠袜履、钱粮，好一番勉励。

赛典赤主政云南期间，积极团结少数民族上层人士，先后任命了纳西族阿烈为丽江路总管，彝族阿谋为乌蒙路总管，哈尼人阿禾为元江万户等。他对属下勤于职守者"奏请赐虎符金印者十余人，宣敕者二百余人"，对缓解民族矛盾，稳定边疆，发展经济起到了十分重要的作用。

二

云南是一个多民族的地区，在这片红土地上，有白人（白族）、

罗罗（彝族）、金齿白夷（傣族）、末些（纳西族）、斡泥（哈尼族）、蒲蛮（布朗族）、卢蛮（傈僳族）、阿昌、吐蕃（藏族）、怒族、撬人（独龙族）、野蛮（景颇族）、依人（僮族族）、土僚蛮（仡佬族）等民族在这里世代繁衍生息。在高山峡谷，平坝水乡相对封闭的环境，众多少数民族形成了大大小小的部落。由于历代统治者对他们横征暴敛，使得许多少数民族处于民不聊生的境地，因而一些部落叛服无常，骚乱时有发生。赛典赤主政云南后采取了“力攻不如德降”的政策，逐步平定了云南各地少数民族的反抗。

至元十三年（公元1276年）春天，位于今云南红河一带的罗槃诸部又筑城反抗，他们阻断道路，随意征税，甚至抢劫过往客商钱财。一时间闹得滇南地区人心惶惶，路无行人。朝廷闻报，急命云南行省平章政事赛典赤率军清剿。

赛典赤接到朝廷诏书后并未急于发兵，云南刚刚建立行省百事待举，还有许多事情需要处理。于是三次亲自手书信函予罗槃酋长阿虎，期望晓之以理，化干戈为玉帛。只是那阿虎自以为“天高皇帝远”，赛典赤拿自己没有办法，只是虚张声势而已，于是仍旧我行我素。赛典赤苦等两个月，却不见阿虎只言片语的回复。上边朝廷催促甚急，赛典赤想到罗槃寨是滇南通向交趾国（又称安南，今越南北方）的咽喉要道，不仅影响商旅贸易，更重要的是，一旦边关发生事故，将阻滞军队调动。思虑再三不得已只得发兵，让张立道留驻鄯阐城。

兵临罗槃城，赛典赤命令围而不攻，委派爱鲁前往城中说服劝降。罗槃酋长阿虎在寨中接待了爱鲁，表示愿意三日后出城归降。

正当罗槃酋长阿虎命人清理寨中户籍典册，准备归顺之时，巫师阿坤进言道：“大王不可逆来顺受，难道您忘记了当年兀良合台带领蒙古军血洗山寨的仇恨了吗？”

阿虎长叹一声：“大师啊，我何曾敢忘，那可是活生生的四五十条生命啊，我的阿妹就是倒在蒙古兵的屠刀之下！然而眼下官兵来势汹汹，为避免我族再遭灭绝只好归降。”

阿坤说道：“大王休要慌乱，昨夜山神托梦于我言道，七日之内上天将降瘴气于官兵营地，届时官府将士皆顿时毙命，此乃天助大王解我族之危难！”

“果真如此？”阿虎问道。

“我已是半截入土的人，老倌一生何时说过谎话？”阿坤回道。

“只要全寨上下团结一致，同仇敌忾，何愁官兵不灭？”阿坤又说。

“就依你言，愿上苍保佑我罗槃寨转危为安！”

罗槃酋长阿虎听信巫师谗言，中途变卦，三日后仍旧紧闭寨门拒不出降。

爱鲁、纳速剌丁等诸将认为罗槃酋长阿虎是个反复无常之小人，觉得蒙受了奇耻大辱，众将推举爱鲁、纳速剌丁向赛典赤请战。

酉时，爱鲁、纳速剌丁一干将士来到大营请战，侍卫说平章大人正在静心做“底格勒”（晡礼），于是众人只好冒着烈日在帐外耐心等待。

礼拜完毕，赛典赤更衣召众将入内。

爱鲁向赛典赤拱手，首先说：“前些年，罗槃酋长阿虎曾参加过僧人舍利畏领导的反对蒙古军的暴动，如今又背信弃义，负隅顽抗，实在是可恨至极！”

纳速剌丁附和说：“爱鲁将军所言不错，罗槃酋长阿虎欺人太甚，末将愿立下军令状，明日一早带领本部人马，一鼓作气攻破城寨，定献夷酋首级于帐下！”

赛典赤沉思不语。

至元五年，爱鲁兼管爨僰军，从云南王征金齿诸部，斩首千余级，诸部震服。于是倚仗自己是老将又屡立战功，便主张强攻。见赛典赤出奇地镇静，心中大为不解，便开口打破沉寂，愤然说：“末将记得，

至元三年，宋兵攻陷大梁平山寨。您令忽兰吉领兵千余骑追击之，斩首三百级，得马二百八十四。至元七年，我军围襄阳，您亲自率领部将郑鼎等水陆并进，至嘉定获宋军将领二人，顺流纵筏，断其浮桥，获战舰二十八艘。想当年大人智勇兼备，披坚执锐，何等威武，一时传为佳话，可如今遇到些许乌合之众的夷兵为何却是畏首畏尾？”

众将都觉得爱鲁言之有理，期待着赛典赤的决断。

面对群情激愤的众将，赛典赤仍旧沉默不语。

纳速剌丁拱手说道：“启禀大帅，前几日安营扎寨时末将巡视地形，见罗槃城外后山有一龙潭，乃是城中水源之处，如若断其水源，则寨中必然自乱，定可不战而胜！”

赛典赤殷切地说：“‘普天之下，莫非王土；率土之滨，莫非王臣。’西南各部落皆为历史形成，云南虽业已建省，时间尚短促，且对他们的教化甚少。想当初元、宋敌我战争，兵围襄阳，故以军力对抗为主。而今罗槃夷地、夷民乃是大元的疆域和子民，既非敌国、敌人，又非悍匪。前些年，兀良合台对他们苛征钱粮，致使斡泥人心怀怨恨。至于纳速剌丁所说断其水源，虽然可以迫使其归顺，但却殃及寨中数百民众，我于心不忍，又难免再添新的积怨。如今已是新政，应该攻心为上，避免生灵涂炭，以德服人才可永绝后患啊。”

众将虽然口头称是，但心中疑惑罗槃酋长是否会心悦诚服。众人拜别赛典赤后各自回营静观事态发展。

没想到围城的第四天竟发生了一件意外之事。

负责此次行动粮草供给的是赛典赤的第五个儿子马速忽。

这天未时许，押运队伍冒着火辣辣的太阳沿着崎岖山路，转过一个山坡来到罗槃寨西门。眼望快到自家大营，城寨上面一群守兵摇着皂角旗呐喊，大声喊叫：“赛典赤是北边来的魔鬼！杀尽妄想霸占我们山林良田的这些妖魔！”

不仅如此，一些斡泥兵士还纷纷朝押运队伍抛掷吃剩的猪肉骨头及猪、牛粪便等污秽之物，口中狂叫："老子赏几根骨头给你们这些饿死鬼啃啃！"说罢放肆地哈哈大笑。

罗槃寨兵士不断的谩骂和挑衅惹怒了马速忽。他带领的押运队全部都是由回回人组成，号称"回回营"，哪里能够受如此侮辱。立在马上的马速忽气得怒眼圆睁，七窍生烟，立即抽出腰间宝剑大喝一声，带领二三十个士兵蜂拥而上。寨墙上弩箭齐发，礌石乱滚……

赛典赤正在营中闭目静坐，手中转动着一对核桃，突然听见帐外喊声大作，纳速剌丁急匆匆来报说是马速忽带领"回回营"进攻寨门。

赛典赤大惊失色，急令纳速剌丁鸣金收兵。

爱鲁带着马速忽急忙来见赛典赤。只见赛典赤一脸愠怒，当闻知伤了十余个兵士后更是勃然大怒，将手中转动的核桃猛然拍在桌上，核桃即刻碎裂成几瓣。他厉声叱责道："天子命我安抚云南，没有许可杀戮无辜。我与罗槃甸酋长相约停兵罢战，只是等待他思考几日。现今你无主将命而擅自攻寨，废盟在先陷我于不义。自古令行禁止，你违反军法当诛不赦！"

纳速剌丁见状，急忙说道："五弟远道押运粮草刚刚到来，不知实情……"

话未说完，只见赛典赤猛一拍桌案，断然呵斥道："好个纳速剌丁，你随军多年也不知道军中的规矩么，什么五弟不五弟，军中只有将帅，没有父子、兄弟！"

赛典赤是儿子们心中的楷模，从来待人接物总是敦厚温柔，尤其是对儿子们更是循循善诱，关爱有加，从不大声斥责。纳速剌丁从来没有见过父亲发过那么大的脾气，此时只得诺诺不语。

稍停，赛典赤转缓了口气，对纳速剌丁说："难道你忘记了《古兰经》的训诫：'当你们缔结盟约的时候，你们应当履行。你们既以真主为你们的保证者，则缔结盟约之后就不要违背誓言。真主的确知

道你们的行为。’”①

一旁的爱鲁还欲讲情：“大帅，五将军只是初犯……”

只见赛典赤毅然一挥手，厉声说道：“爱鲁将军休得多言，立即执行命令吧！”

爱鲁拱身、拱手唱喏：“末将遵命！”

罗槃寨南门前，五花大绑的马速忽跪在红土尘埃上，刀斧手持鬼头大刀准备行刑。

赛典赤立在马上高声说道：“罗槃寨主，恕赛典赤治军不严，管教无方，废盟在先，现将犯事之人处决赔罪，万望你我双方言归于好！”

罗槃酋长见此情景感慨万千，对左右人说：“赛平章铁面无私，宽仁如此，如果我们继续抗命不遵，天理难容啊！”于是扯着嗓门大声疾呼：“平章大人，刀下留人！我有话要说！”

随即命人迅速打开寨门，献上罗槃甸人口户籍册，跪迎赛典赤，口称：“小民愚钝，冒犯天威，望乞恕罪！”

赛典赤双手扶起罗槃酋长，说：“酋长深明大义何罪之有，只要服从省府调管，本平章仍然命你为土官知县管辖罗槃甸。”

罗槃酋长感激不尽，又说：“先前是我的手下寻衅滋事，而与少将军无关，还请平章大人饶恕于他。”

赛典赤说：“千里之堤毁于蚁穴，军纪疏漏，自毁三军。既然酋长讲情，马速忽死罪可免但活罪难脱！”

说罢招呼爱鲁：“将马速忽降职两级，当场重责三十军棍！”

这行刑的亲兵卫队乃是赛典赤自大都带到云南的嫡系人马，清一色的回回人。他们与五公子马速忽都是情同手足的好兄弟，平时里同吃一锅饭，一同操练，危急时刻马速忽总是身先士卒，如今要他们动

---

① 《古兰经》第十六章蜜蜂（奈哈勒）。

手杖责自己爱戴的少将军，如何下得了手？行刑队的亲兵们都杵着军棍，一个也不肯动手，第一次违反了他们统帅的命令。

赛典赤见状勃然大怒，大步流星走上前去夺过一名亲兵手中军棍，高高举起狠命打下去，接连打了三棍后，转身将军棍扔给纳速剌丁，大声说："给我接着打！"

纳速剌丁不敢违令，举起军棍"劈劈啪啪"一阵猛打，只打得马速忽战袍粉碎，皮开肉绽，顿时昏厥过去。

罗槃酋长也下令将带头滋事挑衅的小头目囚禁水牢一日，又将祖传的两瓶"百草疮金散"送给赛典赤，希望五公子尽早痊愈。

大军仍然驻扎罗槃城外，亦不进入寨中，秋毫无犯。

处理完军务大事，已是亥时。赛典赤趁着月色来到马速忽营帐，纳速剌丁在一旁掌灯，赛典赤亲自用百草疮金散为儿子疗伤。

马速忽经过此次磨难，深深牢记父亲的教诲，改变了鲁莽的性格，逐渐成熟，后历任云南宣慰使、云南诸路行中书省平章政事。此是后话。

翌日，临别时，赛典赤握着罗槃酋长的手说："眼下三月正值青黄不接之时，我将这刚运到的三百石军粮和二十斤盐巴留给你，助你等寨民渡过灾荒。"

罗槃酋长感激涕零，率众夷民恭敬送赛典赤回归省城。

罗槃甸土酋叛乱平息后，赛典赤派僚左郎中杨琏安抚罗槃甸以西的其余城寨，斡泥诸部闻风归顺。赛典赤以德抚民的做法收到了积极的效果，"由是西南诸吏翕然款附"。至元十三年，广南溪洞侬士贵及左江李维屏、右江岑从威等两千人归附；至元十五年，招降临安、白衣、和泥分地城寨一百零九所；威楚、金齿、罗罗分地城寨军民三万两千两百人，秃老蛮、高州、筠连州等城寨十九所；至元十六年，今贵州境内的八番、罗氏鬼国等归附，计洞寨一千六百二十六，户十万零一千一百六十八。"夷酋每来见，例有所献纳，赛典赤悉分

赐从官，或予给贫民，秋毫无所私；为酒食劳酋长，制衣冠袜履，易其卉服草履。酋皆感悦。”

据说，后来明朝开国皇帝太祖朱元璋命大臣宋濂编撰《元史》，在书中记有赛典赤德抚罗槃甸土酋的这段历史。当朱元璋读到此时，曾经作楹联一副称赞道：

罗槃甸抗命守孤城，谁能保黎民安危；

赛典赤宽厚行招抚，夷酋归附未用兵。

亦是一段历史佳话。

三

云南地处西南边陲与南部交趾国（今越南北部）、缅国（今缅甸）、南掌（今老挝）、暹罗（泰国旧称）四国接壤，[①]是大元朝西南的重要门户。交趾国、缅国两国不时与大元帝国发生一些摩擦与冲突。

交趾国王受阮丞相的挑唆，屡屡进犯云南麻栗坡县天保、河口县等地，抢夺牛马牲畜，霸占山林水源，杀戮无辜边民。一时间边关告急，朝廷责令云南行省平章赛典赤迅速解决此事。行省及地方的一些官员、将领也觉得忍无可忍。纷纷建言，希望赛典赤效仿当年兀良合台武力征讨交趾之举以示天威。

合议两日，大家七嘴八舌，议论纷纷，主战派逐渐占上风。爱鲁、纳速剌丁等一些武将甚至已经拟定好行军线路，张立道也参加了会议。

赛典赤是一个细察入微的人，见张立道第一天沉默不语，今日又在会堂闭目养神，还发出了轻微的鼾声。便问道：“显卿，显卿，大

① 当时云南与泰国接壤。

家都在讨论如何妥善解决交趾之事，你竟一言不发，高枕无忧，作壁上观，你有什么高见啊？”

张立道佯装睡眼蒙眬的样子。坐在一旁的爱鲁推了推他，轻声说：“显卿，平章大人问你话哩。”

张立道揉了揉眼睛，伸了个懒腰，打了个哈欠，慢腾腾地说：“哦，平章大人、各位大人，近日我得了一坛美酒，十年陈酿，昨日连夜品尝，至今还沉醉其中哩，失礼失礼！”一边说一边起身拱手作揖。

赛典赤笑了，说：“显卿啊，众所周知你和我一样都是滴酒不沾之人，若有美酒为何不与爱鲁将军分享分享啊。”

几句话说得在座的众人都哄堂大笑。

张立道说道：“其实解决交趾侵扰之事，平章大人早有定见，何须我老张多嘴多舌。”

两日来赛典赤只听大家议论并未说话，众人疑惑不解，都将眼光从张立道身上转向赛典赤。

赛典赤用手指了指张立道，说：“你既然知道我的想法，且说与众人知晓，看对还是错。”

张立道不慌不忙竟说出了一番道理：“既然平章大人吩咐，那就姑妄说之，姑且听之。显卿追随平章大人几年，已经领悟平章大人高瞻远瞩的思路，早已定下‘以德抚民、以法治民、以业富民、以教育民’的治滇方略。至于平交趾，我揣测大人之意是先礼后兵，以德抚为上。两日会议平章大人只是想多听一听诸位意见，左右权衡考量而已。”

赛典赤放下手中转动的一双核桃，轻轻鼓掌，说：“知我者显卿也！”

他接着说：“诸位，交趾虽然是小国，但却是我国邻邦，与我省山水相连，同饮一江水，一些夷民跨境而居，甚而互通婚姻。国家之间无论大小都应该睦邻相处，绝不可倚强凌弱，当然也不能以小撒泼，惹是生非。孙子兵法云‘兵者，国之大事，死生之地，存亡之

道，不可不察也。’两国因为某些原因发生矛盾或冲突乃是正常的事情，解决问题贸然用武，一则伤害两国情感，非长远之计；二则兴师动众靡费国家钱财，损伤国力；三则劳师远征士卒冒锋镝，不幸以无辜而死，我于心不忍。所以正如显卿所言，此次平息交趾之乱，我意对其晓之以理，以德扬威，不失我大国风范。”

众人齐声说：“平章大人心怀四海，忧国忧民，我等钦佩！”

赛典赤两手向下一摆，环顾一周，说道：“我的初衷虽然较好，只是可惜没有能人实施啊。”

赛典赤的这招激将法果然奏效。

赛典赤话音刚落，只见张立道大步走出座椅来到大堂中央立定，慷慨激昂地说：“平章大人此话差亦，休说我滇中无人，属下不才愿意前往交趾走一遭，愿凭张某三寸不烂之舌，平息此番风波！”

众人肃然起敬。

赛典赤说：“本平章就等你这句话哟。想那战国时期，张仪凭三寸不烂之舌，合纵连横分拒齐、楚、燕、韩、赵、魏诸国，而流芳百世。我知显卿博物通达，机敏善辩，不愧张仪之才。至元八年你曾出使交趾，宣示建立大元国号的诏书，熟悉那里的地理人文。本平章将向朝廷报奏，任命你为特使前往交趾国交涉。”

张立道拱手说道：“属下谨遵平章令，虽赴汤蹈火，定不辱使命！”

赛典赤说：“纳速剌丁听令，命你带领一千人马护送张立道大人过边境，尔后就地安营扎寨不得越境半步，静观事态，不得懈怠！”

纳速剌丁出列，拱手高声道：“末将遵命！”

接着赛典赤又命爱鲁领三千人马以为后援。

诸事安排停当，赛典赤立即报奏朝廷，忽必烈皇帝允准并赐张立道衣段、金鞍、弓矢，佩三珠虎符以壮其行。

四

张立道持大元朝使节符与五六个随从由鄯阐出发，五日后至交趾国。

交趾国王陈光昞借口生病，三日不见立道。

驿馆内，月光照射下香蕉树一片墨绿，四周寂静无声。张立道焦躁不安地在花园里来回踱步，他知道交趾国王是有意怠慢他这个使者，自己当着众人之面曾经向平章发下誓言，难道此次要无功而返吗？

这张立道虽然个子矮小，其貌不扬，但却机敏过人，思考一番后顿时心生一计。

他安排手下人到城南货栈，谎称阮丞相家人下了定金，高价采购大量金丝楠木，四下散布说阮丞相要向大元朝廷进贡金丝楠木。

第四日，张立道起了个大早并不洗漱，也不着特使正装，披头散发，身穿皂色长袍，足蹬一双木屐，斜挎一个麻布袋，手持一白布幡，上书："天下第一神医张"，只身一人来到王府前大声喊道："我乃天下第一神医，大王病入膏肓，若不见我必将命丧黄泉！"

交趾国王陈光昞命张立道入见。

张立道来到银安殿前，亦不行礼。国王随从厉声喝道："见了我家大王为何不行跪拜之礼！"

张立道不慌不忙地说："我乃天下第一神医，怎么能跪拜这将死之人？应该是上座之人有求于我才对啊！"

国王陈光昞望了一眼张立道，止住随从说："张先生别来无恙，我认识你啊，四年前你不是曾经来过我国吗？今次是否又将来说服本王归顺你大元啊？"

张立道摇摇头，说："非也，立道远道而来是专门为你治病。"

张立道要杀一杀眼前这位对手的傲气，不尊称他"王"和"您"。

国王陈光昞两手一摊说：“本王无疾，你看我这不是活得好好的吗？”

张立道说：“今交趾国大祸将至，王位难保，你整日忧心忡忡，印堂发暗，面色如菜，两眼呆滞，难道不是沉疴缠身吗？”

国王陈光昞将信将疑。

张立道侃侃而谈：“想我堂堂大元帝国雄踞天下，威震四海，普天之下近则缅国、南掌、暹罗，远则爪哇、琉球、日本、高丽等国都来朝贡。我圣明天子忽必烈对你们恩德甚厚，而你却趁我朝剿灭南宋无暇顾及南面边境之时，毁约废盟，三年来不曾朝贡，是不义也；你纵容部下侵入我国边地，烧杀抢掠，伤害边民，是不仁也；我今为大元特使，你当出城郭迎诏，却佯装患病拒我于门外，是无礼也。如此不仁不义无礼之举已经惹怒天廷，现云南行省平章赛典赤大人按朝廷昭示，命爱鲁将军领兵两万余准备出河口；又命少将军纳速剌丁领兵两万余准备出天保，两路出击指日之间大军将兵临城下，你的江山还坐得稳吗？”

张立道有意将二三千兵马夸大为四五万，以威慑交趾国王。

一番话说得国王陈光昞心惊肉跳，脊背嗖凉。

张立道进一步分析说：“我知道，你们自恃的是山海之险、瘴气弥漫之地。其实我云南与你交趾之人，习俗相同，武艺相等。爱鲁将军兼管的爨僰军善于山林游击作战，纳速剌丁率领的蒙古铁骑攻城略地，摧枯拉朽，你们能抵抗吗？你们如果战败，只能向南逃入海中，海岛之人则乘机向你们进攻，你们粮少兵寡不能支持，必然屈服。目前海上诸夷，之所以每年向你们朝拜纳贡，也是因为多年来有我大国作为你的坚强后盾啊。”

张立道接着说：“立道已经听说你国阮丞相不惜花重金大量采买金丝楠木，准备送往我国大都供修缮宫殿之用，其实你宠信之人早就暗通内地，只是你一个人还蒙在鼓里。一旦你我战事发生，你国中奸佞之人必然蛊惑人心，取而代之，到那时你陈氏的王位还保得住吗？”

张立道滔滔不绝的话语，像一团团崩裂的火山岩石，一阵阵猛击交趾国王陈光昞的心头，他的心理防线彻底崩溃了，双脚发软。

随从轻轻走上前来，悄悄向国王附耳低语。

张立道暗笑，心想一准是自己安排人冒名购买金丝楠木之事，已经传到了王宫里。

国王颤颤巍巍地离开座椅跪拜在张立道面前，泪流满面地说道：“公是大国的重臣，也是我们小国之师，今日公来必能救我，将如何教导于我？”

这时国王陈光昞放下了尊严，改口尊称张立道为“公”了。

张立道连忙将国王扶起。

国王陈光昞对随从呵斥道：“还愣着干什么！快快给上国公使看座、上茶！”

宾主坐定，张立道从随身的麻布袋中取出公文递给国王。

立道说：“我圣明天子忽必烈皇帝对你们恩德甚厚，平章赛典赤大人宅心仁厚，愿意与贵国礼尚往来，和睦相处，永结同心，世代相好。”

国王陈光昞向北方再拜，表示誓死不忘天子与平章赛典赤之恩德。

张立道说：“大王诚意悔过，实在是两国的大幸，立道愿意陪您前往云南与平章赛典赤大人签约盟誓。”

张立道此时也改口尊称对方“大王”“您”。

国王大喜，吩咐手下即刻准备成行之事。

行前国王设宴款待张立道，将一奇石与一盘金锭赠予立道。立道坚辞一物不受，笑着说：“立道本是贪食之人，大王今日能够赏赐一碗母鸡炖酸笋汤，我就心满意足了！”

五日之后，张立道陪交趾王亲至云南鄯阐，陈光昞向朝廷朝贡白象两头、孔雀十只、金丝楠木百余根。

赛典赤至鄯阐城郊迎之，待以宾礼，并与交趾王结为兄弟，交趾

王“遂乞永为藩臣”。忽必烈皇帝闻报大喜，赐交趾王陈光昞金印、金缕玉衣、翡翠碗。

张立道只身前往交趾化解两国矛盾，却引来了朝中之人的嫉妒和非议。他们向忽必烈举报说，张立道身为上朝特使，竟然在交趾王面前疯疯癫癫有失大国上邦礼仪，应该给予惩戒。

此事传到张立道耳里，不觉委屈万分，但有口难辩，越想越郁闷，走出家门来到街上买了一坛老酒，回家后独自一人狂饮三碗，原想借酒消愁，不想竟烂醉如泥。

赛典赤闻听有人诬陷张立道，急忙给忽必烈皇帝奏明情由：“显卿赤胆忠心，主动请缨，机敏尚变，洁身自好，出使交趾兵不血刃，化干戈为玉帛，居功至伟，望乞嘉奖。”

忽必烈接报后哈哈大笑：“赛典赤过于谨小慎微了，不过他却是爱惜人才的主官，朕岂不知显卿忠勇之士也！”

刘秉忠建议说：“陛下明察秋毫，赛典赤平章言之有理，那就请陛下下诏奖励张立道以正视听。”

忽必烈说：“仲晦啊，朕听说张立道最近喜欢上饮酒了，那就赐御酒两坛让他喝个够吧！”

君臣二人会心大笑。

自此张立道成了豪饮之人。

赛典赤采取以德报怨的方法，顺利地化解了与邻国的矛盾，对敢于武力侵犯云南的邻邦则坚决打击，维护了国家的主权。至元十四年，缅国蒲甘遣其将释多罗伯拥象骑数万，剽掠金齿南甸（今云南德宏一带），欲袭大理，赛典赤命万户忽都与总管段实领骑兵千人御之，出兵击退蒲甘军队，“自后蒲甘不敢犯金齿[①]”。

① 赵子元：《赛本章德政碑》。

第十六章　三市街邂逅段志明 北校场分配民屯田

一

忽必烈选择赛典赤为云南平章政事，并非心血来潮，除了两人之间的特殊关系之外，忽必烈看重的是赛典赤既有在朝廷中枢工作的经历，又有长期管理地方工作的丰富能力与政治经验，每到一地他都能理顺盘根错节的关系，并在短期内取得骄人的政绩，是他最放心、最信任的大臣之一。

早在至元元年（公元1263年），赛典赤出任陕西五路西蜀四川行中书省第一任平章政事，在官三年，增户9565、军12255、钞6225锭、屯田粮97021石，抑制买钞331锭，政绩卓著。因此中书省赏银5000两，仍命陕西五路四川行院大小官属并听节制。至元三年六月，戊寅，以陕西行省平章赛典赤等政事修治，赐银五千两。足见忽必烈对赛典赤主持地方工作业绩的首肯。

来到云南主政，担任行平章政事后，赛典赤知道，云南的情势与内地大相径庭。云南地处偏远的边疆，少数民族众多，高山大河纵横交错。大理、鄯阐附近农业生产比较先进些，但作物产量与内地相比仍然很低；其他大部分地区较之内地更为粗放落后，许多地区采用刀耕火种的原始方法，“无秔稻桑麻”。这个归化不久的地区百事待兴，当务之急是要解决民生问题。民以食为天，食以农为本，农以地为根。要想长治久安，使民众安居乐业，重中之重要解决民众赖以生

存的耕地问题和推广先进的农业技术。

历史上许多地区采取了“军屯”的方法，赛典赤结合云南的实际情况创造性地首先推广“民屯”的方法，先“民屯”后“军屯”，不与民争地，使耕者有其田，社会方能安稳。

二

这年春节将至，一日午后赛典赤与张立道、马速忽微服出了鄯阐南城门，来到三市街。刚刚下过一阵春雨，空气格外清新，三人边走边说，只听见前面十几步远处的街边传来一阵哭喊声，不知道发生了什么事情，三人急速向前。

只见有三四个汉子正在追赶一个蓬头垢面的女孩，这女孩慌不择路正好迎面撞上走在前面的马速忽，一不小心跌倒在地。马速忽正欲扶起那个女孩，两个凶神恶煞的汉子扑上来抓住女孩。正在这时，后面忽然跑过来一个年轻后生拉住一个汉子的衣袖，口中喊道：“不要伤害我妹妹！”

另一个汉子举手猛一拳将小伙子打倒在地，又欲抬脚踩踏。

马速忽见状不及细想，一个旱地拔葱，腾空旋起，飞起双腿正中两个凶汉面门，只听“扑通扑通”两声，两个壮汉仰面八叉地重重跌倒在青石板街上。

街上的行人眼见发生打斗迅速聚拢围观。

后面又有两个汉子拉着一条黑色大狗急匆匆赶来，见同伴受伤，便放开铁链一声呼哨，恶犬猛然纵身向马速忽飞扑过来……人群中发出一阵“哦！”的呼叫，都为马速忽担心……

一旁的赛典赤看得明白，不慌不忙，搓一搓手中核桃，右手轻轻一弹，瞬间一道白光不偏不倚正好击中恶犬两只眼睛中间的面门，恶犬一阵“嗷嗷”惨叫，从空中跌落下来，口角流血顿时毙命！人群中又发出一阵“哦！”“哦！”的呼叫声。

这黑狗并非普通的犬，这是产自迤西的哓狮狗[①]，亦称为藏獒，身高四尺，长七八尺，甚是凶猛，为南平王府专门饲养，以为看家护院。

四个汉子见王爷心爱的哓狮狗被打死，明白今天遇到了强手，吓得落荒而逃。

围观的人议论纷纷。

一个白胡须老人气愤地说：“王府的这帮狗腿子平时里狐假虎威，作恶多端，专门欺负我们老百姓！”

一个中年妇女啐了一口吐沫说：“这些混蛋狗仗人势，乡亲们敢怒不敢言，早就应该收拾收拾了！”

一个年轻人啧啧称赞：“这位公子和老伯侠肝义胆，身手不凡，终于为我们出了一口闷气！”

张立道收起手中纸扇，拱手说：“众位乡亲、众位乡亲，没事了、没事了，请大伙儿都散去吧！”

马速忽蹲下看那个已经被吓晕的女孩，只见她眉宇间有一颗红痣……

正在这时，一个老汉急匆匆拨开围观的人群，老汉哭喊道：“芳儿、芳儿，我的芳儿，你怎么了，你醒醒啊！”

年轻后生也不断地喊：“阿妹、阿妹！”

张立道略懂一些医道，立即蹲下用右手三指轻轻搭脉后，说：“老人家莫急，依脉象看，你家姑娘一是饥饿，二是刚才受了惊吓，一时昏厥过去。”说罢捋起袖子，用拇指掐住女孩人中，不一会儿女孩微微睁开眼睛缓过气来。

---

① 《滇海虞衡志校注》163页：“哓獅狗，出迤西。高四尺，甚猛捌，即西域旅底贡之獒也。滇人多畜之，锁于柱。”《尚书正义》中载“西方之戎，有国名旅者，遣献其大犬，其名曰獒。”见（汉）孔安国撰，（唐）孔颖达疏、廖名春等审定：《尚书正义》，北京大学出版社，2000年12月，386页。此狗即今天所说的藏獒。

老汉见女儿得救便纳头下跪，口称："三位恩公在上，请受段某一拜！"

年轻后生亦跟随老汉跪拜。

赛典赤、张立道连忙将两人扶起。

赛典赤见那老汉中等身材，约莫五十岁。便问道："老兄弟，你叫什么名字，何方人氏，刚才那伙人为何要强抢您的女儿？"

老汉两眼呆滞，叹了一口气说："免贵姓段，叫段志兴，原居大理凤仪。前些年随高氏镇守东都，后被阿术带领的元军打败便流落于中庆府，平日里靠租种平南王王府的田度日，怎奈租赋奇高，今年收成不好交不了田租，王府便要抢我小女抵租！"

云南行省治所迁移至鄯阐后不久，平南王王府也随之迁入。

年轻后生插嘴说："刚才在街口我父亲的腿就被那几个贼人打伤了。"

一旁的张立道说："段老爹，听口音您应该是白人吧？"

段志兴回说："这位先生说得不错，我们是白人。"

张立道在大理待过一段时间，所以识得白人的口音。

马速忽取出二两银子送给段志兴，说："大爹您不必着急，些许银两可聊救无米之苦。"

段志兴谢绝道："你我萍水相逢，怎么能无端接受你的馈赠？再说过得了此一时，明年又将如何啊？"

白人注重教育，段志兴在老家读过几年私塾，说起话来还有几分文绉绉的。

赛典赤心头一震，一来敬重段老汉的耿直，二来他说的话很有道理。不从根本上解决耕者有其田，降低田租税负的问题，众多的老百姓的生存便难以为继。

赛典赤请段志兴等三人来到旁边的一家赵记面店内，马速忽要来三碗热腾腾的牛肉面，三人狼吞虎咽吃了个精光。

赛典赤问道："老兄弟，像你们家这种情形在鄯阐大约有多少人家啊？"

段志兴说："大理白人随高氏从军滞留鄯阐的应该不少于千余户，四五千人，大多数都是无地之家，以佃农讨生，仅我们段姓在鄯阐就有十几家哩。"

赛典赤眉头一皱，轻轻地"哦"了一声。略为思索后问道："老兄弟，如若我能提供你一些田耕种，你觉得田租多少为好？"

段志兴打量了一下衣服简朴、和蔼可亲的赛典赤，满腹狐疑地问道："您是说能提供我田耕种？"

赛典赤微微地点点头。

段志兴看着眼前这位慈眉善目、年纪比自己稍大的人，心中还是有些怀疑，便问道："先生的田地在什么地方？有多少田籍？"

赛典赤笑呵呵地说："我的田就在这鄯阐坝子里，其他地方也还有一些，租给几千人应该是没有问题的。"

段志兴说："请问您是……"

马速忽见段志兴将信将疑，急于想表明身份让其放心，就说："这位就是平……"他刚想说这就是平章大人。

一旁的张立道生怕马速忽失言，便抢着说："哦，我们是从西北平遥而来，想在云南做一点租田的生意，这位是我们的章大掌柜。"

赛典赤心里一笑，好个机灵的张立道，巧妙地将"平章"两个字拆为"平（遥）"和"章（掌柜）"。他向段老汉拱手说："在下章思丁。"赛典赤也开了一个玩笑，把"赡"改口为"章"。

段志兴也拱手说："哦，章掌柜，失敬失敬。"

赛典赤："老兄弟，我们言归正传还是说说租赋的事吧。"

段志兴一副行家里手的样子，认真地说："这田与田却是大不一样，不知道章掌柜手中的田是哪一等啊？不同的田，租赋就不一样。"

赛典赤侃侃而谈："云南沟壑纵横，山高坡陡，田分为九等，滨

海之田，沟渠流通，如在水源凿地开沟，引水灌溉的称为‘渠田’；建闸筑堤，能抗旱溢洪的称为‘坝田’；山区依靠降雨才能播种的称为‘雷响田’；临近海边[①]开垦的称为‘海田’；利用小水塘灌溉的称为‘塘田’；没有种植的称为‘熟水田’；经过开垦、引水适宜种植稻谷的称为‘生水田’；只种杂粮，不能开发为水田的称为‘旱田’；依山开垦形如梯级的称为‘土田’或‘梯田’。[②]老兄弟，我说得对吗？”

段志兴拍手叫好：“哦耶耶，看不出来文质彬彬的章掌柜，却十分懂得农事啊。”

赛典赤接着说：“我在鄯阐坝子有一些渠田可以租赁给你。”

段志兴回说：“我一家四口人，如果能有五双田就能够养家活口了。”

当时云南对于田的计量采用“双”“乏”“已”“角”作为单位。据陶宗仪《辍耕录》记载，三人佃作，使用两头牛，犁一天为一双，以二乏为一已，四已为角，四角为双。一双约为中原地区的四亩。据李京《云南志略.白人风俗》，又有五亩为一双之定制。故段志兴将田亩数称为“双”。

赛典赤问道：“老兄弟，如若给你田耕种，一双田可以收获多少稻谷啊？”

段志兴对答：“大约可得稻谷八石。”

赛典赤又问：“那你觉得租赋几何？”

段志兴回说：“至于租赋嘛，可按原来王府的规定缴纳五成如何？”

赛典赤摇摇手说：“依我看你说的租赋太重了，农耕辛苦，不能

---

① 云南人称“湖泊”为“海”，或者“海子”。

② 当时将田与地统称为“田”。

亏待了农户，这样吧，租赋就以上缴二成为限。”

段志兴说：“哦哟哟，这么低的租赋，我段志兴活了五十多年第一次遇见天大的喜事，我们一家有救了！来来来，七斤、芳儿快来见过活菩萨！”

马速忽好奇地问道：“‘七斤’？老爹您家儿子的名字怎么叫得好生奇特。”

张立道接口说：“五公子，这是白人家的习俗，有父母给小孩取乳名，以出生时的体重为名，如果我没有猜错，这个小伙子啊，刚出生时是个胖娃娃哩！”

段志明说：“这位先生说得对，我们白人家取名字十分讲究，按照习俗，有的人以排行为名；有的人请算命先生推算后根据金木水火土五行中缺什么，就以什么命名；有的人以出生时体重为名，这个孩子出生时体重为七斤，所以他的乳名就叫‘七斤’。取大名则实行父子连名制，比如，昔日南诏王皮罗阁，其子接一个“阁”字，便取名‘阁罗凤’，阁罗凤之子便为“凤伽异”，如此等等。到了大理国时代，我们白人有了姓，我的名字中有一个‘明’字，儿子、女儿的名字也取了一个‘明’字。我这个儿子啊，大名叫段明礼，女儿呢，大名叫段明芳。”

他招呼道：“儿啊，快快见过恩公章大掌柜！”

段明礼、段明芳跪谢赛典赤。

赛典赤虚手一抬，示意二人起身，接着说：“先别言谢，仅有田尚不足以完成农事，还需要耕牛、农具、籽种等一应俱全，像你们这种赤贫之家怎能购买？我俩约定，我贷牛种、农具、籽种给你，收获之时可用牛、马、粮食赔偿或者折算为银子进行赔偿。”

此时围观的人越来越多，人们纷纷议论，看来这个章大掌柜是个

既善良又会做大生意，财大气粗、出手阔绰的大财主。

段志明激动得热泪盈眶，拍着脑门说：“我这不是在做梦吧？”

赛典赤握着他的手说：“老兄弟，别忘了下一个街子天请你到北郊的北校场来签订合约吧。”

段明礼兴高采烈地说：“章掌柜真是个大善人，赶快回家告诉母亲这个好消息！”

段志明瞪了他一眼说：“没有礼数，还没有谢过这两位呢。”

段明礼、段明芳兄妹向张立道、马速忽再次鞠躬行礼。

张立道还礼说：“无须多礼，无须多礼，哦，刚才没有来得及通报姓名，我叫李道，是章大掌柜的管账，这位是五公子。”张立道似真似假地将自己的名“立道”以谐音改为“李道”而隐去了“张”姓。

马速忽跟着还礼。

张立道对围观的人群大声说：“各位父老乡亲，我们章掌柜说了，需要田耕者都可以到北校场来签订合约！”

马速忽也喊道：“各位父老乡亲，请转告你们的亲朋好友，无田的农家都可以参加民屯！”

段志明拉着段明礼、段明芳向赛典赤、张立道、马速忽三人辞别，突然间段明芳转身跪在赛典赤面前，不停地用手比画着什么。

一旁的段志明上前，对赛典赤拱手说道：“恩公切莫见怪，我这个女儿自小聪明伶俐，只是四岁时高烧不退，我家穷困无钱医治故此失声，小女虽然失声但是尚能听懂别人言语。”

赛典赤、张立道、马速忽三人惊愕万分，原来眼前的姑娘竟是一个哑女！

段志明解释说：“小女刚才用手语表达，您是天下的大好人，希望您能够收她为义女！”

赛典赤双手扶起段明芳，哈哈大笑说：“哦、哦，我膝下五个男儿，就缺个女儿哟，这是真主给我的‘瑞子给’[1]啊。好、好、好，我就收下你这个女儿了！”转过身问段志明：“老兄弟，你意下如何啊？”

段志明拱手说：“承蒙章大哥抬爱，段某高攀了！”说毕欣喜落泪。

赛典赤握着段志明的手说：“好啊，老兄弟如今我们是一家人了，只是今日仓促，未曾给我的干女儿准备什么礼物，只好来日补上了！”

马速忽高兴地说：“哦，我有一个小妹妹了，明芳啊，过几天我带你去见见四个兄长。”

二

回到平章府，赛典赤命张立道撰写通告，明示无田农户四日以后齐聚北校场签约租田合约，又命马速忽带领一些兵士往四城门广为张贴。

四日后的辰时，鄯阐北郊荷叶山下，北校场内人头攒动，看了官府告示的上千民众怀着希望如期而至。

校场北端的点将台彩旗飘扬，牌坊的正中挂着两条红色绸带，中央缀着一大朵红艳艳的绸花，牌坊左右两旁挂着一副楹联，红底金字，隶书字样，刚劲有力，在霞光照耀下格外醒目。上联是：“三迤沃土汇千里江流扬九湖波浪”；下联是：“四方黎民植万倾良壤绣七彩云霞”这是张立道的手笔。

点将台上身着官服的赛典赤端坐桌前，爱鲁、张立道、纳速剌丁、哈散、忽辛、苫速丁兀默里、马速忽分别站列两旁。

一通响鼓之后，张立道来到台前清了清嗓子，朗声说道：“众位乡亲，今日乃大吉之日，民屯签约大会正式开始！恭请云南省平章政

① 瑞子给：好处、福气。

事赛典赤大人训导！”

人头攒动的场内顷刻鸦雀无声。

赛典赤离开座位移步向前，来至中央站定，深施一礼，开口说道“众位乡亲，承蒙皇恩，眷顾云南偏省，允我开辟民屯，使耕者有其田而安居乐业，以富民兴边。万望各位乡亲根据省府之规则和自家实情，选择可耕之田，勿误春耕时令，精心耕耘，勿负皇恩！”

人群中的段明芳眼尖，扯了扯父亲的衣袖，又用手比画，意思是说：“父亲、父亲，您看，这平章大人就是义父啊！”

段明礼也对母亲段杨氏说：“母亲，这个平章大人就是章掌柜啊！”

段志明揉了揉眼睛说：“莫不是我老眼昏花了吧？”

段明芳使劲比画：“不、不，他就是义父啊！就是救我们全家的恩人啊！”

正当段志明一家人惊异不已时，只听张立道说：“恭请中庆路达鲁花赤爱鲁宣布此次选择田地之规则。”

爱鲁手持文书大声宣布：“农户每家选派一人上台抽签选号后，顺序到右手边录事处选择地块，每户可以选择两次，若无异议则到左手边与劝农司签订租赁合约！”

宣布完毕，爱鲁命令士兵抬上一张长桌，上放三只木桶，每只木桶高约二尺，直径约尺余，里面装满编号的竹签。二通鼓响过，众人依次上台抽签，拿到签号的人欣喜万分，下台后的人哪里还顾得上秩序，你推我搡，纷纷涌向录事处选择地块。虽然劝农司在场内设置了十张桌子准备接待，但也挡不住汹涌的人流，几个年纪大的人被推倒在地。

纳速剌丁、哈散、忽辛、苫速丁兀默里、马速忽等人急得一边挥手，一边大喊：“众位乡亲，大家不要着急！不要着急！”任凭他们喊破嗓子，场内的人根本不听他的指挥，依旧乱成一片。

马速忽见状生怕误伤了民众，只好迅速调集四五十个军士维持秩序，逐渐恢复了平静。

只听见劝农司录事官员高声唱号："第一号，大麻苴村李金贵，坝田五双……第二号，沙朗村杨家宝，熟水田十双……第三号李老二……"

赛典赤带领五个儿子来到人群中，见段志明一家人正在兴高采烈地议论。赛典赤招手说："老兄弟，一家子在说什么呢？"

段明芳一边拉了拉父亲的衣袖，一边急忙上前一步给义父行礼。

赛典赤笑着说："芳儿一经梳妆竟变成了俊俏姑娘了！"虚手一抬算是还礼。

段志明、段杨氏、段明礼亦向赛典赤施礼。

赛典赤随即问道："老兄弟选中了何地啊？"

满脸红光的段志明拱手回道："托平章大人之福，我们段姓十几家选中了盘龙江畔南坝附近的十双渠田。"

赛典赤轻捋胡须，笑了，说："老兄弟果然好眼力，莫看眼下是块荒地，却是平整田畴，引水方便，一季下来保准你家满畈稻香哟！"

赛典赤接着又说："孩儿们快来见过段老爹。"

纳速剌丁、哈散、忽辛、苫速丁兀默里、马速忽齐刷刷给段志明行礼。

段志明咂咂嘴称赞道："哦哟哟，五位公子果然仪表堂堂，青年才俊！"转身对段明芳说："芳儿快来见过五位兄长！"

段明芳喜上眉梢，笑吟吟，略为弯膝，扭腰行礼。

赛典赤说："老兄弟，前日我曾经答应要给明芳女儿一份礼物，现在我就赠予你如何？"说毕借旁边录事官的桌子，在案头展开纸笺，提起狼毫饱蘸香墨，一挥而就，双手递上。

段志明双手接过一看，见是三个楷体大字："段家屯。"他心中

一热，热泪盈眶，即刻双膝落地，一拜到底，口称："纸墨留香，感谢平章大人为我段氏家族宅基定名！我等一定不忘大人恩泽！"

赛典赤扶起段志明。

这时罗老幺跑过来凑热闹，嚷着说："如今我也得到了十双田，还请张大人为我彝家人提名！"

张立道欣然命笔，赫然写下"罗家村"三个大字。

一个时辰后，众人选择田块完毕，三通鼓响后，张立道宣布："诸位乡亲，尚未选中田块的农家，日后还可到劝农司商谈续签。今天租田签约大会结束！"

全场鼓声擂动，欢呼声响彻云霄，段志明、段杨氏、段明礼、罗老幺并众人振臂高呼："赛典赤！赛典赤！赛典赤！"

赛典赤拱手向四周频频还礼。

至元十一年（公元1274年），赛典赤命爱鲁、张立道和马速忽三人组织人手仔细调查中庆版籍，把行省圈占的一部分土地和原来大理国高氏名下的万余户地籍收为官有，将其中的四千余户地籍约一万七千二十二双（约七万亩），分给无地的农民屯田，共设民屯八处。后来又将中庆路的经验推广到威楚、大理、金齿、永昌、鹤庆、中庆、曲靖、澂江、仁德、临安、建昌、会川、德昌等地。行省专门设置劝农官统辖农事，赛典赤下令设立义仓，贷给屯民优良种子、耕牛、农具等必需物品，制定了租赋约为原来租赋的五分之一，并可根据各地具体情况折合金银、马牛缴纳。

云南的军屯在赛典赤去世后也逐步开展。据《元史·兵志》记载，云南屯田达六万七千五百六十七双又一千两百五十顷，其中民屯约占三分之二，军屯约占三分之一。

民屯制的实施，使无地农民耕者有其田，减轻了农民的负担，极大地促进了云南农业生产的发展，稳定了社会。据史载，至泰定之初

（公元1324年），云南省岁入粮数为二十七万七千七百一十九石，多于四川省的一十一万六千五百七十四石，辽阳省的七万二千六十六石，甘肃省的六万五百八十六石，陕西省的二十二万九千二十三石，成为名副其实的边陲江南。

第十七章　中秋夜做客段家屯 白家女巧烹三道茶

一

这年云南全省风调雨顺，秋天，五谷丰稔，稻、麦、粱、豆喜获丰收。

行省平章府内，赛典赤正闭目静坐，仔细听取劝农使张立道的禀报。

张立道手中拿着各地的呈报，抑制不住内心的激动，朗声读道：“宜良州盛产茴香谷、麻丝谷以及大白谷、小白谷、麦芒落子谷、羊毛谷、柳条谷。嵩明州产金裹银谷、黄练。易门县产线谷、红脚谷、连秸谷。新平有白糯米。元江有紫糯米、扁糯米、香谷米。丽江府在平地种植豆、麦，山地种植荞稗，稻有红、白、黑三种。大理路的长穗谷更为奇特，每穗竟长二百八十粒，颗颗饱满。此外，昆明县……”

正在这时马速忽进来禀报，说是段志明求见。

赛典赤止住张立道，对马速忽说：“快快有请！”

段志明入内拱手，说：“见过平章大人，张大人。”

马速忽为段志明沏了一杯茶。

张立道说：“段老爹，您来得正好，今年段家屯收成如何？”

张立道是个精细之人，他想听一听真实的情况，看看手下的人是否弄虚作假。

段志明喝了一口茶，狡黠地眨眨眼，卖了个关子，神秘地说："张大人啊，这昆明坝子就在省府脚下，您一抬腿出城一转不就一目了然了吗，何须老汉多说？"

赛典赤接过段志明的话头，说："老兄弟说得对，显卿啊，明日我们就出城亲自实地考察一番，你看如何？"

段志明说："平章大人，再过五日就是中秋佳节，老汉今天来就是受乡亲们的委托，邀请平章大人、爱鲁将军、张大人及诸位公子到敝村，一来看看庄稼收成，二来共度中秋节与民同乐！"

赛典赤拍案，说："哦，好啊，老兄弟就依你了。"

段志明拱手说："两位日理万机，段某不打扰大人公干，就此告辞。"

赛典赤亦拱手，说道："显卿，请代我送客。"

张立道将段志明送出门外，对他悄悄耳语："段老爹您知道平章大人是'回回'，你安排的饮食一定要清淡些。"

段志明轻轻回说："这个我晓得了。"

转眼就到了八月十五。

这天赛典赤做完"撇申目"（晌拜），爱鲁、张立道、纳速剌丁、哈散、忽辛、苫速丁兀默里、马速忽等人早已在院内等候，一行马队出了小东门，过敷润堡沿着碧绿的盘龙江缓缓而行。

昆明坝子秋高气爽，湛蓝的天空蓝得那么纯洁，蓝得使人心醉，蓝天上缀着的片片白云悠闲恬淡，白得令人遐想。立在马上的赛典赤举目四望，只见沿河两岸一望无际的田野稻谷低垂，微风吹过荡漾起层层金浪，空气中散发着沁人心脾的稻谷清香。蓝天、白云、碧水、金稻编织成一幅美丽的图画，宛若人间仙境。

一行人过云津桥，一路上指指点点，谈笑风生。半个时辰后，走在最前面的纳速剌丁用马鞭遥指前方说："父亲，路边那七八个人

中，为首的不就是段老爹吗？”

那边段志明手搭凉棚也看清了来人。

赛典赤拍马来到人群面前利索下马，段志明接过缰绳。爱鲁、张立道等人也纷纷下马。

段志明拱手道：“小民段志明恭迎平章大人！见过爱鲁大人、张大人，见过诸位公子！”

赛典赤虚手一抬，说：“倒让老兄弟、众乡亲久等了！”

张立道送上用红纸包装的五斤红糖、两篓茶叶，说道：“这是平章大人送给你家的中秋节贺礼。”

段志明拱手谢过，说了声：“诸位大人请！”便在前边引路。

众人走了约莫十几步，张立道用手中纸扇指着村口的一块松木牌说：“平章大人，那不是您的手笔么？”

赛典赤顺眼看去只见木牌上赫然三个大字：“段家屯”。正是自己那日在北校场为段志明所题，心想这段志明倒是个有心人。口中却说：“三个歪瓜裂枣立在这里也不怕人指手画脚？”

段志明说：“平章大人莫要过谦，此乃我段氏门中永久传世之宝哟！”

平畴的田坝里，有几丘田已经收割完毕留下了一片稻茬，来不及搬运的稻谷被整齐地堆码成垛，错落有致地立在空旷的田野，像一座座小小的谷仓。

段志明引领众人来到一丘齐腰深的稻田里，顺手随意摘了一穗稻子递给赛典赤，说：“大人您看，这稻谷颗颗饱满，粒粒结实，每穗竟长了二百余粒，我耪田[①]二十多年从未见过这么好的稻子！”

赛典赤摘下几粒稻子在手中轻轻搓揉，然后取了几粒放在口中慢慢咀嚼品味，连声夸赞道：“好香，好甜！”

---

① 云南人称种田为“耪田”。

一旁的马速忽好奇地问道："段老爹，如此良种从何而来？"

段志明说："这还要感谢张大人哟，春耕时节立道大人给我们免费发放大白谷稻种，这大半年间里张大人可没有少跑我们段家屯。他还从蜀中请来庄稼里手，教我们育秧、中耕、施肥终于获得丰收啊！"说罢向张立道长鞠一揖。

张立道将手中的纸扇合拢，谦虚地说："且慢，且慢，要说感谢啊，那要谢平章大人啊。一是扶持农户乃是大人的指示，是我劝农使之本职事务；二是买良种的钱是平章大人拨付的，我老张可是分文未掏哟！"

众人皆乐。

赛典赤关切地问："老兄弟，你估计今年收成如何？"

段志明喜得眉飞色舞，回说："前几天初次开镰一双田竟收得十石哟，比以前多了二成！我算计着用两成缴了官租，留下三成作为籽种与口粮，还有五成可以拿到街子上出卖。"

说话间红日西坠，段志明邀请客人回村用饭。

二

回村路上大家有说有笑，只有张立道落在后面。段志明回头招呼道："张大人辛苦了一天，肚子该闹空城计了吧！"

远处的张立道蹲在地下喊道："段老爹你且返回！"

段志明以为张立道崴了脚急忙往回，众人也跟着返回。

来到张立道面前，只见他用一根树枝在拨弄地上的四五条青白色的蚕。

张立道对段志明说："段老爹，蚕不能像这样放养在桑树上，一阵风雨，蚕就会散落掉在地上。四川成都等地都是家养，每日需喂两次新鲜桑叶，这样产茧高、收入高，收利可达十倍。待过了中秋，我

从成都请几位能人来指导指导！”

段志明拱手致谢道：“如此有劳张大人了！”

众人都夸张立道留心留意。马速忽打趣地说：“我早已腹中空空，着急走路不知道踩死了几只蚕宝宝哩！”

这时众人听见一阵“咩咩咩”的叫声，回头一看，见是段明礼手执鞭子，赶着七八只山羊从另一条岔路上走过来。

马速忽凑上前来说：“段兄弟，今晚可是有清汤羊肉吃啊？”

段明礼笑着说：“五哥，这几只山羊大多数是母羊留着产仔哩，待明年我养一大群羊让你吃个够！”

众人边说边笑来到段志明家前。

段志明的家，院门面朝东北[①]。推开柴扉进入院内，赛典赤仔细观看，院子不大，只有三间低矮的草屋，右边一个简易的草棚便是厨房了，一个妇人正在忙着做饭，看背影应该是段杨氏。左边是一排畜圈，一头水牛在低头吃草，旁边的栅栏用来关养山羊。院子中央有一个直径约丈余的石盘，上边是一个石碾子。

段志明掰着手指头说：“建房、买牛羊、置农具的钱都是向劝农司所借贷，待过了中秋节卖了粮食即可以还清贷款，如果还有结余，我筹划要建盖一院有一个照壁的大瓦房哩。”

赛典赤既感觉欣慰，又觉得心酸，不禁停止了手中的摇扇。问：“为何不见明芳？”

段志明“哦”了一声说：“这个丫头可能在屋里专心刺绣呢，客人来了也不出来迎接！”说完欲往堂屋旁边的草屋走去。

赛典赤摆摆手说：“莫要打搅她，让我去看一看。”

张立道也跟了进去。

屋内段明芳正聚精会神飞针走线。

---

① 白族房屋的大门一般朝向东北方，很少朝南开。

赛典赤轻轻走近，借着屋外的夕阳余光看见在两尺见方的白色丝绸衬底上，几片绿叶护着一朵红艳艳的牡丹花，红花绿叶色彩搭配得当，栩栩如生，牡丹花的旁边还有一只昂首长鸣的大红公鸡，不觉脱口赞道："好一个富贵牡丹、雄鸡报晓！"

段明芳扭身一看，急忙放下手中绣针跪拜。

段志明说："明芳是个懂事的孩子，这几日白日里忙着在田里抢秋收，收工回来又忙着绣工，想着下个街子天换些工钱添补家用。"

赛典赤又一阵心酸，连忙扶起段明芳，夸赞道："好懂事的乖乖女儿啊！刚才是义父惊扰你了。"

早在唐朝太和五年（公元831年），南诏蒙氏攻取属于唐帝国的邛、戎、嶲三州，攻陷成都后，曾经劫掠女绣工数万人南归大理，云南有纂组文绣自此开始。

赛典赤用手轻轻抚摸锦绣，像在欣赏一件珍贵的艺术品："我在大理一年余，曾经走村入寨，对刺绣耳闻目睹。早在唐朝时期，大理的乡村寨就盛行刺绣之风，白族刺绣讲究色彩搭配，艳而不俗，其针法分为盘绣、平绣、插绣和十字绣等，却是有蜀绣遗风。这幅牡丹图，运针细密均匀，疏密得当，融叠自然，平整流畅，真可谓以假乱真，明芳采用的应该是平绣，可与苏绣、湘绣、粤绣媲美。"

段明芳微微点头，用手比画道："义父博学广见，只是谬奖明芳了，我自幼跟随阿妈练习，只是还显粗糙呢。"

段志明叹了口气，说："近几年她阿妈的身体不好眼睛有疾，而今只能靠明芳了。"

段明芳对赛典赤手语："恳请义父为这幅刺绣题个字，我临摹之后一定会卖个好价钱。"

段志明取了纸笔，赛典赤刚要落笔又停住，问道："什么字体好看啊？"

张立道插嘴说："属下以为隶书起落圆润，刚劲醒目，且又利于

运针。”

赛典赤笑呵呵地说：“还是显卿说得好。”说罢提笔一挥写下“富贵花开”四个大字。他期盼农户们能够家家勤劳致富，人人过上好日子。

张立道、段志明二人齐声说：“好个富贵花开！”

段明芳高兴地谢过赛典赤。

这时段明礼跑进来喊道：“饭菜都凉了，请平章大人、张大人入席吧！”

一轮淡黄的月亮从东面冉冉升起，一张简易的木桌上摆放着煮熟的花生、毛豆角、菱角，一盘素炒海菜①、一盘素炒白菜，一个大青瓷盘子里盛着一些麦饼。

段志明、段杨氏口中只是招呼客人吃菜，不敢往他们碗里夹菜，怕坏了“回回人”的规矩。

还是段明礼机灵，他端起麦饼送到客人面前说：“这麦饼啊，是我们白人的特色食品，叫作喜洲粑粑。芯子是用蜂蜜、红糖和捣碎的花生米混合而成，外酥内甜可好吃了，各位请尝一尝。”

赛典赤接过粑粑掰了一块放在口中细细品味。

苫速丁兀默里咬了一口，含混地说：“这喜洲粑粑果然香脆可口，比我们的馕好吃多了。”一口气竟接连吃了三个。

一炷香时间后，眼见客人们停下筷子，段杨氏、段明礼、段明芳忙着收拾碗筷。

段志明对客人们抱歉地说：“俗话说‘无酒不成宴’，当此中秋佳节本应畅饮一番，才能表达我们一家的诚意。只是平章大人及诸公子墨守教规，却是不能违规，小民有个不情之请，愿以茶代酒略表感谢之情。”

---

① 海菜：滇池里的一种水草，可食用。

赛典赤拱手说：“恭敬不如从命，只是又劳烦老兄弟了。”

段志明招呼段明礼、段明芳，说：“礼儿、芳儿快快看茶！”

段明礼搬来一个铁制的三脚架，从灶洞内取来燃烧的火炭，段明芳从屋内拿来一个小土罐和三个碟子。一个碟子盛着一陀茶叶，一个碟子盛着红糖、削成薄片的核桃仁、切成细丝的乳扇，一个碟子盛着蜂蜜、花椒、姜片、桂皮末和花椒。

一旁观看的张立道说：“喔，段老爹是要为我们做白人的‘三道茶’哩，这可是招待贵宾的最高礼遇。”

三道茶是白人一种古老的品茶艺术，起源于公元八世纪南诏时期，传承至今已有千余年历史。唐樊绰记《蛮书》记载，早在南诏时期，白人的先民就有“以椒姜桂和烹而饮之”的饮茶习惯。明朝大旅行家徐霞客到大理，曾被宾川鸡足山僧人以三道茶招待，他在游记中有“注茶为玩，初清茶，中盐茶，次蜜茶。”的记述。

只见段明礼将小土罐放在炭火上慢慢均匀烤热，加入清水反复两次清洗之后又将土罐烤干，然后掰开茶陀，将茶叶放入瓦罐中在炭火上用左手边烘烤边抖动。约莫抖动了百余下，看到茶叶微黄，闻到散发出的阵阵香味，即用右手提起铜壶中的沸水冲入茶罐，顿时发出隆隆响声，犹如响雷。

段明礼首先将第一杯浓酽的茶双手齐眉敬给赛典赤，按照白人的风俗，赛典赤接茶后说了声“挪卫你①”，又转敬主人段志明。然后段明礼对在座的爱鲁、张立道、纳速剌丁、哈散、忽辛、苫速丁兀默里、马速忽等客人一一央敬。

马速忽举起洁白精致的瓷盅一口喝完，皱着眉头连声说：“好苦，好苦！”

一旁的段明芳笑了，手语道：“五哥，这是头道茶有些香苦。”

---

① 白族方言，即“谢谢”。

又对段明礼比画：“阿哥，这第二、第三道茶还是我来做吧。”

只见段明芳一双纤细之手将少许薄片核桃仁、细丝乳扇、红糖，灵巧地放在瓷盅里，然后冲上滚烫的茶水央敬客人。她问马速忽：“五哥，这二道甜茶味道如何啊？”

马速忽放下茶盅，赞不绝口：“老茶浓郁、核桃清香、乳扇酥软、红糖甘甜，真正天下第一饮品！给你五哥再来一盅！”惹得众人大笑。

纳速剌丁问道：“阿妹，这第三道茶又是如何做法？”

段明礼替妹妹回说：“大哥，这第三道茶叫作‘回味茶’，是用蜂蜜，加上花椒、姜片、桂皮末，冲上沸水调制而成，喝上一口，甜麻香辣，回味久长。我们白语‘辣’与‘亲’‘麻’及‘富’同音，茶中放入花椒、姜片、桂皮，其中蕴含着的深意您自己体验好了。”

赛典赤酌了一口回味茶，一捋胡须，感慨道：“三道茶，头苦二甜三回味，寓意着有苦才有甜，先苦后甜的哲理，屯田的民众今天的劳苦必定换来明天丰收的甘甜啊！”

张立道起身，拱手说：“段老爹，感谢您家盛情款待，时间已晚，待明年中秋节我们再来祝贺！”

众人说话间，月亮不知不觉地变成了一个悬在晴空中的银盘，显得格外深邃空灵。

赛典赤等人辞别段志明一家，一行人离开段家屯，趁着明亮月色返回城中。

第十八章　众乡民困苦中统钞　赛典赤死谏叭盐币

一

至元十三年（公元1276年）春。

这一年，段志明家的十双田喜获丰收。段志明准备用两成交纳官府的田租、购买籽种和耕牛的贷款，留下三成作为籽种和一家人的口粮后，余下的全部送到街子上出卖。段志明用所得收入，翻新了茅草屋，购置了铁犁，又买了十几只山羊，眼见日子一天天好起来，心里别提多高兴了。

转眼快到春节，全家人忙着采买年货，杀鸡宰羊，扫除旧尘，准备好好地过一个丰收后的春节。

这日，段志明起了个大早，打扫完院子和房屋，恭恭敬敬地将赛典赤的牌位作为本主供奉在供桌上，点燃三炷清香虔诚敬献。刚一转身，就听见“咚咚咚”的脚步声，段明礼从院子大门口急匆匆跑了进来。

段志明迎上前去见段明礼衣服不整、大汗淋漓，便奇怪地问道：“七斤，为何如此匆忙？早上不是让你去交官府的田租和贷款吗？”

这是屯民们第一次向省府缴纳田租和贷款。

段明礼将手中的两个麻布袋子丢在地上，气冲冲地说：“官府的那些人太可恶了，我们按时去缴纳田租和贷款，他们却硬要逼着我们交元宝钞。说这些‘叭子’和‘盐块’不能作为货币。许多寨子的乡亲都与他们争吵，官府就派兵士驱赶老百姓，推搡中有的人还被打伤

了，许多乡亲商量邀约更多的人，明天还要到平章衙门交涉。”

段志明原本想热热闹闹地过一个春节，此时，兴高采烈的心情却被蒙上了一层阴影。他问道：“赛典赤大人知道这件事吗？”

“听说最近缅国有进犯边境的动向，平章大人与张立道大人、大公子去永昌州了。”段明礼回答。

段志明叹了口气，说：“你赶快告诉乡亲们，切不可轻举妄动招惹事端，看来此事只能等待赛典赤大人回来明断了。”

赛典赤闻知鄯阐发生的事故后，急速返回省城，当天晚上在平章府衙紧急召见了百姓代表。

书房内，赛典赤让七位代表就座，并亲自为他们沏上茶水，而后问道：“请诸位具体说说缴纳田租和贷款的情况。”

领头的段志明拱手后，将随身带来的一袋叭子和两块盐放在桌上，说：“平章大人，大元统一云南之前，最初我们民众是采用以货易货的交换方式，后来用‘叭子’和‘盐块’作为货币使用，在滇南的车里地区（今西双版纳地区）还有用如半卵状的铜贝作为货币，我们卖粮食换来的这些‘叭子’和‘盐块’怎么现在就不能抵交官府的田租和贷款呢？”

其他几位代表也纷纷附和。

有的人说：“如若‘叭子’和‘盐块’不能作为货币在市场上流通，我们手中的这些‘叭子’和‘盐块’岂不成为一堆废物了吗？”

有的人说：“官府只收金、银和交钞，我们去那里找啊！”

有的人说：“我们居住山区不识交钞，万一换得的是假钞，被官府查获不仅是倾家荡产，而且还要吃官司啊！”

赛典赤听后拧起了双眉，他平时走村串寨也看见老百姓使用“叭币”和“盐币”，知道是民间私下交易，而今却是要用它们抵交官租、官税，进入正式流通领域，这便与朝廷的币制发生冲突啊。

赛典赤走到段志明跟前，右手抓起两三个“叭子”，左手拿起一块“盐块”，向一旁的张立道问道：“显卿啊，你久居云南，深知民俗民情，这‘叭币’和‘盐币’是怎么回事啊？你倒详细说说。”

张立道接过赛典赤手中的“叭子”和“盐块”，回说：“平章大人，‘叭’是产自天竺的一种白色贝壳。云南的乡亲们长期用此两物作为货币使用。”

接着他又说道：“至于说到盐，大人知道浙江、福建、辽阳等沿海地区是以海水晒盐，产量极大，流通方便。而云南只有黑井、磨黑、姚州、建昌①等地盐民凿山洞取卤，再用柴薪烤熬制为岩盐。盐在我省却是稀缺之物，许多边远山寨的民众因为少盐缺碘而患上大脖子病，是民众不可或缺的日常用品，所以各地都把盐作为货币。据我所知在与我省较近的缅国掸邦以盐币做交易亦颇为风行。”

赛典赤听后又问道：“那么这个‘盐币’是怎么制作，又怎么规定它的价值呢？”

张立道回说：“我曾经去黑井看过盐块制作现场，通常是盐丁将盐水放在锅釜中煮沸浓缩，一个时辰后便成盐泥。然后再将半干半稀的盐泥放入木模中制成上凸下平的盐块，而后放在火炉内烘烤脱水。最后成为干硬的盐块，每块约重六两。盐块上盖有某地酋长或官吏的印记。在坝子里一般每八十盐块值金一萨觉，如果是在僻野的山寨，则四五十盐块可值金一萨觉。民众把碎盐用于日常生活，而把盐块作为货币。”

赛典赤眉头紧锁，“哦”了一声，转向段志明等人殷切说道：“劳累各位深夜到此告知实情，此事事关朝廷钞法，又关乎百姓生计，请各位乡亲转回，目前可暂缓收缴田租和农贷，待我与立道等人商议并报奏朝廷后再行决断。”

段志明等人拱手退出。

---

① 现今四川省盐源县，元朝时建昌归云南管辖。

二

送走了段志明等人，赛典赤心绪不宁，久久不能入睡。他索性起床披上外衣，轻轻推开房门漫步来到院内。抬头只见天空一片黯黑，环视四周冷清寂簌，伸手不见五指。大槐树在黑夜里影影绰绰，一丝寒风扑面而来，从他的发间掠过。初春的寒意沁透了全身，赛典赤陷入了沉思。

他遇到了一生中最大的难题，历史将他再一次推倒了风口浪尖之上。

为了适应商品交换，加强财政统一管理，元朝建立了世界上最早的完全的纸币流通制度，是中国历史上第一个完全以纸币作为流通货币的朝代。赛典赤正是大元帝国纸币流通制度的策划者之一。早在中统三年，壬申，忽必烈命户部尚书刘肃专职钞法，并命自己兼领。他深知统一税收和货币是国家统一管理经济的重要制度。忽必烈颁行通货政策，严格规定商品交易必须以中统钞为准，违者治罪至死。记得中统四年五月，捕猎户达鲁花赤因伪造钱钞而被处死。但是面对的现实是自从实行钞法以后，云南的民众觉得新钞难以识别和计算，使用十分不方便。国家严厉的法令与民众的实际需求产生了严重的矛盾和冲突。如果自己严格按照朝廷的钞法律例执行，虽然保全了自身，但是却坑害了老百姓。如果违背朝廷的钞法，在云南强行使用“叭币”和“盐币”，皇上身边的那些多嘴多舌的御史就会飞短流长，将会以此为口实，定你一个目无法纪，挑战王权，妄图建立独立王国之罪，轻则流放大漠，重则处死。想当初，自己在参与制定钞法的时候，曾经踌躇满志，自以为天衣无缝，可保天下货物流通，平抑物价，殊不知泱泱中华，地大广博，民族众多，习俗各异，经济发展不平衡，短时期内要一统币制尚难以实现啊。

赛典赤一时陷入了进退两难的境地。此时，他想到了滞留在大都的母亲必比哈和夫人啊沙塔里酥。

当初忽必烈任命自己为云南平章政事，曾经许诺一定会优待留守在大都的母亲和夫人，使他无后顾之忧。当时看来似乎是皇帝对自己的一种关切与爱护，现在回想起来事情并没有那么简单。

中统三年（公元1262年），忽必烈处决了由他亲自提拔任命的首任中书平章政事汉族人王文统和江淮大都督李檀，自此以后他对周围的重臣增加了疑虑，明里暗里采取了许多方法和手段制约、监视大臣们的言行举止，削弱他们手中的权力。赛典赤越想越觉得后怕，一种不祥之兆涌上心头。莫非皇上不让母亲、夫人与自己一同前往云南，是将她们扣留作为人质？万一自己在边陲云南有越轨行为，就可以此为威胁？还有南平王脱忽鲁，也是皇上刻意安排在自己身边的一个耳目，无时无刻不在监视着自己的一举一动。不，那不仅仅是皇上的坐探，而是一支锋利的暗箭，只要自己稍有异动，这支引弓待发的暗箭随时随地都可以射向自己和五个儿子。伴君如伴虎，宦海凶险呐，皇上啊，你真是一个捕猎高手啊，偌大一个国家一切都尽在你的掌控之中！

赛典赤心中十分后悔，当初就不应该答应皇上到这个盘根错节、充满泥潭沼泽的云南来。凭自己的本事与能力当个京官，一来尽王事，二来孝敬母亲，含饴弄孙，享天伦之乐岂不快哉。他抬头望了望眼前一片苍茫的黑幕，感觉到了前所未有的孤独、痛楚、失望与无助。一片苦衷与无奈向谁诉说？真主啊，您在哪儿啊？

鄯阐坝子气候温润，四季如春，少有雨雪。可是这会儿，天空中飘飘扬扬撒下了鱼鳞般细碎的雪花，斑斑驳驳，仿佛是漫天的白色盐末，又仿佛是一片片白色的贝壳，一会儿冉冉而落，一会儿斜斜而去，一会儿盘旋飞舞，在眼前晃动。冰凉的雪花飘落在赛典赤的脸颊上，他不禁拢了拢身上的衣服。这件长袍是母亲为他亲手缝制，他想起了母亲，平时她老人家对自己“慈范有严，垂训在彝

章”[①]。想着，想着，不禁想起了离开大都前的那个夜晚。

“儿啊，你又要走了。”母亲必比哈轻声地说。她早已习惯自己的儿子为了国事常年在外四处奔波。

“是，大皇帝让我去西南赴任，孩儿走了以后希望母亲大人多多保重。”赛典赤毕恭毕敬地回道。

赛典赤的夫人啊沙塔里酥是个谨遵妇道，相夫教子的贤淑女人，此时站在一旁，眼里噙着泪花，并不多言。

母亲一边给赛典赤试穿长袍，一边说：“儿啊，北宋名将岳飞的母亲曾在他的背上刺下了四个字。”

“精忠报国。”赛典赤回应。

必比哈说：“今晚母亲也要送你四个字，但不是刺在背上，而是要你永远铭刻在心上。”

赛典赤整理好衣服跪在地上恭敬聆听。

母亲说：“你王命在身将远赴西南，望我儿谨记‘忠君爱民’啊。”

赛典赤的脑海定格在“忠君爱民”四个字上。“忠君”“爱民”能统一吗？

连年的战争使得百姓流离失所，苦不堪言，国家亟待结束战乱，民众期盼安居乐业。偌大个国家要实现一统，就要建立大一统的中央集权的体制，就必须有一个新的权威。所谓国君，君王就代表国家，君王的决断就是国家的最高意志。忽必烈皇帝就是当今的中兴之主，国家的象征。“忠君”就是爱国，“忠君”就要恪守朝廷的一切律法，严格执行朝廷定制的钞法，可是这便坑苦了云南的老百姓。倘若老百姓交不起税租，一些刁民趁机寻衅滋事，再出现第二个舍利畏煽动民众揭竿而起，边疆就将酿成大祸，刚刚恢复的稳定局面将毁于一

① 彝章，章程，伊斯兰教义。

旦！“爱民”是根本，所谓“皮之不存毛将焉附”。唐朝皇帝李世民时常警诫自己：民众如水，皇帝如舟，水能载舟，亦能覆舟。“爱民”就要根据云南的实际情况，替老百姓们说话谋利益，这便得罪了皇帝，得罪了朝廷，将背负一个逆君之罪，惹来杀身之祸……难啊，难，这将如何取舍啊！

张立道曾经向自己进言，如果一定要在云南推行“叭币”“盐币”，便由他向朝廷奏报，这样如果犯错，尚有回旋余地。张立道说，自己当年曾经冒死救过皇子，想必忽必烈皇帝会知恩图报，并不会加害自己。至少要由两人联名具报，可以减轻一些罪过。赛典赤知道张立道苦心孤诣，他要保护自己，不想让自己一个人承担这天大的责任。路遥知马力日久见人心，在危急关头方显人与人之间的真情。显卿啊，多么重义重情的朋友、兄弟啊！但是，自己是云南行省的主官，怎能趋利避凶，贪功诿责连累于你？

赛典赤把思绪拉回了眼前，在这片黑色与白色交叉混杂的银幕上，他仿佛看到了广袤的三迤大地，看到了自己巡查过的村村寨寨，看到了那些嗷嗷待哺的婴儿，那些衣不蔽体的失地民众，那些卖儿卖女无依无助的流民，那些缺医少药的兄弟姊妹。他想起了亚圣孟子的名言：“民为贵，社稷次之，君为轻”，居高位而不为民做主，无疑行尸走肉、尸位素餐。如果因为改革币制而获罪，罪在自己一人，即使前面是刀山火海也要闯，纵然是下地狱，自己也义无反顾！想到这里，赛典赤心中豁然开朗，眼前俨然是一片明媚的艳阳天。

转身回到屋内，做完净礼，洗净一切私心杂念与疑虑，换上洁白的长袍，戴上白帽，捧起双手，虔诚地做“霍虎坦”（宵拜），自我净化灵魂。

祈祷完毕，走进书房。手里一边研墨，脑袋里一边酝酿，字斟句酌。思索片刻，提起沉重的狼毫，力透纸背，冒着被治罪的风险将云南的实际情况和自己的建议，分别用蒙、汉两种文字写成奏章上奏朝

廷："哈剌章云南边陲地也，山路险远，民居分散，贸易与中州不同，民众对朝廷钞法不甚熟悉，臣希望朝廷能够尊重云南旧俗，建议允许交钞和'叭币''盐币'在云南边地公私通用，庶为民便。"奏章还附有一钱金值八十索，即一千六百枚"叭币""盐币"与中统钞、黄金折纳的详细规则。[①]

三

鸡叫头遍，窗棂透白。赛典赤终于完成了平生以来最艰难的一份奏折。他将文稿交给张立道，嘱其誊清后用云南行省信印，尽快上报朝廷。

张立道看完文稿后，感佩万分，眼泪几乎要掉落下来，跪下再三劝谏道："平章大人，兹事体大，莫如由属下具名签发。"

赛典赤不容张立道分辩，斩钉截铁地说："正因为此事涉及国家钞法，民生大计，责任重大，更应该由我全权负责！"

张立道无奈只得起身走了。

拜发奏章后赛典赤的心境平静了许多，他相信冥冥之中的真主一定会保佑他，相信大元皇帝忽必烈一定会明察秋毫，体恤民情，体谅他的一片苦心。因为自己所提的方案既没有破坏朝廷的钞法，又兼顾了云南民众的利益。他全身心地投入繁忙的政务，以此冲淡自己心中的烦绪。

一个月后，黄昏时分，赛典赤正在书房专心致志地查看云南矿产资源分布图，他已经在考虑下一步云南经济发展的方略。

只听见门外几声大喊："滇省有救了！我们滇省有救了！"人未到，声音却先传了进来。

① 元朝的政府公文一般使用蒙古字、回回字、汉字三种文字。

张立道跌跌撞撞地跑了进来，将手中文牍呈给赛典赤，上气不接下气地说："大……大人，您的奏章皇上准奏了！"

出乎意料，忽必烈竟然同意了赛典赤建设性的意见。于是"叭币"和"盐币"可以作为辅币货币在云南市场上流通使用。云南赋税按黄金计算，用贝折纳。金、银是高级通货，每金一钱值贝子二十索，每索贝八十枚。

此时此刻，赛典赤的内心兴奋异常，云南的老百姓有救了，云南的经济发展有出路、有希望了！他心中的一块石头落地了。他庆幸自己遇到了一位纳言善听的开明君主，庆幸自己渡过了人生中的又一道难关。他将手中的两个核桃轻轻地放在案桌上，像放下了滚烫的一双铁球。他感觉浑身像散了架一样，缓缓地向后一仰，躺坐在圈椅上。心中默念："真主保佑"，口中轻轻地说："皇上圣明啊。"

赛典赤不唯上，不畏王权，以民生为本，结合云南的实际情况，解决了中统钞与"叭币""盐币"在云南混合通行使用的棘手问题。

据《元史》记载，全国十个行省（含腹里地区）向朝廷上缴的酒课中，其中，九个行省都以中统钞锭上缴，仅有云南行省以"叭币"上缴叭二十万一千一百一十七索。

晋宁县《盘龙庵碑》对至正十五年到至正二十九年期间的田地交易活动有详细的记载：

> 至正十五年十二月，用价中统钞一十定（锭），买到禾田三角，每年税谷二斗五升……至正二十年十二月，用真钡三千五百索，买到禾地一双……至正二十九年，用价真钡一千六百卉，买到水田地三角……以上共用价钡一万七千五百索，买到田四双又十一角、又二己、又三乏。

以四亩一双计，盘龙庵购买的田，每亩约值钡六百五十索。[①]

云南的“盐币”一直沿用到民国时期。云南大学方国瑜教授在云南南部澜沧县拉祜族聚居地裸黑山，曾目睹了当时市场交易的情景：“1936年4月1日，自富永至蛮大寨。适值集市日期，凡交易先买盐块再以盐块议价购另物，每块横广才半，厚四分，凡30枚重1斤，现银一元（值大洋五角）易16枚。闻此俗在裸黑山各地通行。”盐块是普洱商人在磨黑盐井定做托运至此，按各地集市日期流动赶集，设摊于旁如通货发行局。而这种货币是日用生活必需品，得者随时食用，且不断发行，不至于通货膨胀。我国古代西藏把盐做成重半磅、带有君主印记的小饼，西藏商人带着它到山区部族或其他遥远的地方，交换黄金、麝香和其他工艺品。

元贞元年（公元1295年），意大利旅行家马可·波罗第一次来中国之后向威尼斯总督汇报时，还展示了盖有元世祖忽必烈印记的珍贵盐币。无独有偶，在古罗马，官府付给的报酬不是金银钱币而是盐。如果一个军士在执行任务中工作懈怠，就会被认为不配得到盐，在发饷时就要被扣掉“薪金”——盐。英语和法语里“薪金”一词，是由拉丁语“盐”字转化而来的。英国的米德维奇、柴郡等盐区的人们把薪金通称为盐。“不配得到盐”在英语中一直沿用到今天，指在工作中不称职的人。古代非洲埃塞俄比亚人就曾把盐作为货币。官吏每月领的工资，是方形的盐块，在市场上拿几个小盐块，就可以买一条大鱼。古埃及人将煎好的盐倒入特定的模型里，制成刻有特别印记的小盐块，就可以在市场上当钱币流通。公元六世纪时，在撒哈拉地区，摩尔商常以一盎司的盐交换同等重量的黄金，威尼斯商人最早贩运盐到君士坦丁堡去换香料。古希腊历史学家希罗多德曾这样描写过：

---

① 见方国瑜主编：《云南地方史》，云南广播电视大学，1983年12月。

“威尼斯光彩夺目的财宝，与其说来自香料的贸易，还不如说来自平凡的盐。”时至今日，在埃塞俄比亚的边远地区，十磅重面包状的盐块，仍作为货币使用。此是关于盐作为货币的趣闻。

第十九章　新行省殖兴矿产业
先锋官探明铜矿苗

一

又是一个不眠之夜。

解决了“元钞”与“叭币”“盐币”在云南混合使用的难题，赛典赤心中仍然高兴不起来。几年来，行省减轻了民众的税负，虽然老百姓得到了实惠，但是仅仅依靠收取两成的农业税，长此以往，省府财政将寅吃卯粮，捉襟见肘。云南多年遭受兵匪之患，与西南接壤的缅国蠢蠢欲动，保境安民，守土有责，需要花费大量钱粮保证军队的实力。民生凋敝，救灾济民，百废待兴，需要重建资金。眼下朝廷南下用兵，准备一举消灭南宋，正是大量耗费钱财之时，云南又岂能袖手旁观？几个月来朝廷户部已经多次下文催缴钱粮。提高民众税负，倒是可以聚敛部分钱粮完成朝廷之所需，但是云南新设行省，朝令夕改，将失信于民，更无异于饮鸩止渴，刚刚建立起来的民屯新法将毁于一旦。又一道绕不开、回避不了的难题摆在赛典赤的面前。

窗外月明星稀。赛典赤正在冥思苦想，只听见门外传来“咚咚咚”的脚步声，他知道一定是爱鲁回来了。

来人正是爱鲁。

年初，赛典赤命爱鲁兼理全省站赤的置建工作。

为了通达边情，布宣号令，按照朝廷的规定各地的交通要道之处都要设置站赤。所谓站赤，即为驿站。陆地站赤配以马、牛、驴及车辆，并设米仓、水站，而临江河湖海的地方则要配置舟船。站赤为来往信使和小规模军队提供食宿，是补充军需的中转站。

爱鲁曾为大名路达鲁花赤。至元五年，从云南王征金齿诸部。蛮兵万人绝缥甸道，击之，斩首千余级，诸部震服。至元六年，再入，定其租赋，平火不麻等二十四寨，得七驯象以还。至元七年，改中庆路达鲁花赤，兼管爨僰军。

赛典赤望着风尘仆仆的爱鲁，怜惜地说："将军还未曾回家？"

爱鲁拱手行礼，说道："大人不是也还未歇息？末将知道大人向来有处理事情不过夜的习惯，所以径直前来禀报。"

赛典赤倒了一杯热水递给爱鲁。

爱鲁顾不及喝水，放下手中茶杯，抹了抹额头上的汗珠，将手中的一卷图在书桌上展开。

这是一张全省站赤布局图。

爱鲁指点图上各处关隘要道，说："大人您请看，按照朝廷兵部的要求，本省三年之内需得在罗罗斯宣慰司、武定路、中庆府、仁德府、曲靖路、乌撒宣慰司、乌蒙宣抚司、丽江路、大理路、威楚路、澄江路、临安路、广西路、普安路等地建立站赤七十八处，马站七十四处，需配备马二千三百四十五匹，牛三十只。水站四处，需配备船二十四只，而今已经过去年余，本省仅建了三成，特别是边远地区，譬如乌蒙地区山高路远……"

赛典赤摆了摆手，轻轻叹了一声，说："爱鲁啊，难为你了。巧妇难为无米之炊啊。此次你返回省城，定是为申报建设站赤经费而来。"接着他说道："我还正想召你回来商议此事呢。"

赛典赤从书桌旁的瓷瓶中取出一轴图展开，爱鲁凑近一看，见是一幅云南省矿藏分布图，心中不明白这图与站赤建设有何关联。

赛典赤见他不得其解，便解释说："半年前我让显卿和哈散去各地考察本省矿藏情势，现在初步查明云南矿产富集啊。"

赛典赤用手中纸扇指点道："产金之地主要是威楚、丽江、大理、金齿[①]、临安、曲靖、元江、罗罗、会川、建昌、德昌、柏兴、乌撒、东川、乌蒙等地区。产铜之地主要是在大理、澄江等地区。产铁之地主要是在中庆、大理、金齿、临安、曲靖、澄江、罗罗、建昌等地区。如若能够将这些金、银、铜、铁矿开采出来，将产品出售后，一方面可以上缴朝廷，另一方面可充裕省府库银，建设站赤的经费不是迎刃而解了吗？"

爱鲁如释重负，对赛典赤的深谋远虑大为折服，兴奋地说："请大人放心，只要解决了经费问题，末将一定按照朝廷的要求完成建设站赤的事务！"

赛典赤却摆摆手，说："爱鲁啊，你曾于至元五年驻兵金齿，熟知那里的情形，此事事关重大非你莫属。我的想法是，建设站赤的事就交由纳速剌丁去操持，任命你为署理永昌并兼打金洞达鲁花赤，全权负责矿业开发事务。另外让哈散协助你做个副手，让他跟你历练历练。"

爱鲁知道这件事肯定是赛典赤深思熟虑后做出的决策，便直身拱手，朗声说道："末将谨遵成命！"

两人交谈之时，正好张立道进来站在一旁。爱鲁走后，张立道不无担忧地说："打金洞达鲁花赤可是个肥差，今大人欲将如此重要之事交与他？"

赛典赤打开纸扇，一边摇，一边说："对于爱鲁我还是有些了解的。其父昔钤里部，唐兀人，曾经跟随定宗、宪宗东征西讨，战功卓著。先授予千户，断事官，后又授予大名路达鲁花赤。我曾与他的父亲共同为忽必烈南征大理供应粮饷。其父年六十九岁病逝后，爱鲁袭为大名路达鲁花赤，忠良之后也。刚才显卿之言不无道理，你说的是中统四年七月爱鲁在大名路任职时，曾经与总管张弘范等人盗用官钱被撤职之

① 傣族人喜欢以金镂片裹其齿，隋、唐以后汉族曾经将傣族和其居住的德宏地区称为"金齿"。见《蛮书》卷四。

事，但事后他被降职派往云南戴罪立功，现已改过。人非圣贤孰能无过，知错即善，用人不疑，疑人不用，今后加强监管就是。”

张立道却是将信将疑。这话不知怎么传到爱鲁耳里，爱鲁大为感慨，此后将铜矿区管得井井有条，账目清楚，进出钱财分毫不差。此是后话。

二

隔几日，官府发出告示，要招募一批工匠前往金齿矿区采矿，大批青壮年纷纷踊跃报名。

南校场内几百名民工排起了长龙，依次进行登记并接受体检，而后领取预付的工费。

爱鲁将张忠从军中调来担任打金洞工匠营提举，让罗老幺担任管事，此时俩人正在忙前忙后。

哈散来回巡视维持秩序，眼见段志明、段明礼父子俩也在队伍中排队等候。于是便迎上前去拱手说：“段老爹，段兄弟怎么你们也来了？”

段志明、段明礼父子俩人还礼。段明礼说：“眼下正值农闲时期，在家也是闲着，不如随二哥出去采矿赚些工钱回来好娶媳妇。”

哈散转身对段志明说：“段老爹，你偌大年纪了还要跟这些小伙子去吃苦冒暑钻山洞，那些地方还有瘴气哟！”

段志明拍拍身后的锯子、斧头等家什，笑呵呵地说：“二公子，莫看老倌已经五十多岁了，你别忘记了我可是一个木匠哟。到了矿上啊，矿洞里要搭个矿架、窝棚，还少不了我老倌哩。”

哈散也笑了，又问道：“大婶和明芳妹子可安顿好了？”

段明礼回说：“谢谢二哥牵挂，母亲和阿芳妹子已经安排妥当，等到八九月份我们就告假回家一起秋收。”

“如此甚好。”哈散说。

三

太阳悄悄跃出了滇池水面，晨光熹微中，赛典赤、张立道等人在鄯阐城西门前为爱鲁、哈散等送行。

临别前，赛典赤将一封信交给爱鲁，嘱咐说："将军途经大理时，务必将此信转交与段总管，过些日子我与显卿会来看你们。"

爱鲁收好信札，拱手说："末将遵命，大人日理万机就请不要远送了！"

那边，段杨氏、段明芳也来为段志明、段明礼送行。

爱鲁、哈散带领招募的百余名工匠离开鄯阐城向西而行。过威楚，到大理歇一天。爱鲁、哈散前去拜访大理总管段实，并转交平章大人的书信。而后奔永昌州[①]，翻越高黎贡山折转南下，半月之后辗转来到丽水城（今缅甸克钦邦密支那南部伊洛瓦底江东岸的达罗基附近），这丽水城在南诏时期属于镇西节度[②]。

在丽水城爱鲁雇了两个当地人做向导，依照张立道提供的地图，顺利地找到了金矿的所在地摩零山，安营扎寨毕，便让工匠们休息两日。

爱鲁深知自己身负重任不敢懈怠，趁工匠休息之时，立即召集哈散等人议事。

爱鲁首先说："一路上我思考良久，此次开矿由本人总督义不容辞。余下分为探矿、采矿、冶炼、后勤四部。我的意见是由哈散将军负责探矿、采矿两部，提举张忠负责冶炼一部。罗老幺年轻时曾在威楚参加过炼矿有些经验，就让他协助张忠提举。至于工具、运输、钱粮、伙食、警卫等后勤由我兼管，诸位觉得如何？"

哈散、张忠、罗老幺等人皆说："大人考虑周全安排妥当，就依

① 至元十一年立永昌州，至元十五年升为府，隶属大理府。

② 其管制区域相当于今云南省德宏州西南边境至缅甸克钦邦及克钦邦与掸邦连接地带。

此而行。”

爱鲁说：“哈散将军你负责探矿却是先锋官哦，如果一旦探明矿脉，我将招募一些当地民众再行分配各部上矿劳作。”

临要散会，爱鲁又说：“行前平章大人再三叮嘱，矿区地处傣人聚居之地，万望各位约束各部人员，遵守本地民俗民风，切莫惹是生非。”

众人唯诺离去。

会议结束之后，哈散来到山坡上的工棚找到段志明、段明礼父子。

哈散说：“明礼兄弟眼尖腿勤，就随我上山探矿，段老爹是木活里手，就负责木工组好了。”

段志明、段明礼父子说：“一切听从二将军安排。”

翌日一大早，哈散带领段明礼等四五个工匠，携带铁锹、铁钎、铁锤、干粮、饮水上山探矿。

年轻的段明礼跑在最前面，抬着把铁锹东挖挖、西掘掘。一个时辰后在半山腰间寻得一块青石，扔下手中的铁锹双手捧着石头，大声喊道：“二将军，我找到了！我找到了！”

哈散接过石头用衣袖擦了擦附着在上面的泥土，仔细辨识上面的颜色、纹理，而后说道：“果然是铜矿，但只是一块‘牛板筋’，含铜量不足一溜，炼时得不偿失”。

段明礼好奇地问道：“二将军，何为‘溜’啊？”

自去年秋天，哈散就随张立道及行省延聘来的矿匠对省内的十几座矿山进行了踏勘，大半年下来已经学习到了许多辨矿、探矿的知识。

哈散将矿石递给段明礼，耐心地解释道：“能炼出纯铜一成的矿叫作‘一溜’，含七至八溜的叫‘马豆子’，含十溜的叫‘天生铜’，甚是难得。”

段明礼“哦”了一声，失望地将石头扔在地上。

哈散安慰段明礼：“虽说只是一块‘牛板筋’，但也说明此地确实存有铜矿石。”

哈散又说：“大伙儿辛苦了一大早，都过来歇会儿，就此我给你们讲一讲辨矿的知识。”

四五个人围坐在草地上，一边吃着干粮，一边喝水静听讲解。

哈散重新拾起那块石头，说道：“今天大伙儿第一次上山就有收获，这块石头虽然含量低，但却提示我们这一带肯定有富矿，只要仔细观察一定会有结果。”

他接着说：“在山崖石穴之间，如果发现有碧色如缕或如带的石头，那就是有孔雀石‘矿苗’的迹象。除了观察矿石色泽纹理外，又有火焰辨矿法。将矿石用火炼发出白火的，就是普通的荒土石，发出青火的是峡石，出现绿火、黄火的，其含铜量一般。如果呈现红火即是上乘之品，例如含十溜的‘天生铜’（即自然铜），甚是难得。”

话虽这么说，但是哈散等人十几天来仅发现了一些没有开采价值的“草皮矿”和“鸡窝矿”。

这天，好强的段明礼起了个大早，背上布袋、水囊，扎紧腰带，带着一把铁锹，独自一人出了工棚竟往山间走去。

在一片浓雾缭绕的原始森林中，他用铁锹披荆斩棘，睁大两眼仔细寻找矿苗。约莫过了两个时辰，他感到肚中饥渴，便坐在草丛中打开布袋，取出芭蕉叶包裹的冷饭团啃了两口。刚拧开水囊正准备喝水，一簇强烈的阳光透过树林的叶子投向地面。他瞥眼一看，婆娑的光线照着一块墨绿色的石头。他扔下手中的水囊，急速跑了过去双手拨开落叶，高高举起石头对着阳光仔细观看。啊！这不正是二将军说的含铜量颇高的“绿锡腊”[①]吗？段明礼兴奋异常，抱起石头转身欲往回报喜，但转念一想，且莫高兴，万一又是草皮矿岂非空喜欢一场？

---

① 即碳酸铜。

于是他决定再往四周探索一番。果然前面的一段草丛中陆陆续续又发现了大大小小的几块墨绿色的石头。再往前行，突兀的山顶上一片金黄色的石头熠熠发光！他眼睛一亮，用尽力气一步一步向前攀登，眼见只差两三丈远，不想脚下一滑，身子一斜，坠下山崖……

段志明起床后，见段明礼床上铺盖也没有折叠，知道一准是跟着二将军巡山勘察去了。这孩子连夜里说梦话都是找矿，心里也没有多想，蹲着吸了一阵水烟筒就赶着去做木活去了。不想酉时时分太阳落山，该吃晚饭了仍不见儿子踪影，便到哈散的营地寻找。

这哈散的营地是一幢两层的简易竹楼，用于办公兼做住宿。这竹楼是仿效当地傣人的住所模样而建。

此时哈散正在竹楼下给自己的马匹喂料。听明情况后，说道："我还以为段兄弟前几日淋了一场雨生病了正在休息，所以我也未派人前去您的工棚催促。"

稍停，哈散安慰道："段老爹莫急，我即刻禀报爱鲁将军组织人手打探！"哈散虽然嘴上这么说，心里也是十分焦急。

夜幕降临，黯黑的森林中火光影影绰绰。爱鲁将全营人手分为四队，下令务必找到段明礼。

人们手举火把，不断喊叫，惊得休憩的鸟兽四散奔逃。两个时辰过去了仍然不见踪影，急得掌管过三军的爱鲁也是一阵心凉，尚未开工若损伤人员，这将如何是好。

只说这哈散一路，边走边喊，累得浑身无力，嗓子沙哑。突然哈散一拍脑门想起来，有一天自己曾经无意间说，辛苦半月，只有那猴子箐未曾踏勘……难道说，我说者无意，他听者却有心。哦，是了，可能段明礼去猴子箐了！迅速命令手下人转向而行。

顾不上山高路滑，荆棘丛生，哈散一路当先奋勇攀登，将近山顶仍旧不见段明礼的踪迹，心中更加焦急。此时脚下一绊，举起火把低头一看见是个水囊，旁边有一个麻布织作的袋子，上面用大红丝线绣

制着三个大字："段明礼"。再往前走，只见草丛中留有一道杂乱痕迹，哈散探望了山涧一眼，命人取来绳索拴在自己身上，一只手持着火把向下一跃……

段明礼得救了，他的冒险使整个营寨欢喜雀跃!

原来这猴子箐竟然蕴藏着含十溜的"天生铜"，而且是"苗引"向四方分布储量极大的"摆堂矿"！

四

探明了矿苗分布，爱鲁心中十分兴奋，一切都在计划之中，他提笔给赛典赤写了一封书札，报告了开矿进展情况，并希望平章大人于四月下旬前来参加高炉点火。

信函发出后，爱鲁在张忠和两名亲兵的陪同下来到工地检视。

这边，段志明正在指挥一班木匠与皮匠往木架上钉牛皮，他向爱鲁和张忠滔滔不绝地介绍道："此物被称为'橐'（音tuó），是为高炉送风的鼓风设备，内部由木头作构架，外铺牛皮构成，有入风口和排风口，把几个'橐'连在一起可形成'排橐'，便可增大进风量，增强高炉燃烧的火力。"

那边，罗老幺负责监制的高炉已经基本成型。爱鲁抬眼望去，只见这座高炉上尖下圆，直径约三尺，高约十六尺。罗老幺从炉膛内钻出来，满脸、满身泥污。他趋上前来，说"大人，您看此炉外形恰似一顶将军的帽子，故叫作'将军炉'。"

爱鲁又指着旁边的一座上方下圆的高炉问道："这又是什么炉子？"

罗老幺拍了拍手上的泥灰，指指点点，回说："这座却叫'纱帽炉'。其体制为长六点四尺，宽二点六尺，高十六尺，炉底作锅形状。它的好处是若改为平底，亦可炼银。炉外用土筑成，炉膛内用胶泥和盐抿实。炉前面有二门，上门进矿石和薪炭；下门叫‘金门’，出铜时开启，门上另有小孔，出渣沫，叫‘放臊’。炉后面有进风洞，位置高于金门二三寸，接连风箱；上有一孔以窥火候。”

爱鲁听后大喜，寻思只待哈散那边开采的矿石储备到一定的数量即可开炉，看来万事俱备只欠东风了。

此时已至三月中旬，金齿的天气一天比一天燥热。

这天，哈散带领十几个小伙子穿着粗布短裤衩，上身赤裸，包头布上插着忽明忽暗的“亮子”[①]。在狭矮的斜洞内用槌、凿、尖[②]等工具沿着“苗脉”，佝偻着腰“乒乓砰砰”艰难开凿，挥汗如雨。有的一手执轻槌，一手执凿，独自作业；有的三人组成重槌组，分槌手、凿手，过一会儿，三人再相互轮换。段明礼伤病初愈，却不听哈散的劝阻，执意参加了重槌组。

晌午时分，两个重锤组遇到了一堵坚硬的岩石，任凭用力打凿，竟然不能前进一寸。段明礼急忙告知哈散。哈散来到堵头前，观察了一番命令搬来几捆松柴，将“亮子”里的灯油浇上而后点燃加热。一盏茶的工夫后，再命人用冷水泼洒岩石，顿时岩石崩裂，洞内浓烟四散，矿工们呛咳不止，争先恐后，连滚带爬纷纷逃命。

一伙人逃出矿洞只觉得脑袋昏沉、眼鼻辛辣、口干舌燥，哈散拉扯腰间的水囊，竟然滴水未存。猛然想起，刚才自己命令大家将水囊中的饮水集中用于泼洒岩石，现今哪里还有解渴的水？望着横七竖八躺在地上的段明礼等十几个灰头土脸的弟兄口渴难忍，哈散勉强支起身来，收拾了五六个牛皮空水囊，准备到山脚下的河里汲水。

不想这一去竟惹出了事端。

---

① 洞内照明用铁制油灯盏称“亮子”。

② 槌即铁锤，木柄。凿是铁钎后端装木托。尖是铁钎后端横穿一藤柄。

第二十章　小月罕暗恋意中人　老召勐三难小哈散

一

矿区山脚下是南溪河，平时里矿上的人都到这里取水。

这南溪河自东北而来，绕着山脚形成了一个弯。再往前一二十里河床变窄，往西南奔流而下汇入萨尔温江。这萨尔温江是伊洛瓦底江上游的一条支流。

南溪河两岸婀娜多姿的凤尾竹青翠欲滴，微风掠过轻轻摆动，恰与一泓清澈见底的碧波相映成趣，宛若一幅天然自成的水墨丹青。

蓬头垢面的哈散赤裸上身，穿着短裤衩，两耳被刚才的爆炸声闷住，昏昏沉沉地来到河边。他放下手中的水囊，慢慢地蹲下，双手掬起一捧清凉的河水洗一洗脸上的烟泥，想清醒一下头脑。指缝中模糊看见不远处四五个小卜哨①正在绿水中嬉戏。他不相信自己的眼睛，他被眼前的一幕惊呆了：几个小卜哨高挽着发髻，裸露着洁白如玉的身子，娇小的蛮腰，雪白丰满的乳房一览无遗，如出水芙蓉，碧波仙女，又宛若绿水中一群白色纯洁的小精灵。年轻的哈散身上一阵躁动，一阵激动，顿时热血贲张。他下意识地感到，偷看裸体女人是一种亵渎，是一种罪过。于是低下头去，力图避开这难堪的场景，刚巧阳光洒在水面的粼粼金光反射在他的眼睛上，他只觉得一阵眩晕，身体软弱，脚下一软竟然滑落河中。

---

① 傣族称少女为“小卜哨”。

这哈散自小生长在北方，在马背上是俊杰，在陆地上是勇士，但却是个不识水性的旱鸭子，落水之后扑腾几下，呛了几口水，身躯便渐渐下沉。

那群美丽的天使中有人喊道：“小姐，您看有人落水了！”

那个被称为小姐的姑娘一抹脸上的水花，顺着指向，果然看见不远处一个人被水流席卷向下游而去，情形万分危急。白玉美女来不及思考，只见她扭动腰肢，双腿蹬水，玉臂轻舒，劈波击水，似白鲸出海，如长箭离弦，一眨眼的工夫游到哈散身后，左臂搂着他的脖颈，将他的后背顺势紧紧依贴在自己柔软丰满的胸上，蛇腰一扭变成仰姿，右臂划水，双腿拍水，向岸边游去。

几个小卜哨七手八脚帮着将哈散拖拽上岸。见是一个面色苍白、双眼紧闭、赤裸上身的汉子。只觉惊讶，救人要紧，刻不容缓。此时，浑身上下湿漉漉的美女们顾不上女人的矜持、姑娘的羞涩，来不及到对岸取回自己的衣裙，面对突发事故她们束手无措，面面相觑。

一个小卜哨发愁地说道：“月罕小姐现在如何是好？”

那个被称为月罕的姑娘也不说话，心里想着救人要紧。她模仿寨子里摩亚救助落水儿童的方法，弯腰蹲下，两手按住哈散的胸膛上下挤压。一会儿，她用手捏住哈散的鼻子，俯下身去轻启樱唇对着哈散的口吹气，往复四五次。哈散腹中轻轻“咕咚”作响，胸口微微一动，突然一口清水上涌，竟流进月罕口中。

月罕抿了抿嘴唇，轻轻舒了一口气，轻声说：“好了，好了。”

哈散又吐了几口水，微微睁开眼睛，看见或蹲或站的仙鹤般的美女，洁白无瑕的青春胴体散发着阵阵银光……

月罕一边拧头发上的水，一边假作愠怒地呵斥：“没见过男人啊，大姑娘家也不觉害羞，还不赶快收拾收拾？”

小卜哨们发出一串银铃般的笑声，一跃入水游至对岸去取衣裙，水面上留下一串细碎碧波。

穿好衣裙的月罕走过来，看见陌生人隆起的胸肌，结实的双臂，粗壮的双腿，想到刚才，就是这宽阔厚实的胸膛紧紧地依贴着自己的肌肤。这是第一次与素不相识的男人赤裸相拥，一股暖流莫名涌上心间。她轻抚凸起的前胸，不觉芳心萌动，红晕飞上脸颊。她不敢再多想，不敢再多看，将手中拿着的筒裙扔给哈散，转身而去……

勐拉寨坐落在南溪河畔，年方十六的月罕是勐拉寨召勐①的女儿。眼见快到泼水节了，月罕在几个侍女的陪同下到南溪河沐浴，不期而遇救了落水的哈散。

月罕将他安置在寨中修养，哈散原本身体壮硕，调养一日便恢复如初，心中牵挂矿上事务，急着要返回矿区，只是月罕再三殷勤挽留，身不由己只好留下。

二

只说一个时辰过去，段明礼等人不见哈散归来，心里发慌。几人便循着山间小道下山一路查找。一直来到河边只见几只水囊散落岸边，沿河岸顺流寻找，走了七八里路，来到两条河的交叉口，仍不见哈散的踪影。至黄昏时分急忙赶回大营向爱鲁禀告。

爱鲁听后大惊失色，前几日伤了段明礼，今天哈散又神秘失踪不知去向。是被坏人劫持，还是不幸落水身亡？如果二将军有个闪失，采矿事小，自己将如何向平章大人交代？于是立即命令全营兵士、工匠连夜四下搜寻。东方发白，各路人马疲惫而归，一无所获，急得爱鲁团团打转。

段志明埋怨段明礼不该让哈散公子去取水，段明礼有口难辩。

张忠在一旁说：“爱鲁大人、段老爹不必忧烦，可否到对岸的勐

① 傣族称平坝为“勐”，称统治这个地区的头领为“召勐”。

拉寨子打听打听二将军的下落。”

一句话倒提醒了爱鲁。他说：“原想过几日就去拜访波月罕召勐，商谈招募矿工及让他们提供薪柴之事。当下出了此事，莫如今日前去一并了解三件事情。”说毕，吩咐准备礼物前往勐拉寨。

勐拉寨召勐波月罕听说打金洞达鲁花赤爱鲁前来拜访，便亲自来到寨外迎接，两人相互行礼，携手来到议事厅分宾主坐定，主人吩咐献上香茶。

爱鲁命人抬上礼物，拱手说：“不日就是傣家传统泼水节，在下特来恭贺！”

波月罕致谢，笑眯眯地说：“来而不往非礼也，草民亦有礼回赠。”说罢，拍击手掌，唤道：“有请客人！”

门洞那边竹帘掀起，走出一个英俊青年。这青年人头盘白布，身着无领对襟短褂，下配青色小格笼基[1]，腰前系了一个大结，赤着双脚，活脱脱就是一个“猫哆哩”[2]。

爱鲁定睛一看喜出望外，这不就是哈散吗？一块悬在心中的石头落了地。急忙起身走上前去，用双手摇了摇面前哈散的肩膀，说道：“果真是你！”又转身向波月罕抱拳，兴奋地说：“是您救了二将军？”

波月罕指了指身旁的月罕说：“是小女出手相援。怎么样，爱鲁将军，我可是完璧归赵哦！”

爱鲁大笑，拉过哈散，说道：“还不快快谢过月罕小姐！”

哈散一揖到底，朗声说：“感谢小姐救命之情！”

月罕满脸绯红，不知如何是好。

爱鲁回归坐下，品了一口香茗，说道：“此次拜访召勐另有两事相商。”

---

① 笼基也叫“纱龙”。

② 傣家称小伙子为“猫哆哩”。

波月罕轻轻挥手，说：“大人只管吩咐就是。”

爱鲁说：“矿区大规模开采，冶炼即将开始，准备在本地招募一批劳力。”

波月罕接过话头，说：“这有何难？这方圆百里的寨子里就有千余青壮年可供大人选聘。岩畲啊，明天你就通告各户。”

一个粗实敦厚、孔武有力的汉子大声应答道：“尊老爷之命！”岩畲是波月罕的管家兼勐拉寨傣兵的“火版”[①]。

爱鲁见今天办事顺利，便又谦恭地说：“在下还有一个不情之请，万望召勐助我解困。”

波月罕说：“草民洗耳静听。”

爱鲁言道：“矿区炼铜急需大批薪柴作为燃料，我将以‘叭币’‘盐币’或者金银优价购买。”

话音刚落，岩畲大声说道：“此事万万不行！”

张忠问道：“岩畲管家，公买平卖，有何不可？”

岩畲双手合十，幽幽地说：“我们傣家笃信上座部佛教，这山水林木、飞禽走兽、蝼蚁爬虫都有生命灵性，毁林开山违了祖训，破坏了风水，佛祖是要降罪的。”别看这岩畲五大三粗，说起话来却是文质彬彬，细声细气。

上座的波月罕闭目微微颔首，默认岩畲的说法。

眼看双方的交谈陷入了僵局。

沉默了一会儿，波月罕轻轻叹了一口气，缓缓地说：“爱鲁将军，我今天不是驳您的面子，其实我们早已经知道摩零山蕴藏着丰富的铜、金、银矿，曾经准备开发。前几年我曾经去八百媳妇国[②]考察，其地炼铜用木炭、松炭、硬杂木炭作燃料，大炉冶炼一百斤矿石约需炭八十至

① 即千夫长。

② 在今泰国北部的清莱府和清迈府一带。

百余斤，精炼蟹壳炉，一百斤料需炭一百二十五斤。一般铜矿均需反复冶炼几次，平均出铜一百斤耗炭千余斤，这需要砍伐上百双林地啊，再者开采矿山投资巨大，所以我们便放弃了开矿的念头。”

爱鲁、张忠、哈散听后觉得波月罕言之有理，一时进退两难。

这时月罕走到父亲身旁耳语一阵，波月罕微微点头。转向爱鲁说道：“年初本寨接到勐卯[①]宣慰使转来的行省文牍，希望全力支持将军开矿，虽然困难重重，但如果您能答应在下三件事，或许还可商议。”

爱鲁一听见有转机，便追问道：“莫说三件事，就是三十件事只要我能做到的，就请召勐言明。”

波月罕放下手中蒲扇，不慌不忙，扳起手指讲出三个条件。

三

波月罕开口说：“此事却是与二公子有些关系，如若承诺便可依次进行。”

爱鲁有些丈二金刚摸不着头脑，只见哈散起身离座，对波月罕拱手说：“只要能使矿区早日建成投产，哈散愿意遵从召勐吩咐！”

波月罕拍手夸赞道：“果然不愧是赛平章的儿子！”接着说道：“这第一件事，请二将军满饮三碗米酒，彰显贵客之诚意。”

月罕轻移碎步款款来到哈散面前蹲下，将托盘举过头顶。

看着三个银碗里亮晃晃的酒，哈散蹙起了眉头，迟迟不肯伸手。

月罕用手肘轻轻碰了一下他，柔声说道：“请二公子饮了此杯。”

哈散抬起酒碗仍旧呆呆站立。

月罕说：“俗话说酒壮英雄胆，将军乃是勇冠三军的汉子为何犹豫不决？”

---

① 今瑞丽。

哈散将酒碗递还给月罕，抱拳对波月罕说："非是哈散胆怯，只因为我伊斯兰教的圣训规定饮酒是哈拉目（非法）！"哈散一时为了解释清楚，竟冒出了一句阿拉伯短语。

爱鲁想，肯定是波月罕将哈散认为是北方来的蒙古人了，于是解释说："召勐啊，蒙古人习惯于大快吃肉，大碗喝酒，可哈散是'回回人'，穆斯林教徒却是严格禁酒，这第一关能否更改？"

波月罕面呈不悦之色。

哈散转念一想，罢、罢、罢，为了开拓矿业，富民兴省，只有违反一次教规，只求真主宽恕，父亲谅解，兄弟们理解，死后若要下地狱，自己也甘愿受责罚！于是转身抬起银碗，闭上双眼，憋着气竟连饮三碗，滴酒不漏！放下酒碗喘气，急不可待地问道："请问召勐这第二件事是……"

岩畲上前说道："比武！"

"如何比试？"满脸通红的哈散问道。

"请二公子及各位移步室外。"岩畲说完便"蹬蹬蹬"地下了竹楼。

众人随他来至的院子。十几个傣兵手持熊熊燃烧的松木火把将院坝照得通明透亮。

岩畲说："我们不比骑马射箭，拳脚功夫，那是你们蒙古人的特长，今天就比刀劈楠竹。"

岩畲分不清"蒙古人"与"色目人"的区别，只知道这些从北方来的人都是蒙古人。

岩畲吩咐手下人抬来两根长丈余、碗口粗的楠竹分别立在院子中间。对哈散说："我俩刀劈此竹，看谁劈得又准又狠。"

说罢脱去上衣，胸膛上露出一个斑斓猛虎的文身[1]，勒紧腰带，从

---

① 傣族人普遍有文身的习俗，作为身体装饰美的组成部分。花纹有虎、豹、象、狮、龙、蛇等动物或经文、八卦、线条等图案。

一个兵士手中拿来一把老缅刀，说声：“占先了！”退后几步双手举刀，助跑几步一个泰山压顶，只听“咔嚓”一声，竹筒应声倒地，不偏不倚将楠竹均匀劈成两瓣，众人齐声喝彩。

岩畲将刀顺手插在地上面露傲色。

那边爱鲁向哈散使个眼色，随即抽出自己佩戴的长刀叫声“接刀！”哈散一个趔趄将刀接在反手险些摔倒，引来一阵喧哗。人群中的月罕轻轻地“哦”了一声，段明礼上前搀扶，却被哈散推搡一边。

米酒虽然甜蜜，但毕竟是酒，后劲较大。这三碗酒下肚后，毕生滴酒不沾的哈散满面通红，头脑发胀，眼冒金星，两腿发软。长刀的寒光在他的眼前一闪，刺激着他全身的神经，激活着每一个细胞。只见他纵身腾空转体，双脚一蹬院内的大青树，轻盈盈翻转回来，手起刀落，只听空中“丝丝”几声，就见那棵碗口粗的竹筒从顶到根被劈成八瓣，轻轻落在尘埃上。哈散持刀稳稳落地，神闲气定，双腿一收，向岩畲拱手，口称：“承让了！”

满院子的人都惊呆了，哈散脚未沾地，须臾之间竟将竹筒劈为八瓣，竟如莲花花瓣一般。众人从未见过这神奇的轻功与恰到好处的力道如此完美的融合。

月罕第一个拍手叫好，众人随之喊叫。一个侍女用手指挠了挠月罕，她害羞地用手帕捂住了绯红的脸。

哈散为何有此神功？一来是平时跟着父亲与兄弟们勤学苦练；二来是这长刀并非普通兵器。前些日子，爱鲁途经大理拜访总管段实，惺惺惜惺惺，英雄惜英雄，段实知道爱鲁喜欢宝刀，便将自己收藏多年的长刀“铁青黑”赠送给了他，爱鲁爱不释手随时佩戴在身。这长刀，乃是滇西白人采自苍山老箐的精铁，经过冶、锻、淬火、打磨等几十道工序冶铸而成，削铁如泥，柔可绕指，锋利无比，可吹毛透风，天下无双。

在众人的欢呼声中岩畲羞愧难当，衣服也不及收拾，拨开人群扭

身而去，眼中露出愤愤之色。

岩畲早已倾心月罕，平时里殷勤备至，月罕只是不理不睬，今日比武想要显露自己身手，不想弄巧成拙，于是怨气满腹。

爱鲁对波月罕拱手道：“召勐啊，第二件事情已然过去，敢问这第三件事情……”

波月罕神秘地笑了笑，说道：“将军莫要性急，这第三件事情啊，是件天大的好事，今日二公子身体疲乏，就等过几日后的泼水节再说吧！”

爱鲁虽然知道波月罕在卖关子，但考虑到哈散今日连闯两关实属不易，于是只好作罢。

第二十一章　缅国王偷袭勐拉寨 爨僰军发兵南溪河

一

泼水节是傣族古老而圣洁的节日，即傣历新年，是傣族人民一年中最隆重的节日，一般要持续三至七天。

过了“麦日”“恼日”（空日），至第三天“叭网玛”[①]的清晨，一群群“少哆哩”“老米涛”“猫哆哩”“老波涛”[②]“小卜哨”披着金色的霞光，踏着晨雾，穿上节日盛装陆陆续续走出自家竹楼。

月罕今天一身盛装打扮，上身着水红圆领窄袖衫，下身着花色筒裙，裙上织有孔雀图纹，一根银腰带系在短袖衫和筒裙之间。前后衣襟刚好齐腰，紧紧裹住身子，苗条的身材凸显婀娜多姿，亭亭玉立。双耳坠着银耳环，长发挽髻，发髻上斜插一朵白兰花，更显得俊中带俏。肩上挎一个彩色筒帕[③]，右肩担着装满清水的一对竹筒，一扭一摆地随着熙熙攘攘的人群到佛寺虔诚浴佛。

祭拜过佛祖，人们涌出寺院走向街头。

泼水节是东方的狂欢节。人们忘记了一年的辛劳，忘却了四时的烦恼，纷纷拿着竹筒、葫芦瓢不分男女老幼互相追逐泼水，互祝来年

① 泼水节的第一天傣语叫“麦日”，与汉族农历的除夕相似。第二天傣语叫“恼日”（空日）。第三天叫“叭网玛”，为岁首。

② 按傣族习俗，女人被称为“少哆哩”，而年长的叫“老米涛”。称男人为“猫哆哩”，老年男子称“老波涛”。

③ 用织锦做成的挎包。

吉祥、幸福、健康。祝福的水花四处飞溅，像片片水帘，似串串珍珠在空中飘洒、飞舞。

月罕顾不上全身湿透，像一只美丽的孔雀，轻盈地穿梭在欢乐的人海中，不时用手中的菩提树叶在瓷碗里蘸一些清水，将圣洁的甘露轻轻洒在“老米涛”“老波涛”的身上，祝愿老人们安康长寿。

绿荫如盖的大青树下，“猫哆哩”们敲响了象脚鼓、铓锣。随着鼓点，合着锣声的节拍，一群“小卜哨”“猫哆哩”一边翩翩起舞，一边呼喊“水！水！水！”舒展、妙曼的舞姿内敛、含蓄，更显绰绰风姿，洋溢着青春的活力。鼓声、锣声、喊声此起彼伏响彻云霄，场面热闹非凡，蔚为壮观。

晌午，晴空万里。南溪河畔搭起了一个高高的观礼台，四周彩旗猎猎，人头攒动，激动人心的龙舟大赛即将在这里展开。

波月罕和贵宾爱鲁肩并肩站在台上指指点点，岩畲侧立一旁，哈散、张忠、罗老幺、段明礼等人在台下驻足观看。

爱鲁心中有事，担心过了泼水节就进入雨季将影响开矿进程，顾不得欣赏热闹场面。便问道：“召勐啊，今日可将那第三件事情和盘托出？”

波月罕笑说：“将军莫急，赛完龙舟我便当众宣布。”

河中来自三甸八寨的六条龙舟蓄势待发，观礼台两侧的鼓手已经擂响了皮鼓。

只见月罕“蹬蹬蹬”跑上台来。此时她换了一身白衣白裙，腰间扎了一条蓝色腰带，显得简约、精干、飘逸，她双手合十，分别向父亲和爱鲁行礼，说道：“我等船手尽已准备完毕只待父亲发令！”

波月罕虚手一抬，笑盈盈地说：“你们三号船的‘小卜哨’个个身手矫捷，你这个舵手可要带领她们夺个头彩哟！”

月罕闪着一双乌黑的大眼，点点头，嫣然一笑，双唇微微露出金齿，面颊的酒窝透着清纯娇美，一溜烟儿奔向河边。

一会儿，岩畲递给波月罕一面镶着黄边的三角红旗，说："老爷，时辰已到。"

波月罕抬眼慢慢巡视四周，刚要挥动手中旗帜，却看见河对岸三颗红色流星腾空而起，伴随着三声闷响。他心中好生奇怪，自己并未发令，为何炮手已将升高点燃发射？急忙向台下左右张望……

在炙热阳光下等待的船手们早就急不可耐，神经高度紧张，听见号炮一响，立刻展开双臂，奋力挥动双桨拨动江水，顿时六艘龙舟像离弦之箭奋勇争先。

正当波月罕狐疑之时，突然河面上游响起一片喊杀声。只见河中七八艘快船顺流而下，隐约看见船上清一色黑衣人一边喊叫，一边向岸边射箭。箭矢如同蝗虫一般，岸边五六个老百姓已然中箭倒地，人们猝不及防，乱成一片。

爱鲁眼疾手快迅速抽刀左右挥舞，一支长箭带着呼啸直奔波月罕胸前。岩畲见状，一个鲤鱼打挺用身体护住主人，利箭射中他的左臂，鲜血汩汩直冒……

来历不明的船队中，有一艘船眼看就要追上前面的龙舟。在这千钧一发之际，哈散夺过身旁一个傣兵的弓弩，顺手抓过两支短箭咬在嘴中，纵身跳上一匹马，两腿一夹，一阵疾风向河边奔腾而去。马蹄踏着河岸的鹅卵石，碰撞出阵阵火星。哈散在剧烈的颠簸中从口中取出一支短箭瞬间弯弓搭箭。短箭带着愤怒，旋转着、呼啸着正中船尾舵手的太阳穴，那人惨叫一声翻身落水，这艘快船顿时失去方向，被汹涌的河水冲击扭转了船身。后面的两艘船避让不及直接撞了上去，转眼之间三艘船倾覆河心。

哈散继续拍马向前，又发一箭，射中第四艘船上的一人。还想乘胜追击，却发现已无短箭，只得策马靠近河滩，指挥比赛的龙舟靠岸。

偷袭者后面的三四艘船，由于速度过快，径直向下游漂去。

月罕等众船手得救了！这时众人的心稍安定，却又听见上游又传

来几声震耳欲聋的炮响，哈散心想糟糕，定是贼人的后续人马来了，立即勒转马头向上游疾驰，他欲返回观礼台保护波月罕与爱鲁。

观看赛龙舟的男女老少不知道发生了什么事情，惊魂未定，纷纷四散逃命。爱鲁、岩畲、张忠与七八个寨中亲兵护着波月罕夺路而逃……

正在此时，只见前面尘土滚滚，阵阵杂乱的马蹄声中，一队人马旌旗招展疾驰而来。红色大纛下面，红棕马上端坐着一位身披红色斗篷，银盔银甲，一身戎装的老将军。

爱鲁定睛一看，惊异万分，这不是平章大人吗！

二

南溪河的西岸是缅国，蒲甘王早就觊觎水秀田肥的勐拉坝子，特别是对这里丰富的铜、金矿更是垂涎三尺。经过一番打探，知道勐拉寨只有百十号傣兵，矿营中亦只有四五十个护矿兵士。于是君臣合计趁泼水节彼方毫无防范之际，决定派出五千缅兵越境偷袭。当又得知波月罕的独生女儿也要来参加龙舟大赛时，这真是一个千载难逢的机会。如果能趁乱劫持他的宝贝女儿，何患波月罕不俯首臣服？刚才那几艘快船和船上的一群黑衣人，正是缅国蒲甘王派来偷袭的缅兵。

孰料蒲甘王的精细打算没有瞒过赛典赤。他坐镇鄯阐一眼盯着殖业垦田，一眼盯着边境安靖。三个月前让爱鲁转交给大理总管段实的那封密信，就是让段实密切注视缅国蒲甘王朝的一举一动。正所谓螳螂捕蝉黄雀在后，当段实派出的细作探知缅国的阴谋后，段实立即向行省密报。赛典赤将计就计，密令段实计算好从大理发兵的时间，出发过早会打草惊蛇，稍晚则民众和矿山将遭受伤害和损失，一定要抓住贼兵越境的现行。同时，另派纳速剌丁率领蒙古、爨僰（彝族、白族）、摩些（纳西）轻骑兵三千八百人自威楚日夜兼程，越江直入缅国境内切断其后路，段实、纳速剌丁两军合围聚歼入侵者。

将帅相见，赛典赤细说事情前后缘由。爱鲁大笑，说："大人洞如观火，运筹帷幄，兵从天降，倒还瞒过我了！"

赛典赤说："局势诡谲，瞬息万变，兵贵神速，不得已而为之！"

说完赛典赤转身见衣冠不整的波月罕在一旁伏地跪拜。

赛典赤上前几步去扶波月罕，说声："召勐请起。"

波月罕仍旧跪地不起，口称："小民今生愧对平章大人！想当年我领头到大都向忽必烈皇帝诬告平章大人，而您却既往不咎，实在让小民羞愧难当啊！"

赛典赤双手费力扶起波月罕，谦谦说道："过去之事不要再提，只怪我军来迟，让召勐及众乡亲受惊了。"

波月罕激动得热泪盈眶。

四周百姓欢呼雀跃，纷纷夸赞赛典赤平章。

一众人前呼后拥，浩浩荡荡返回勐拉寨子。

一路上爱鲁对赛典赤、波月罕说："此次缅王预谋偷袭勐拉，寨中必定还有贼人藏匿，末将以为应该彻查一番不留后患。"

赛典赤微微点头认可。

波月罕说："我国与缅国山水相连，一些民众跨境而居，甚至相互通婚联姻。你们官兵不熟悉寨中情况，不通当地语言，此事就交由我来处理。"

赛典赤说："如此甚好。"

回到寨中，波月罕立即让岩畲点齐四五十个傣兵，只见月罕一身戎装站列其中，更显得英姿飒爽。波月罕将兵士分为三队，要求逐户仔细搜查。

一个时辰之后，果然抓到七个借口走亲戚潜入寨子的奸细，押到召勐官厅，贼人皆供认不讳。

左臂吊着绷带的岩畲怒不可遏，右手举刀就要砍杀，却被赛典赤

止住，说：“岩畲管家休要动怒，暂且留下他几人性命。过几日行省与那缅王交涉时，他们可是重要的人证。”

岩畲用手中缅刀指着跪在地上的俘虏，愤愤说：“权且留下你等项上人头！”

爱鲁、波月罕、哈散等人都佩服赛典赤心细如发，处理外交事务有理、有利、有节。

是夜，傣家人又陆陆续续来到河滩，点燃孔明灯，祈求来年幸福平安，风调雨顺，五谷丰登。千百盏孔明灯冉冉升空，飘飘荡荡融入苍穹，如同灿烂银河，蔚为壮观！

翌日，赛典赤、爱鲁、波月罕、哈散等人齐聚召勐官厅正在说话，只听寨外人声鼎沸。波月罕大惊失色，以为是缅兵大军复来攻寨。赛典赤心中有数，安然稳坐，安闲品茶。

不一会儿，大理路总管段实，总把千户脱罗脱孩前来禀报。两人尊平章命令，自南甸①出兵，追出干崖②境外将缅兵击溃。

将至午时，云南诸路宣慰使都元帅纳速剌丁兴冲冲进来拱手行礼，兴奋地说：“平章大人，列位大人，我部奉命反击进犯之敌，直抵江头城③。俘获缅兵五千余人，缴获大象百余头，蒲甘王认罪乞和！”众人闻听大喜，纷纷向赛典赤祝贺。

此次出境征缅之后，蒲甘王朝仍然不断侵袭金齿地区，云南行省又先后于至元二十年（公元1283年），二十一年（公元1284年）派兵出境征缅，于至元二十四年（公元1287年）攻破蒲甘王朝首都蒲甘城，蒲甘王朝覆灭，自此云南边境一带安宁了较长的一段时间。此是后话。

---

① 今梁河县。

② 今盈江县。

③ 缅甸蒲甘王朝控制的北部重镇。

三

赛典赤对波月罕说："我听爱鲁将军说，召勐对开发矿业给予了鼎力支持，不仅供给粮食、蔬菜，还让许多青壮年参加开矿，在此深表谢意！"

波月罕摇摇手，说："大人言重了，我们一家人不说两家话，平章大人不辞劳苦亲率大军平息缅兵骚扰，保靖安民，使我傣家平靖安宁，该说谢的是我啊！"

众人皆笑。

波月罕乘兴说道："我曾与爱鲁将军相商三件事，至今还有一事未了，今日平章大人亲临正好了结此件好事。"

"何等好事？愿闻其详！"赛典赤笑问道。

波月罕说："草民膝下仅有月罕一个女儿，视为掌上明珠。我有意将她许配给二公子哈散，两家结成连理。俗话说儿女婚姻大事，全凭父母做主，还望大人成全！"

一旁的月罕羞得满脸桃红，忙用纱巾捂住发热的脸庞。

自此，爱鲁、张忠等人恍然大悟，这第三件事竟然更是棘手，眼睛一齐望着赛典赤看他如何处置。

面对突如其来的请求，赛典赤一时也处于尴尬境地：他知道早在去年，哈散的祖母，自己的母亲来信说，已在大都为二孙子定下了一门亲事，其女也是色目人，母命难违啊。但是如若当面拒绝波月罕的提亲，他正好找到借口，禁止砍伐林木，铜矿的冶炼将面临无薪炭燃料，开发矿业将功亏一篑。略一思忖，心中有了主意，便说道："召勐的美意我自当领情，虽说是父母做主，但不妨听一听哈散自己的想法。"

波月罕心里一阵高兴，看来事情已经成功，只等哈散一句话。

众人的眼光齐刷刷地集中在哈散的身上。

月罕更是激动万分，期盼着那幸福时刻来临。

哈散大步出列，双手抱拳，向波月罕一揖，朗声说道：“承蒙召勐错爱，月罕是个聪敏优雅、仪态大方的女孩，又是我的救命恩人。只是，只是我已经有心仪的姑娘了，实在难以从命！”说毕又一揖。

此言一出，波月罕的脸色变得铁青。月罕忍不住泪花盈眶，转眼间幸福的憧憬变成了无限的失落与悲哀。

爱鲁见状急忙出来打圆场，抱拳说：“请召勐见谅，二公子也是难违祖母之命。依我看啊，岩畲就是一个优秀的小伙子。他心地善良，武艺高强，危急之时挺身而出舍命救了召勐。将月罕姑娘的终身托付给他确是天作地和之美！”

波月罕细细听来觉得爱鲁之言确有道理，脸上转怒为喜，离座起身向赛典赤、爱鲁，说道：“爱鲁将军言之有理！”

赛典赤解下腰间所佩银刀，说道：“来得早不如来得巧，今日召勐爱女订立终身，可喜可贺。只是本官来得匆忙未有准备，谨将圣武皇帝成吉思汗赐予我的这把短刀转赠予月罕姑娘以为贺礼！”

波月罕知道这可是平章大人的至爱之物，心中感激万分，月罕激动含泪跪拜接受。

赛典赤对波月罕侃侃而谈：“召勐担心矿营毁坏山林之事我已有计划：其一，熔炼所需林木砍伐时应以间伐为主，尽量保护森林免遭乱砍滥伐；其二，由行省出资植造二千双铁刀木作为民众的薪炭林永续利用；其三，今后矿营销售熟铜之所得留二成由召勐掌握，主要用于修渠打堰，复垦山林及补助各寨贫困民众生活；其四，任命你为勐拉宣慰使，协理矿营事务。”

波月罕见赛典赤熟谙民情，方方面面考虑得如此周细，高兴异常。连忙上前下跪，口称：“平章大人爱民如子，草民敢不从命！”

赛典赤既解决了矿营冶炼所需要的薪炭，又兼顾了傣家民众的生产与生活，众人皆大欢喜。

四

隔日，赛典赤在爱鲁、哈散、波月罕、张忠、罗老幺、段志明一干人的陪同下来到矿营，饶有兴趣地看“排橐”“将军炉”“纱帽炉”，听罗老幺、段志明详细讲解。来到采矿区，远远看见一群上身半裸的砂丁用麻布袋、吊筐艰难地背出矿砂。

赛典赤说道：“采矿乃是冶炼的第一道关口，无米则不成炊。哈散啊，你可要精心组织。”说罢就欲进入矿洞。爱鲁、哈散急忙拉住。爱鲁劝谏道：“洞内设施简陋，为安全起见大人就不必进去了。”赛典赤一拂衣袖，说道：“你们以为我老迈年高了吗？昔日廉颇年过七旬，仍然驰骋沙场，你们且放心就是。”

爱鲁、哈散见他不顾劝阻，无奈只好命令砂丁暂时停止作业，找来一顶藤帽让他换上。赛典赤猫着腰，蹚着浅水，钻进光线昏暗、空气混浊的矿洞。只见洞内三面用木头架镶，狭窄的巷道只容得一人侧身通过，约莫爬行了十余丈，尾随的爱鲁和哈散强行将赛典赤拽出洞外，众人才舒了一口气。

赛典赤一边摘下藤帽，拍打身上的尘土，一边问道：“采矿数额如何？”

哈散回说：“每个坑夫工[①]每日平均可采矿二十斤至三十斤，六个坑夫工为一组，每组日采二百斤矿石。若按每人每日采三十斤算，入炼前洗去泥沙约五斤，合矿石二十五斤，每年开工按八个月计，每人约采六千斤。”

“坑夫工的酬劳如何？”赛典赤又问。

“爱鲁将军与我等商议后规定，每个坑夫工的‘月活’[②]为银五钱，一年约为四至五两，如若伤残概由矿营负责治疗并给予抚恤。”

---

① 坑夫工即采矿工人。

② “月活”即工人按月所得工钱。

哈散回答道。

接着赛典赤又分别到料场、工棚、伙房仔细查看。此时已至正午，张忠来报说："大人，吉时已到，可否点火开炉？"

赛典赤站在高炉前，仰视天空，似乎在默默祝愿开炉成功，然后将手中三角红旗坚定一摆，罗老幺等六七个工匠将几只火把先后投入高炉，那边段志明指挥各组人员扯动风箱，霎时间风声齐鸣，火苗上窜。

罗老幺头戴藤帽，胸前护着一条牛皮围腰，足蹬一双牛皮大头靴。只见他忙前忙后，指挥上料，调节风量。一会儿在炉后面窥视火候，一会儿在炉前用手中的铁条"放臊"[①]。入夜，整个矿营灯火通明，火光冲天，映红了半边夜空。

四个时辰后，罗老幺用铁钎破开金门[②]，朝沸腾的金色熔液撒了一簸箕稻草灰，用铁条搅匀拨开漂浮在上面的垃稀[③]，使劲用铁钳揭出并迅速投入水中，只听"扑哧"一声过后，一块铜饼沉在水中，连续揭出六七饼。被炉火映得黑红黑红的罗老幺，汗流满面，兴奋异常，双手杵着铁钳，扯着沙哑的嗓子对众人喊道："一火成铜！一火成铜啊！"

赛典赤悬着的心终于平复下来，爱鲁、波月罕等人涌上前来纷纷祝贺。

赛典赤兴奋地说："爱鲁将军调度有方，波月罕保障有力，诸位群策群力，劳苦功高，本官谢过了！"说毕，向大家深揖一揖，爱鲁、波月罕等众人还礼。

赛典赤接着又说道："希望诸位进一步完善工艺，我计划将你们的采矿技术、制作'排橐''将军炉''纱帽炉'的技术推广至曲靖、会川、建昌、德昌、柏兴、乌撒等地区，少不了要从这里抽调一

---

① 即清除炉渣。

② 高炉前面有二门，上门进矿石和炭；下门叫"金门"，出铜时开启。

③ 即炉渣。

些人前去支援，到时候爱鲁将军可要舍得割爱哦！”

爱鲁谦虚地说：“而今我们仅仅炼得粗铜，接下来张忠、罗老幺还准备继续改造设备与工艺，争取年内炼出精铜，不仅价值更高，同时运输也更方便。”

赛典赤在云南行省倡导开矿殖业风生水起，先后在临安、曲靖、元江、罗罗、会川、建昌、德昌、柏兴、乌撒、东川、乌蒙等地区开发矿产成效斐然。到至元十四年（公元1277年），云南诸路总纳金[①]一百五锭。至天历元年（公元1328年）云南省岁课之数，“金课”为一百八十四锭一两九钱，“银课”为七百三十五锭三十四两三钱，“铜课”为二千三百八十斤，“铁课”为一十二万四千七百一斤。其中，“铜课”为全国独有，金、银课额，云南省为各省之冠。银课约占全国二分之一，金课占全国三分之一，铁课占七分之一。云南早在七百多年前就已经是全国闻名遐迩的“金属王国”了。

赛典赤为云南发展矿业奠定了基础，矿业成为云南省财政收入的重要来源。到清朝雍正年间（公元1723年至公元1735年），仅云南东川地区就兴建了三十一个铜矿厂，平均每年产铜八百至九百万斤。乾隆时（公元1736年至公元1795年），云南出铜每年达六七百万斤或八九百万斤，最多时达一千二三百万斤，“滇铜”成为誉满全国的名牌产品。《清史稿·食货五》说：“滇省铜政，累叶程功，非他项矿产可比。”可见“滇铜”在我国冶炼历史上所做出的卓越贡献。

大伙一起吃过宵夜，哈散陪同赛典赤来到自己的竹楼，烧了一锅热水，伺候赛典赤洗漱，又抬来一盆热水为他烫脚。哈散一边轻揉父亲的脚踝，一边问道：“父亲，此次西行为何显卿叔没有随您同

---

① 即矿税。

行？”哈散牢记公私场合，只有在私下才敢称平章大人为父亲。

赛典赤用白布帕擦拭脚上的湿水，说：“为父交给你显卿叔一件重大事情，他哪里脱得了身哟！”

第二十二章　鄯阐城首建孔子庙
少将军智激王荣午

一

这段时间张立道确实忙得不可开交，赛典赤将在鄯阐城修建文庙的重任交给了他。

任何一个统治集团要想有效地治理国家，必须建立起有效的管理体系以维护正常的社会秩序。统一的意识形态和共同的价值观是其核心与精髓。

元朝的统治者并不仅仅是一群穷兵黩武的蛮夫，他们实行“民分四等”的政策，将蒙古人置于各等人之上的金字塔塔尖。但是以忽必烈为代表的统治者清醒地认识到，高贵的蒙古人在大中华毕竟只是少数，他们生存于以汉族为主的三等人、四等人的环境中。要使万民归顺，江山永固，必须寻找到一种思想的黏合剂，产生强有力的凝聚力与向心力。开国皇帝忽必烈是位精明的政治家，他周围有刘秉忠、许衡、姚枢、郝经、张文谦、窦默、赵璧等一大批优秀的汉族官员兼崇尚孔孟之道的理学家。这些人不仅帮助他分析治国之道，同时评析自汉朝以来“废黜百家，独尊儒术”的奥妙，不断向他讲解与灌输儒学的核心是“礼”。“礼”是体现统治者意志的规则。“三纲五常”将国家、君臣、家庭、个人之间，尊卑、长幼、男女之间的伦理道德关系规定得既等级森严、上下有别，又不失亲情。儒学不拘泥于维护某个朝代统治者的利益，而是治国的普世哲学思想，是建立统治秩序的

准则，是禁锢天下大众的麻醉剂，因而受到历朝历代统治者的尊崇。

忽必烈早在藩地时就接受了智囊团的建议，确认儒学是凝聚百姓思想的最有力的工具。于是效仿历朝的做法崇奉儒学，册封孔子为“大成至圣文宣王”，并且推崇理学为官学。忽必烈巧妙地将蒙古文化与儒学结合，形成了“内蒙外儒”的思想体系。元朝推广儒学试图巩固政权，客观上亦起到传播先进文化、普及教育的积极作用。这对构建社会的封建伦理道德，促进各民族的文化心理同一性和中华民族文化认同感等方面，均产生了巨大的作用。

为普及儒学，元朝在全国诸路设置儒学提举司，秩从五品，专门负责诸路、府、州、县学堂祭祀教养钱粮及学绩考核之事。

赛典赤自九岁来到内地，除了努力学习蒙古文字，熟悉国家法典外，经常接触一些汉族官员与孔孟理学家，还经常在燕京[①]太极书院系统学习儒学。此后他在内地任官几十年，很懂得儒家学说对从政为官、从政为民的重要性。早在燕京工作期间，赛典赤除主管财赋外，还按照忽必烈的令旨，负责增修文庙和兴办书院。忽必烈两次下旨命赛典赤、牙老瓦赤等众断事官增修文庙。中统三年（公元1263年）六月，作为燕京路总管的他奉旨出包银增修文庙一新；中统四年（公元1264年）五月，忽必烈再次下旨给赛典赤，重申道士退出文庙及霸占的土地，由在京儒生主领。

儒家思想从东汉汉章帝时期就在云南开始传播。史料记载：“元和（公元84年～公元86年）中，蜀郡王追为益州郡太守，政化尤优”“始兴起学校，渐进其俗”。儒家思想中的“孝”“仁”“德”的观念，已经开始在白族的上层人士中成为一种时尚，产生了一定的影响。儒学在唐、宋时期的大理白族地区虽有较大发展，但《云南志略》称士人“少知六经者”，表明当地儒学教育并未系统化。

---

① 成吉思汗十年（公元1215年）蒙古占金中都，改称燕京，设置燕京路总管府。

赛典赤想到为使云南长治久安，必须从传播内地文化着手，改变云南文化落后状况。通过儒学教育系统化、普及化教化使西南边陲的少数民族成为“天朝臣民”。

赛典赤于中庆、大理两路设儒学提举司。他要仿效在大都的做法，在行省治所鄯阐城建一座文庙，既是纪念孔子，发扬儒学的圣地，又是“庙学结合”，教化民众的讲习之所，在全省创立系统推广儒学之先河。

这年的冬天，赛典赤为选择鄯阐城文庙的兴建地址四处奔波反复考察比较。半月下来，所到之处都觉得不十分满意。

这日一早，暖洋洋的太阳普照鄯阐城的大街小巷。

赛典赤与张立道、纳速剌丁从五华山自北而下，看见右侧有一院房屋，虽然年久失修破败不堪，但是占地面积颇大。赛典赤仔细观看后，兴奋地对张立道说：“此处北倚五华葱茏，南眺滇池碧波，真是一块风水宝地啊！可以作为建立云南第一座孔庙——鄯阐文庙[①]的最佳地址。”张立道、纳速剌丁两人也觉得较为适合。

赛典赤吩咐纳速剌丁：“你且去叩门，我们今日便与房主商谈购买事宜。”

纳速剌丁轻轻叩响了门钹上暗红的铜环。半晌，一位五十多岁的老者露出诧异的眼神将客人迎入。赛典赤三人见偌大个院子杂草丛生，冷清萧瑟。穿过回廊进入屋内，却是四壁徒空，只有一个黑漆木柜立在墙角。

张立道说完来意，老者感叹道：“平章大人高瞻远瞩，修讲堂，开云南庙学之风气，培养滇省莘莘学子，此乃义举啊。”

老者接着说：“小民姓林，此房产是祖上传下的基业。可是我养

① 现在昆明的文庙改建于康熙二十九年（公元1690年）。

了一个不肖之子，年少轻狂不走正道，整日酗酒买醉，斗鸡赌博，不听规劝。家财已被他耗尽，为此我妻气得身亡。现在只剩这破败老宅，小儿吵闹着还要拿它抵押作为赌资。唉，与其让这个败家子糟蹋，不如将其捐出供大人修建讲堂。只望学堂今后能够调教一批尊礼识教的子弟！”

赛典赤三人听后唏嘘不已。赛典赤说道：“林老爹高风亮节，识大体，顾大局，令下官感佩。只是您家眼下生活艰难，依我之见，莫如本官以一年的俸禄购买您的家产，您可另择吉地建造新居。再者，这文庙建成之后也需要工勤人员打理。如蒙不弃，您可以充任杂工取得些许劳酬以维持生计。贵公子亦可以入学就读，即便是不能参加科考入仕为官，却也能够读书识字，学习礼数正当做人。不知林老爹意下如何？”

中统元年，忽必烈对官秩及俸禄制定了一套严格的规定，至元六年又进行了调整，官员的俸禄细到分厘。赛典赤官居云南诸路行省平章政事，秩从一品。按照朝廷的规定，从一品一年的俸禄为一百二十八贯六钱六分六厘，米一十二石。

老者听后，眼眶噙泪，跪地就拜，激动地说道：“大人体恤小民，安排得入情入理，小民感激不尽！”说毕起身，走到木柜前，从怀里掏出钥匙打开铜锁，从里面取出地契呈给赛典赤。

望着这张略为发黄的地契，赛典赤的眼睛湿润了。他深深知道这不是一单普通简单的房屋买卖，它寄托着像林老爹这样善良民众的期望。他吩咐张立道尽快拟定契约，支付款项，又嘱咐纳速剌丁帮助林老爹尽快选择新的宅基地。

二

解决了建设文庙的地皮问题，赛典赤即刻拨出官银委派张立道负责筹划兴建文庙。

两个月之后张立道便完成了整体设计。建筑面积四十双（约五千五百平方米）。设东、西两道大门，共有房屋五十三间，布局严谨大气，气势恢宏。赛典赤、纳速剌丁等人看过设计图样以后都十分满意。赛典赤当即命令张立道着手建设。

张立道马不停蹄，组织人手采买木料、石料、砖瓦等一应建筑材料，又招募剑川、鹤州等地木匠、泥水匠二百余人紧张地施工建设。在施工建设中，赛典赤不时到施工现场检查指导，工程进展十分顺利。

一年后，工程已经初具雏形。

这日，赛典赤、纳速剌丁等人来到文庙东大门，离刊刻有"文武官员至此下马"的"下马石"两三丈前，立即勒缰下马。张立道等一干人早已在大门口迎迓。

文庙大门分左、中、右三格。中间一格，只有皇帝赐匾，或本省有人中状元才能打开通过，平时任何人只准走侧门。进了大门后就到棂星门，棂星又称为天田星，意即尊孔必尊天。此门是一坊、四柱、三门花岗石建筑，下为蟠龙抱柱，制作精巧，栩栩如生。左右两门为礼门、义路。

赛典赤一行人沿着中轴线边走边看，庙内古柏参天。张立道一一指点，详细介绍。由北至南依次是崇圣祠、大成殿、大成门、八角亭。在中轴线东侧，形成平行的轴线，由北至南依次布置明伦堂、桂香楼、魁星阁。位于正中的"大成殿"气势典雅庄重，是文庙的核心。殿内供奉"大成至圣先师孔子神位"，牌位木龛由剑川的木匠大师雕刻而成，精美绝伦。孔子塑像朝南端坐，东西两侧有孟子等四贤和子路等十哲相伴，大殿对称两厢有孔子七十二弟子和历代名儒。一些画匠正忙着为塑像描绘色彩。

张立道说："目前文庙建设已近结尾，只等添置书籍、祭器、乐器等，秋后祭孔大典就可以在此举行。"接着他又补充道："哦，平

章大人，应该考虑招收学子和延聘教官之事了。”

张立道的几句话提醒了赛典赤。他说道：“显卿言之有理。”

赛典赤唯恐耽误了开讲时日，进而深思：招收学子在本地就可以解决，这延聘教官之事须得慎重斟酌。若说德高望重、才学渊博之高士，那该数大都太极书院里的大儒。只是千里迢迢，路途遥远，北方人到云南水土不服，纵然是给予重金，恐也难以说动那些人。想来想去，莫如向四川求援。四川天府之国，人杰地灵，藏龙卧虎，书院林立，文人墨客如在水之鲫。此外，滇川两省相邻，不仅交通相对便捷，而且川人与滇人生活习俗相近，更便于沟通交流。只是派谁前往成都更为妥当一些呢？显卿倒是最合适的人选，可是眼下他正为文庙建设收尾忙得不可开交。爱鲁远在金齿负责矿营的事务，两人都分不开身。赛典赤想到了纳速剌丁，他是自己的长子，经过几年的历练逐渐成熟稳健，完全可以作为行省的代表前往成都延聘文学之士。于是赛典赤当场将这个想法向张立道、纳速剌丁讲述，两人都觉得甚好。

赛典赤对纳速剌丁说：“回想起来，至元三年十二月，朝廷诏改我为四川行枢密院行中书省。我在成都佥事时常去文翁石室听过讲习，曾与蜀士王荣午相识，一别数载也不知他的现况。此次你去成都不要惊动四川行省，否则王荣午误以为我们以势压人。你可直接征询王荣午先生的意愿，可否前来文庙主持教授。”又嘱咐道：“此人学富五车，是蜀中大儒，但是清高孤傲，恃才傲物，浪迹形骸。你须要谦恭礼仪诚心相邀，切莫勉为其难，更不可莽撞行事，另外我即修书一封你可转交于他。”

纳速剌丁拱手，说：“谨遵大人教诲！”

赛典赤又拨出官银在官渡购置田八双，专供文庙祭祀和办学用的学田。

鄯阐文庙于至元十三年（公元1276年）落成。开始学生数量较少，连学长、官员都得亲自去“劝士人子弟以学”，后来发展到每期招收一百五十名寒门学子，当地少数民族，“虽爨僰亦遣子入学”，体现了孔子“有教无类”的办学思想。并于城外建社学，每年在一定时候率诸生去行祭孔礼，使人人都讲礼让，云南风俗逐渐改变。

赛典赤卒后，原来拨给文庙的学田被大德寺占有。大德元年（公元1297年）忽辛由陕西行台御史中丞，改任云南行省右丞，得知此事便据理力争，按旧籍将学田归还文庙，并继续倡导诸郡邑遍立庙学。建水文庙始建于至元二十二年（公元1285年），经历代四十多次扩建增修，建水文庙占地面积已达一百一十四亩，其现存规模、建筑水平和保存完好程度，仅次于山东孔子家乡的曲阜孔庙和北京孔庙，在全国大型文庙中名列前茅。安宁州文庙始建于元成宗大德六年（公元1302年），由是云南文风大兴。此是后话。

鄯阐文庙毁于元末，明朝黔宁王沐英重建，明末农民战争中被毁，后迁建于长春观。现在的昆明文庙于清康熙二十九年（公元1690年）迁建于此，此后历经乾隆、嘉庆一直到清末都有修葺。此亦是后话。

三

再说纳速剌丁只身一人离了鄯阐，经曲靖州，沿着乌蒙府的朱提道，走秃落蛮州（今昭通北部、宜宾南部一带），越云南境入四川叙州（今宜宾）。后又过乐山、眉山，一路之上，昼行夜宿不敢多停留。

纳速剌丁常在马上思考：父亲推崇的王荣午究竟何许人也？自己将如何说动他前往鄯阐？思考几日却不得要领，心想只好见面之后随机应变。

半月之后纳速剌丁抵达成都。前些年曾经随父亲在成都生活过几年，爬过青城山，游过都江堰，去过杜甫草堂。对城内的春熙路、青羊宫等几条主要街道还算熟识。经过一番打听，在王荣午讲习的文翁石室附近找了一个芙蓉客栈住下。

纳速剌丁并未急着去拜访王荣午，两三天来一直蹲在街头茶馆。头一两天，一边喝茶，一边听四川人东南西北地摆龙门阵，自己并不多言。一来二去就结识了两位茶客，每日都是纳速剌丁掏钱买茶，两人见他豪爽大方、彬彬有礼，话也就多了起来。

“听口音这位公子像是北方人？”一位老者问道。

“老爹见多识广，晚辈确是大都人氏。”纳速剌丁自小在北地长大，操一口北方话。

“公子到我蜀中是做生意，还是参拜乐山大佛？”另一位老者问道。

“我虽是大都人近年却是旅居云南，此次慕名而来，只想进入文翁石室求学。”纳速剌丁半真半假，恭敬答道。

两位老者点首夸赞道：“文翁石室与杜甫草堂、扬雄墨池等学宫比肩齐名，公子千里迢迢访师求学其志可嘉！”

纳速剌丁趁机问道：“晚辈在云南听说文翁石室有位大儒名唤王荣午，在下想拜他为师，但是却不知大师秉性如何，能否收留于我？故不敢贸然前往，还请两位老爹赐教一二！”说毕抱拳一揖。

“唉，此事难以如愿。”一老者摇摇头，叹息一声，说道。

“这是为何？”纳速剌丁追问。

那个老者说：“公子有所不知，这王荣午先生是个奇人，七岁之时便能背诵半部《论语》。自年初收了内江的一个学子作为关门弟子，今后便不再授徒，恰好你晚来了半年啊！”

纳速剌丁“哦”了一声，心中有些失望。他原想以拜师为名接近王荣午，而后相机说动他前往云南任教。看来这一方法搁浅了。脑袋里转了几转，一时间仍然没有想出一个好法子，但他仍不甘心。他举起茶盏说道：“请二老用茶！顺便打听一下，这位王荣午先生平日里有些什么嗜好？”

老者抿了一口茶，说：“这王荣午先生啊，除了讲课之外，平时里却是有两大喜好。”

老者放下手中的茶盏继续说道：“一是精通音律，喜好弹奏古筝，下学之后便沉溺于弹奏，以至于废寝忘食。二是喜好饮茶，一把紫砂壶须臾不离身，一曲终了总要饮一壶酽茶提神解渴。”

纳速剌丁一边听，一边想，心里渐渐有了主意。随即从桌子上随手抓了两把花生米放在两位老者面前，说了声：“晚辈领教了！改日我请二老吃红油抄手。”

蜀地物华天宝，人杰地灵。书院兴起较早，大约肇始于唐代。两宋时期已形成了相当的规模，并确立了书院制度。对教育的发展繁荣和传统文化的传承延续发挥了积极作用。元朝统辖全国后，对儒学和教育也颇为注重，《元史·选举志》就记载了元朝鼓励发展书院教育的若干规定。四川的地方官员以文教昌明与科第兴旺为己任，对恢复书院、兴办教育都比较重视。纽璘坐镇成都时，就曾请准以文翁石室、扬雄墨池、杜甫草堂都作为学宫，兴建了多个书院，并派人到东南各地收购了大量图书来充实四川的书院。到元代四川重建的学校和书院已蔚然可观。书院作为进行文化教育的一种重要组织形式，在培养人才和教化人民等诸多方面都发挥了重要作用。四川经济文化的繁荣和书院的昌盛有着密切的关系。

四

翌日午后，纳速剌丁青衣凉帽，一身朴素，提着一只装着茶饼的竹篮，来到文翁石室书院大门，向门卫说明自己慕名前来向王荣午先生献茶。书院本是开放之地自然不会阻拦，纳速剌丁便顺利地进入书院。

纳速剌丁聪敏好学，多年受父亲调教，已经是能征善战的青年将军。每逢战事总要仔细斟酌一番，首要的是分析敌我态势，研判情报，熟悉对手，事前尽量做到知己知彼心中有数。三天来泡在茶馆，

为的就是充分了解王荣午。昨日一夜又细细分析，大凡文人皆视功名利禄为粪土，却十分珍视自己的名声与气节，希望得到人们的尊重与认可。这是文人的虚荣心，就是这种虚荣心形成了他们洁身自好的特质。但是如果一味对其奉承，他又会认为你是个阿谀虚伪之小人。封官许愿，重金予之，又使其觉得过于庸俗，甚至是侮辱其人格。如果使用激将法，又担心出现僵局，反而将事情弄糟。思考良久，觉得还是采取软中带硬的方法为妥。一方面态度一定要谦恭，以情动人；另一方面也要展示自己的才能与见识，使对方觉得有相交的基础和条件。只有相互建立了亲和力事情才可能完成。只是自己对“四书五经”研读甚少，如果交流儒学恐怕一两个回合便要败下阵来……猛然间，想起老者说的“茶”与“音律”，或许是个话题，思考一番，拿定主意以后方才上床就寝……

此时，纳速剌丁见时间尚早，便漫步浏览。书院内香楠林蔽日遮天，两株高达十余丈的古银杏树，矗立云天，古朴典雅，规模宏伟，幽深宁静。廨堂之间，回廊环绕，别有情趣。看过藏书楼、宿舍，东穿花径，只见亭台楼阁、绿树环绕，又是一番风光。来至讲堂前，雕花木门紧闭，里面传来一阵洪亮之声，他知道先生还在授课，只好耐心等待。

过了半个时辰，纳速剌丁见台阶下走来一个孩童，十二三岁，面白唇红，披发齐腰，额头留着一簇刘海，一张娃娃脸，两侧各留着一缕细发，宛若《西游记》中的红孩儿。孩童右肩挂着一个长两尺余的布袋，左手提着一个圆形竹篓。

纳速剌丁见状，灵机一动，走上前去取下孩童肩上的布袋，悄声问道：“小哥可是王老先生的书童？”

那个孩童放下手中竹篓，用手袖擦了擦额头上的细汗，轻声回说：“正是。”

“小哥如何称呼？”纳速剌丁拱手问道。

“鄙人免贵姓刘，单名达，字静远。”孩童也拱手回礼答道。

听着小小年纪的刘达一板一眼的回答，纳速剌丁心里想笑，却忍住了，在大儒跟前耳濡目染，这个小孩童竟然也学了一套文质彬彬。

纳速剌丁指了指自己脚下的茶篓，说：“刘小哥，在下来自云南中庆府，专程前来为大师献茶。看您日常辛苦，不若今日由我替您为先生煮茶。”说着掏出一些碎银子递给他，说：“刘小哥，您可歇息半日，上街买个锅盔吃。”

刘达毕竟是个孩子，听可以休息又有钱买吃食自然高兴，便将竹篮与布袋交与纳速剌丁，并叮嘱道：“公子，这竹篓里是泥炉与烧壶，布袋里装的是先生心爱的古筝，千万要小心！”

纳速剌丁拱手，说：“在下明白，请刘小哥放心，我自会照顾好先生！”

刘达高高兴兴地走了。

不一刻只听大厅人声喧哗，一群学子簇拥着一人边说边走。纳速剌丁一看，此人身材矮小，银发披肩，银须垂胸，身着灰色长袍，腰间系一根蓝色腰带，右手拿着一把紫砂壶。他料定此人应该就是誉满巴蜀、名贯西南的大儒王荣午。于是立即趋上前去，拱手，朗声道：“晚辈拜见先生！”

王荣午面对这个陌生的不速之客有些突然，眨眨小眼努力搜索回忆，他记不得他曾经有这么一个高大帅气、高鼻梁、眼睛深凹的学生或朋友。

纳速剌丁解释说：“适才静远兄弟在烈日下等候先生半个时辰，可能是中暑了，身体有些不适，晚辈让他回去歇息，今日就由我为先生煮茶。”

王荣午一眼瞥见纳速剌丁右肩上挎着的琴囊和地上的竹篓，也不问来者何人，便说：“讲了一个时辰，口干舌燥，正想喝口茶哩，你且随老夫来。”说毕径直走去，学子们拱手让道，纳速剌丁双手提起

地上的两个提篮紧随其后。

穿过清香四溢的兰园，走过碧波涟漪的水榭，来到一座白墙灰瓦的小院。进入院内，纳速剌丁见是一清幽小巧的花园，沿着墙角四围栽种着整齐的紫竹，左侧有一亭台，悬着一块黄色木匾，上书“自然亭”，落款却是王荣午。院子中央放置一张丈余长的石桌和两三个石凳，右侧有一口水井。

纳速剌丁放下提篮，小心翼翼地将琴囊放在石桌上，接过先生手中的茶壶。王荣午则坐在石凳上双臂垂抱胸前，双掌交叠，如环抱婴儿，气沉丹田，闭目养神。这王荣午精通儒学，却对道家养生之道情有独钟。他曾在青城山道观求得打坐之功，每遇困倦之时只需静坐一刻便精神焕发。

自从那年中秋节在段家屯喝了三道茶后，纳速剌丁不仅喜欢上了喝茶，而且时常向段明芳学习茶道。

此时纳速剌丁打开竹篓，取出泥炉，找来些竹枝，打着火镰点燃炉火，又拿起烧壶到水井边汲了一壶清水。待水沸腾后，便一丝不苟地洗壶，投茶，润茶，洗茶两道后又注入沸水，一切就绪便肃立静候。

过了一刻，王荣午向上轻展双臂，口鼻深作吐纳，双眼似睁似闭，如大梦初醒。纳速剌丁连忙双手恭敬奉上紫砂壶。王荣午对着壶嘴吮了一口，只觉得舌尖、齿间、喉间润华溢香，竟与平时饮茶味道不同一般，又抿了一口，微睁双眼，问道：“此乃云南普洱茶？”

纳速剌丁回说：“正是云南普洱黑茶。”

大凡名人雅士都喜茶，爱茶，茶水相融，清醇高雅，如同其品性。四川多丘陵大山，平原活野，水旱从人，物产丰富，盛产名茶。如名山县的蒙顶茶，外形扁直，色泽嫩黄，芽毫毕露，甜香浓郁，汤色黄亮，滋味鲜醇回甘，叶底全芽，黄嫩匀齐，为茶中的极品。又如竹叶青茶，产于山势雄伟、终年云雾缭绕的峨眉山山腰的万年寺、清音阁、白龙洞、黑水寺一带。再如青城茶，不仅历史悠久，而且茶叶花色品种也甚丰富。毛文锡《茶谱》记载："青城，其横源、雀舌、鸟嘴、麦颗，盖取其嫩芽所造。"

王荣午不仅喜欢饮四川本地之茶，天下名茶如西湖之龙井茶、武夷山之大红袍茶、长沙之茉莉花茶等，只要吮一口便即刻分辨清楚。

他若有所思地说："咦，许久没有饮过云南六大茶山的普洱茶了。"饮了一壶好茶方才想起询问献茶人的姓名。

"晚辈纳速剌丁，自滇省而来。"纳速剌丁恭敬回说。

"为何到得书院？"

"晚辈仰慕先生琴艺，朝思暮想，妄想倾耳聆听先生抚琴一曲。"纳速剌丁用的是投其所好之计。

王荣午问道："公子喜欢哪一曲啊？"

纳速剌丁回道："可否请先生弹奏一曲《高山流水》？"

王荣午褪去琴囊取出古筝，调弦正音，闭目轻轻舒展双臂，手指轻抚琴弦。拨、挑、弹、滚，时快时慢，时高时低，时紧时疏，丝丝入扣。指尖流淌出高亢婉转的旋律，宛若潺潺流水，水花四溅，银珠散落金盘，又如山涧瀑布汹涌激荡，听得纳速剌丁如醉如痴。

一曲终了，余音绕梁，纳速剌丁缓过神来，连忙击掌赞道："先生果然名不虚传，颇有师旷遗风！"

王荣午接过纳速剌丁递过来的茶壶吮了一口，仍然微闭双眼，问道："公子也知晓师旷？"

纳速剌丁恭敬回说："关于师旷，晚辈略知一二。师旷①，字子野，又称晋野，春秋时期晋国羊舌食邑人②，也有人说他说鲁国平阳人③。师旷是盲人，常自称'暝臣''盲臣'。其为何目盲，有两种说

① 师旷：公元前572年～532年，大约生活在春秋末年晋悼公、晋平公执政时期。

② 今山西省洪洞县曲亭镇师村。

③ 今新泰市北师乡北师村。

法：第一说是他天生眼盲；第二说是他自幼酷爱音乐，聪明过人，就是生性爱动。向卫国宫廷乐师高扬学琴时，用绣花针刺瞎了双眼，发愤苦练。终于青出于蓝而胜于蓝，琴艺逐渐超过了师父，后来在晋悼公初年进入宫廷担任主乐大师。”

王荣午微微颔首。

纳速剌丁继续说道：“依晚辈看第二种说法较为可信。”

“哦。”王荣午轻轻应了一声，似乎在等待他的详释，同时也是一种考验，看一看这个年轻人究竟知道多少。

纳速剌丁解释说：“师旷先师曾经说过：‘技之不精在于多心，心之不一在于多视。’他觉得眼睛看到的东西太多，使他无法专心地研究音律，所以用绣花针刺瞎了自己的眼睛，使自己的心平静下来。”

他接着说：“依晚辈看，其实师旷先师这两句话并非仅仅在说学习音律的方法，而是蕴含着深奥的人生哲理。”说到这里，纳速剌丁有意暂停了一会儿。

王荣午问道：“有何说法？”

纳速剌丁侃侃而谈：“依晚辈愚见，师旷先师留给后人的启示是：凡做事须要专一，心无旁骛方能成功。譬如，做臣子必须忠臣不贰；做子女必须尊老爱幼始终如一；烈女不事二夫，从一而终，所谓女为悦己者容；做朋友必须肝胆相照，所谓士为知己者死；做学子者必须遵从师道，所谓一日为师终身为父。”

听了这一番话，王荣午睁开眼睛，说道：“公子透过音律，剖析人生之道，实在精辟之至。我猜想公子此行绝非仅为听老夫胡奏古曲而已。”

纳速剌丁慌得急忙拱手，说道：“先生所言不差，实不相瞒，晚辈实有重任在身。”随即将父亲的书信递交给他。

王荣午拆开信封，阅后，问道：“原来是大公子，失敬！失敬！

令尊大人可还安好？”

纳速剌丁回道：“谢过先生，父亲无恙，只是诸事缠身无法亲自前来。”

王荣午感叹地说：“我已耳闻，平章大人主事云南，首建行省，日理万机，尚牵挂老夫！我乃闲云野鹤，粗茶淡饭，习惯了散漫生活无心入仕。”

纳速剌丁诚心说道：“云南夷多汉少，俗无礼仪，父亲决计倡儒学，正三纲，明五伦，严乡师约以风俗，故欲延聘先生为提举兼教授，为的是管教统一。”说毕就要下跪。

王荣午见状连忙将他扶起，两人在石桌就座，重新见礼。

纳速剌丁又挑起话题，说道：“先生远赴云南，一来可以传播儒学开化夷民流芳百世；二来还可以深入民间田园采风，乐在其中。譬如丽江府就有洞经音乐……”

纳速剌丁话未说完，王荣午眼睛一亮，说道：“雪山峡谷之中尚有洞经音乐？”

纳速剌丁见这条鲶鱼已上钩，心中暗喜，故意卖了个关子：“说到这洞经音乐倒有些奇闻轶事。”

“公子请讲，老夫愿闻其详。”

纳速剌丁不紧不慢地说：“晚辈知道蜀地的道教音乐大多起源于上古先民在举行巫觋活动时所演奏的祭祀音乐。到了唐宋时期，随着青城山著名道祖杜光庭对天师道正一派科仪音乐的整理和完善，形成了道教音乐流派‘南韵’，为青城洞经古乐的形成奠定了基础。青城洞经古乐的曲调具有细腻、优美的特点。唐宋以后，青城洞经古乐开始衍变为以诵唱《文昌大洞仙经》为主。”

王荣午点头默认，对眼前的年轻人开始刮目相看。

纳速剌丁接着说：“而丽江之洞经音乐却是有些传奇。南宋理宗宝祐元年（公元1253）忽必烈皇帝亲征大理，么些族首领阿良在剌巴

江迎接蒙古大兵执礼甚恭。不久，忽必烈攻破大理，在挥师北还之际，为感谢阿良，封他为‘茶罕章管民管’，并且还赐予他大量礼物。其中，就包括一队乐工和一些乐谱。乐器有苏古笃、曲项琵琶、双簧竹管乐器波伯（芦管），还有竹笛、大提胡、中胡、小叫胡、三弦、五音云锣、中锣、小镲、铙、大钹、锣、板鼓、提手、木鱼、磬等等。相传白沙细乐主要由《笃》《一封书》《三思吉》《阿丽哩格吉拍》《美命吾》《跺磋》《抗磋》《幕布》等八个乐章组成。白沙细乐的曲调大多为羽调式，包括五声性的七声音阶、六声音阶，个别部分运用五声音阶，如《三思吉》。白沙细乐中也有节奏缓慢、风格柔婉、旋律清越的曲调……”

痴迷音律的王荣午听得手舞足蹈，他已经被纳速剌丁绘声绘色的描述所打动，他为年轻人的广博学识而折服，兴奋地说：“老夫愿意前往云南教学采风！”

纳速剌丁苦口婆心，说得口干舌燥，终于完成了父亲的托付。

此后，赛典赤任命蜀士王荣午担任中庆路儒学提举，白人段文瑞担任中庆路儒学副提举，郝天举等人为教官，白人赵子元担任大理路儒学提举，一时名师荟萃于云南，自此滇省儒学大兴。

第二十三章　清真寺传播圣贤训 护法人守戒开斋节

一

元帝国横跨欧亚大陆，幅员辽阔，其疆土内种族十分繁多，使得元朝的宗教呈现多元化态势。朝廷对宗教管制较为宽松，甚至以优容之礼对待。如对僧人有免税免役特权。这种环境比较有利于宗教的传播与发展。在那个时期，佛教、道教、白莲教等都有较大的发展。东西方的商旅、教士来往频繁，自中东传来的伊斯兰教、犹太教，西方的基督教（景教和天主教）等教派的影响力也逐渐增加。由于元朝对境内各种宗教基本采取自由放任的态度，这为宗教的传播与发展创造了空前宽松的环境。

宋以后，中原佛教以禅宗为盛。忽必烈平大理后，鄯阐有名的高僧洪镜即赴中原学法，在中原一带居留二十五年，前后从“当世大德”四次学禅。回云南后，用白语讲经于鄯阐城郊的筇竹寺，以后禅宗在云南开始传播。同时，中原的禅僧也从内地来到云南。如大休，是临济宗义玄十六传弟子，袁州仰山寺雪岩的门徒，曾于至元十五年（公元1278年）来云南传播禅宗。云南的梁王也各有王师，兼任宣政院所属的云南诸路释教都总统，管理云南的寺院。元代云南有许多供摩诃葛剌的神庙，传说是因南诏威成王尊信的缘故。摩诃葛剌是喇嘛教的护法神，即元人所谓“番僧所奉之神”，这种信仰反映了喇嘛教

在云南的影响。

不仅佛教在云南盛行，道教、伊斯兰教也在云南不断传播。

道教在元代传入云南，据说是全真教的宋披云首先在滇东传播，在鄯阐建有龙泉观、长春观、真庆观等。

兀良合台、赛典赤入云南后，大批回回人从西北随同入滇，是为云南回族的来源，因而伊斯兰教也随之传入云南。随赛典赤来云南的撒马尔罕人马薛里吉思，是景教徒（也里可温），在云南传播基督教。据《马可·波罗行纪》中记载，押赤（今昆明）“城大而名贵，商工甚众。人有数种，有回教徒、偶像教徒及若干聂思脱里派之基督教徒”。鄯阐城成为包容三教九流的新兴城市。

伊斯兰教是世界三大宗教之一，公元六世纪时产生于阿拉伯半岛，创立者是穆罕默德。“回回”曾泛指中亚、西亚信仰伊斯兰教的各民族。

在唐宋时期，有不少波斯人和阿拉伯人沿着丝绸之路来到中国经商。有的在泉州、扬州、西安等城市定居，在元朝以前他们始终保持着藩客，即侨民的身份，还不是真正意义上的中国少数民族。蒙古人称中亚地区的波斯人为“撒儿塔兀勒”。契丹人早已将这个地区称为“回回大食部”“回回国”。成吉思汗征讨花剌子模国，中亚地区即西域的数以十万计的军队和工匠加入了蒙古人的队伍，其中相当一部分人随成吉思汗东归来到中国。这数十万军匠被称为回回的波斯人，就是中国回族的主要来源。之后，蒙古国颁布了《探马赤军随地入社与编民等》的法令[①]，东来的波斯军匠随之参加到蒙古王朝的各种社会基层组织而成为“编民”，在法律上正式取得了合法的身份，成为中国的臣民。元代的军事活动和政务调遣造成回回民族大分散、小集中的特点，清真寺则成为回回人社区活动的中心。

---

① 探马赤军是主要由回回人组成的“西域亲军”，是成吉思汗的野战军。

赛典赤对宗教事业十分重视，他自己是虔诚的穆斯林教徒。他想到许多入滇的回回人或仍然在军中服役，或解甲归田就地安家落户，总要有一个让他们举行礼拜（祈祷）、宗教功课、宗教教育、宣教活动、重大节日庆典的中心场所，这样才能保持传统的礼俗，增强族群的归属感和凝聚力。清真寺，回族俗称礼拜寺，是回回人施行宗教礼仪的重要场所，是凝聚民族精神的圣殿，是不可或缺的巨大的精神支柱。于是由他发起，号召穆斯林教徒共同集资，在鄯阐城兴建南城清真寺①。

二

南城清真寺坐落于鄯阐城大南门迤北。清真寺的外貌明显地受佛教文化影响，展现出伊斯兰教文化与中国寺庙的建筑元素相融合，又别具特色的风格，整体建筑外形似展翅欲飞的凤凰。

南城清真寺落成那天恰好是主麻日（礼拜五）。赛典赤与纳速剌丁、哈散、忽辛、苫速丁兀默里、马速忽一早来到南城清真寺。爱鲁、张立道、张忠、罗老幺、段志明、段杨氏、段明礼、段明芳等人也前来祝贺，向阿訇送了贺礼后，一行人随众教徒鱼贯而入。

大门两侧枋上有楷书阴刻对联："畏圣人言小心翼翼，法天行健终日乾乾。"进了大门，天井中央是经籍亭，为一木结构正方形建筑，系单层歇山顶，四角出翘，周设围廊，木檐枋遍刻镂孔图案，小巧玲珑。正对亭子是五间礼拜大殿，两侧各有厢房五间。礼拜殿阔五楹，深三进，横列四大明柱，殿中央正门上悬"朝真殿"木匾。朝真殿②为歇山顶厅堂建筑，中间顶梁柱仅有穿斗式边柱，格子门，门楹外设长型条凳，前殿作卷棚式顶，两侧粉墙绘麦加建筑图。殿两侧厢房

① 关于鄯阐南城清真寺的兴建年代有两种记载，其一，为唐贞观六年（公元632年）；其二，为始建于元代。今从其二。

② 1996年清真寺重建时，朝真殿按编号拆卸迁往嵩明县梨花村，照原样恢复重建。

系两层楼房，走廊前设木雕凭栏。除主建筑外，朝圣殿后有沐浴室，殿两侧有住宅、储藏室等。

可惜到了清康熙初（公元1673年～1677年）南城清真寺毁于兵燹，后由昆明地区的穆斯林教徒集资重建。清咸丰丙辰年（公元1856年），清军镇压云南回民起义血洗昆明时又被焚毁。光绪初年由临沅镇总兵官、署云南提督马如龙重修。此是后话。

参观过清真寺，爱鲁、张立道、张忠、罗老幺、段志明、段杨氏、段明礼、段明芳等人告辞而出。

赛典赤父子六人沐浴更衣，白衣白袍与众教徒陆续进入大殿。

每逢伊斯兰教重大节日，回回便在清真寺集体做礼拜，称为“会礼”。穆斯林做礼拜前要先行净礼，有水用水，称为水净，沐浴全身或洗净部分身体。特殊情况下“会礼”若无水，则用土净，用手拍打净土、净沙、净石，再用手摸一些部位。做礼拜的意义在于陶冶性情，不忘冥冥之中真主对自己行为的监察，悔过自新，养成服从宗教领袖的习惯。

赛典赤父子与众教徒一起匍匐在地，然后双脚跪地，双手手心向上，用阿拉伯语虔诚地念诵“清真言”：“万物非主，唯有真主；穆罕默德是主的使者。”念词如诵如歌，整齐划一，肃穆庄重，萦绕圣殿。

礼拜毕，赛典赤父子与众教徒恭敬听一位头戴白帽的白须开学阿訇[①]神情专注地讲述《古兰经》的第二章《黄牛（巴格勒）》：“你们把自己的脸转向东方和西方，都不是正义。正义是信真主，信末日，信天神，信天经，信先知，并将所爱的财产施济亲戚、孤儿、贫民、旅客、乞丐和赎取奴隶，并谨守拜功，完纳天课，履行约言，忍受穷困、患难和战争。这等人，确是忠贞的；这等人，确是敬畏的。”

云南的回族穆斯林虽然属于伊斯兰教逊尼派的哈乃斐教法学派信

① 主持清真寺教务者尊称为阿訇。教坊首领，尊称为教长阿訇。经文大师尊称为开学阿訇。

徒，但自古至今的每日五次礼拜祈祷的名称，不用阿拉伯语名称，而是习惯使用波斯语名称。在礼拜时，全过程念的都是阿拉伯文，但入拜前的举意词多用波斯文，出现两种语言交替使用的现象。如“老师”，阿拉伯文称为“吾斯塔兹”，波斯语为“吾斯塔德”。“五功”，即念、礼、斋、课、朝，礼拜不用阿拉伯语“撒拉特”，而用波斯语“乃玛孜”；封斋称为“肉孜”，而不是阿拉伯语“萨姆”。礼拜的“五番拜功”全是波斯语，晨礼称为“邦多达”，晌礼称为“撇申目”，哺礼称为“底格勒”，昏礼称为“沙姆”，宵礼称为“霍虎坦”。朋友称为“朵斯提”，吃饭称为“胡鲁丹”，生病称为“别么”，称某人为“克思”，请求别人原谅称为“忽时努”，诅咒人下地狱称为“下多热海”，称主麻日（星期五）前的星期四为“旁闪”，称仇人为“都什满”。

阿訇在教会为儿童用阿拉伯语学习《古兰经》、圣训，清真寺经堂还开设波斯语的系列课程，学习波斯文的圣训诗歌，波斯的苏菲哲学和逻辑学。

赛典赤是云南伊斯兰教的传播者、奠基人和开拓者。据明朝李元阳《云南通志》卷十三载：“清真寺有二，一在崇正门内，一在正门外，俗呼礼拜寺，俱元平章赛典赤建。”相传，赛典赤所建立的清真寺仅在昆明市区就有十余座：南城清真寺、永宁清真寺、桃园清真寺、马家村清真寺、海口大村清真寺、海口小村清真寺、海口蒋凹村清真寺、金牛街清真寺、崇善街清真寺等。此外在大理、临安等地相继建立了清真寺，从而使伊斯兰教在云南扎了根并如雨后春笋般，迅速发展起来。

三

时光如梭，秋风初起。由于公务繁忙，日夜操劳，赛典赤不幸感

染风寒“别么”了。

这几日，纳速剌丁心里默默计算着：奇、假、元、吊、拐[①]……按照伊斯兰教历过几天就是二十九日了，如果那天傍晚能够见到新月，翌日即为九月一日将进入伊斯兰教尊贵的斋月[②]。

每年伊斯兰教月，称为斋月。斋月期间，穆斯林在日出之前都要吃封斋饭。在日出之后的整个白天里不吃不唱，谓之封斋。在这期间，一心只敬真主戒除一切俗念。

傍晚，一钩新月升上了湛蓝的夜空。

纳速剌丁来到父亲的房间，轻轻点燃了桌上的红烛，微弱的光线慢慢地扩散在寂静的空间。

床上的赛典赤咳嗽了一声，纳速剌丁轻轻地，急速来到床前。

赛典赤问道：“儿啊，是不是看见新月了？”

纳速剌丁微微点点头。

赛典赤说：“家里的肉孜[③]饭准备好了吗？”

纳速剌丁轻声回答说：“阿老瓦大爷已经准备好了，您就放心吧。”

第二天一早，纳速剌丁抬着一碗银耳羹来到床前，将正伏在床边打盹的忽辛轻轻唤醒，挥挥手示意让他退下休息。转头见父亲还在闭目安睡，只好在一旁静候。

屋内的清香已经燃过一半，纳速剌丁把银耳羹重新热后又端回来，看见父亲微微挪了挪身子，急忙将碗放在桌子上，双手扶起父亲。

赛典赤指指桌子上的瓷壶轻声说想要喝茶。

---

① 波斯语一、二、三、四、五、六、七、八、九、十，分别读作“奇、假、元、吊、拐、闹、柴、盘、坎、祥”，若要表示相应的数量，只需要在这些数词后面加上相应的百、千、万等即可。

② 每年伊斯兰教月，称为斋月。斋月期间，穆斯林在日出之前都要吃好封斋饭。日出之后的整个的白天，不吃不唱，谓之封斋，在这期间，一心只敬真主，戒除一切俗念，经过一个月的斋戒，于伊斯兰教历九月的最后一天，寻看新月（月牙），见月后的第二天，即行开斋。

③ 回回称“封斋”为“肉孜”。

纳速剌丁端起碗，拿勺搅了搅说：“父亲您该用早饭了。”

赛典赤反问：“早饭？今天不是斋月的第一天吗？”

纳速剌丁说：“您有病在身需要营养，今年您就不必斋戒了。因为按照我们伊斯兰教的规定，凡外出旅行者、病人、产妇、经期妇女可以欠斋待补，今天我就替您向穷人‘包贴’（施舍）饭食来弥补吧。”

赛典赤长叹了一口气说：“孩子啊，我自从十二岁起至今五十四年里，无论行军打仗哪一年没有按照教规斋戒？‘伊玛尼’[①]是我们回回的根本，守住操行是我的本分啊！”又微笑着说：“到了开斋节，你们可不要忘记给我送一份炸油香哦。”于是每日太阳落山之前竟然不肯进食一口。[②]

一钩新月悄悄爬过了院子里老槐树的树梢，回回人翘首以待的开斋节到了。开斋节（希吉来历十月一日）是伊斯兰教最重要的节日，庆祝斋戒满月圆满结束。

行省平章府内的厨房是最繁忙的地方。午时刚过，厨师阿老瓦和纳速剌丁就指挥众兄弟。哈散在捡择蔬菜，马速忽忙着洗涤一摞大青瓷盘，苫速丁兀默里在案板上用力和面，忽辛在灶台上拿着一把一尺长的筷子炸油香。整个厨房热气腾腾，香气扑鼻。他们要和父亲过一个欢乐的圣节。

开斋节过后赛典赤的身体逐渐恢复了健康，大家都松了一口气。

---

① “伊玛尼”：即信仰。

② 伊斯兰法规定，男十二岁、女九岁即为成年。未成年人不必斋戒。

第二十四章　暴风雨突袭盘龙江 滇宝马义救雨夜人

一

这年六月初，苫速丁兀默里奉行省之命前往金齿押运铜锭，来到矿营向爱鲁将军呈上行省提货文谍。爱鲁立刻命令人手将铜锭如数装上百余匹驮马。

苫速丁兀默里与哈散分别年余，兄弟见面格外亲切。

哈散问了父亲身体，又问诸位兄弟，苫速丁兀默里一一作答。两人吃过晌午[①]，苫速丁兀默里随着哈散来见张忠、罗老幺及段志明、段明礼父子。向他们转达了家人的问候并转交了各家给他们带来的家书、衣物及几坛咸菜。几个人托苫速丁兀默里带回工钱。段明礼高兴地说："四哥，请你回去告诉我阿妈和明芳妹妹，等到八月矿上歇工，我和阿爹就回去抢秋收！"

苫速丁兀默里不敢多停留，隔一日，带领运货马帮向东而归。路上行了十余日，待回到鄯阐已经是六月中旬。

待入库交割完货物后，苫速丁兀默里先到大哥纳速剌丁处报到，说自己今日告假一日，要去段家屯看望段杨氏母女，明晨准时应卯。

苫速丁兀默里了结公干以后换了便装，就近来到城内张忠、罗老幺两家转交了薪资，而后骑上马出了南城门，来到羊市口找了家小吃

① 云南人一般每天只吃早、晚两顿饭，农忙时午后加一餐，称为"晌午"。矿工劳动强度大，一般安排早饭、晌午、晚饭和消夜四餐。

店，吃了一大碗牛肉面条后，兴冲冲地向段家屯而去。

苫速丁兀默里来到段家小院前拴好马，刚要推开柴扉，一只看家的大黑狗狂叫着蹿了出来，他朝着大狗挥挥手说道：“阿黑不认识我了吗？”黑狗见是经常来的熟人立刻晃头摇尾。

院内空荡无人，一只母鸡带着一群雏鸡正在“咯咯”觅食。苫速丁兀默里喊了几声见无人应答，引来墙边七八只山羊“咩咩”叫唤。寻思这母女两人可能是在田间做活，于是转身走出院子扣好柴门，循着田埂四下寻找。只见翠绿的稻禾深处，段杨氏、段明芳母女正在低头弯腰薅秧，便取下肩上挎着的布袋，解下腰带，脱去长衫、皮靴，挽起裤腿下田帮忙。

段明芳听见身后响动，扭头一看，见是苫速丁兀默里，用手一抹脸颊上的汗水，莞尔一笑。随即用手肘轻轻碰了一下母亲，段杨氏直起身来，说道：“哦，是他四哥啊！看把你弄得一身泥，怪难为你的，赶快回家喝茶吧。”

“不妨事，不妨事，干一阵子再歇息。”苫速丁兀默里回说。

夕阳西下，三人清理了一双田的稗子杂草收工回到家里。

段明芳汲来一桶清水，三人先后洗净手脚，段杨氏那里忙着去做饭，段明芳则忙着沏茶倒水。

苫速丁兀默里打开布袋取出段家父子的薪资与书信交给段杨氏。段明芳用手比画着表示感谢，又取来一个绣着一朵山茶花的麻布袋送给苫速丁兀默里。

段杨氏端出三碗凉粉，抱歉地说：“他四哥，这几日忙于农活，没有什么准备，就随便请些了。”

云南人把吃东西尊称为“请”。

苫速丁兀默里吃了两口凉粉，说道：“都是自家人，大妈不必客气。”说话间屋外飘起了雨点。

吃过凉粉，喝了几盅茶，苫速丁兀默里向段杨氏、段明芳母女

告辞。

出了房门段明芳指指灰暗的天空，取来一顶篾帽、一领蓑衣给苫速丁兀默里穿戴，苫速丁兀默里拱手谢过，跨上马离开段家屯。

约莫走了一炷香的工夫，渐渐吹起了一阵阵凉风，天色越来越暗，天地融合连成了一张黑色大幕。苫速丁兀默里看不清回城的道路。正在犹豫，忽然一道巨大的白光在头顶闪过，撕破了黑色天幕。紧接着一声霹雳从天而降，震得大地急促战栗。苫速丁兀默里的坐骑猛然受惊，撅起前蹄，一声长吼，险些将他掀倒。这时天边又滚来几声响雷，随即大雨如注而降。电光火石，电掣风驰，风助雨势，雨借风威，一时间水泥混杂，天昏地暗。

苫速丁兀默里一边勒紧缰绳，一边用手擦了擦脸上的雨水，模糊看见右侧的盘龙江水陡然上涨，大叫一声："不好！"心想段家那简陋的木棚草屋如何能够承受得了这突如其来的暴风骤雨，更牵挂段氏母女的安危。想到这里，立即勒转马头，口中喊声"驾！"扬鞭打马向段家屯疾驰而去。

苫速丁兀默里白天来时，晴空万里之下信马由缰，悠然自得。而此时却是风雨交加，倾盆大雨。他长期生活在少雨多旱的北方，曾经见过白雪皑皑的大青山冰雪消融时，散漫流淌在草原的春水，哪里见过如此猛烈的雨势。沿途之路已经被洪水冲刷得坑坑洼洼泥泞难行，雨势越来越大，急行中狂风吹落了篾帽，身上的蓑衣被掀起，瓢泼大雨不断砸向他的全身。远处传来一阵阵急促锣声，有人扯着嗓子喊叫："决堤了！决堤了！……"苫速丁兀默里心中一紧，顾不得挡风避雨，一心只想早一刻赶到段家屯……

送走了苫速丁兀默里，段杨氏劳累了一天，想着明日还要下田干活，便回屋安歇。段明芳回到自己的小屋，点燃油灯展开绣架专心挑绣。

这时，一道白色的闪电划破窗棂，旋即一阵狂吹灭了桌上的油灯，屋内顿时一片漆黑，段明芳在黑暗里摸索着试图关闭窗户。一阵巨大的气流将她推倒在地，顷刻间她意识到发大水了！立刻想起了尚在熟睡中的母亲，奋力起身冲出房门。

段杨氏也被风雨惊醒，她连忙披上衣服来到院中，段明芳搀扶着母亲来到屋檐下避雨。面对突如其来的暴雨，母女俩一时不知如何是好，眼见洪水将柴门冲倒，围墙的土块“噼噼啪啪”纷纷跌落。洪水淹没至两人腰间，段杨氏示意让段明芳爬向屋顶。女儿哪里肯依，紧紧抓着母亲的手。情急之中，段杨氏顺着水流将她推向旁边的木柱，段明芳下意识地双手抱住木柱。眨眼之间一个波浪涌来，段杨氏被卷入洪流之中！段明芳撕心裂肺地喊叫……

又一波浪奔涌而来，房屋的土墙经不住水流的冲击开始崩塌。茅草屋顶也不断往下坠落。段明芳往上爬了一小截，只觉得浑身无力，木柱已经逐渐晃动倾斜……

正在这千钧一发之际，只见黑暗中一匹白马劈波踏浪，快如闪电，穿过雨幕向她跃来。马上正是苫速丁兀默里！只见他左手挽着缰绳，轻舒右臂将段明芳挽至身前，木柱一歪擦过苫速丁兀默里的身子，重重地砸在他的头上，险些摔下马背。他忍痛急忙双腿一夹，紧一拍马，白马识得主人的意思，猛然向前一跃跳出水塘撒蹄向前而驰。

这白马产自大理，莫看它的体魄比不上北方蒙古的高头骏马，但是熟识云南山野地势。凡遇高崖险壁则会收蹄缓行，在跋山涉水时即使遇到断崖裂谷也可轻巧越过如履平地，而被称为“大理马”[①]。南诏时期集聚在苍洱地区的僰人就长期驯养“大理马”，其行走时能够收放自如，得益于僰人独特的“攻驹”[②]方法。他们将幼小的马驹放在山崖下，而将母马置于山巅，使母幼暂时分离，小马驹恋其母便奋力奔

① 大理马也称“滇马”。元初马可波罗到昆明、大理等地，也说这里是产马很多的地方。

② 攻驹，即训练小马。

上崖头，驯马人又将母马赶至谷底，引诱马驹下崖，如此往复多次。因而“大理马”自幼便养成吃苦耐劳、勤于奔跑的习惯。由于“大理马”日行四百里，具有优良的山地作战性能，自唐、宋以来，“蹄质坚实，善于驮负”，且“尤善驰骤”的“大理马”，不仅远销到中原地区，还远销到缅国、波斯等古国。据史书记载，南宋建炎年间，南宋政权曾经“遣效用缗昂入大理国招买马匹。大理国王段和誉遣清平官以马五百匹及驯象，随昂入献”。这五百匹“大理马”被南宋皇帝“以三百骑赐岳飞，二百骑赐张浚”。元成宗初年，云南一年贡献给梁王的马就达二千五百匹之多。为此赛典赤专门拨出经费在大理苍山脚下，洱海湖畔圈地建立了官府军马场，大量养殖“大理马”为军队提供优良战马[①]。此后，行省治所迁至中庆府后，又在鄯阐坝子择地建立军马场。

再说冒雨奔驰途中，苫速丁兀默里用手解开腰带，将段明芳与自己捆绑在一起以防不测。经过一个多时辰的水中狂奔颠簸，苫速丁兀默里精疲力竭，两腿一软，身体倾斜，连同段明芳一起从马背上重重跌倒在泥水之中……

二

天色微明，雨水仍然没有停息。

昏迷中的苫速丁兀默里觉得脸上似被什么东西轻轻剐蹭，微微睁开眼睛，见是白马低头用舌头舔自己的脸颊，不禁心中一阵感慨，一阵悲戚：若不是这匹宝马拼死卖力，自己与段明芳可能早已葬身洪流。苫速丁兀默里一抹脸上的泥水，眼见胸前的段明芳双目紧闭，面

① 有关“大理马”，《桂海虞衡志》中曾言“蛮马出西南诸番，多自毗那，自杞等国来（即今贵州一带）。自杞取马于大理，古南诏也，地连西戎，马生尤蕃，大理马为西南番之最”。见（宋）范成大，胡起望、覃光广校注：《桂海虞衡辑佚校注》，四川人民出版社，1980 年 9 月，第 91 页。

色苍白如纸。他慢慢抽出左手解开系在段明芳身上的腰带，将食指轻轻放在她的鼻孔处，见尚有气息心中稍安。

苫速丁兀默里站起身来，捡起地上一根树丫，拄着木棍艰难迈步举目四望。透过薄薄的雨雾，他看清楚了，昨天雨夜白马竟将他们带到了一片四面环水的螺洲[①]。

苫速丁兀默里回到段明芳身旁，见她微微睁眼，便找来一些树枝搭成一个三角棚子，脱下身上长袍挂在棚子上为她遮风避雨，而后随手捡起一块鹅卵石使劲刨开一堆螺蛳壳下面的砂土，不一会儿冒出一窝清水，急忙掬了一捧净水从指缝中淋入她的嘴中。段明芳目光呆滞地望着苫速丁兀默里，想起被洪水卷走的母亲，失望、痛苦、悲戚涌上心头，眼角渗出泪水。

经过一夜的煎熬，这时苫速丁兀默里才感觉到腹中饥饿。他向段明芳连说带比画，示意让她留在原地，自己要去找点吃的东西，段明芳眨了眨眼睛表示同意。

苫速丁兀默里刚要转身离去，段明芳突然拉住他的衣袖，用手指了指他流血的额头。苫速丁兀默里摆摆手，示意说：不要紧。段明芳从她白色的衣裙上撕下一条布带，小心翼翼地为苫速丁兀默里包扎。

苫速丁兀默里杵着木棍来到螺洲稍高处的草丛小心翼翼地搜寻。突然他发现前面不远处有一只冷得瑟瑟发抖的灰兔蜷缩在草丛里，便轻轻放下手中的木棍，蹑手蹑脚地接近那个小动物，一纵身双手死死抓住猎物，心想这下可以解决腹中饥饿了。抱起兔子只觉得它的肚子胀鼓鼓的，仔细一摸发现竟是一只有孕在身的母兔。尽管此时已是饥肠辘辘，但想着它腹中那可怜可爱的小生命，不禁心生恻隐不忍伤害。

苫速丁兀默里抱着兔子来到段明芳前边说边指点比画，她点点头，伸出大拇指用手语表示赞许，将兔子抱入怀中轻轻抚摸。

① 滇池中似螺的小岛或小沙洲。孙髯翁在大观楼长联中有“蟹屿螺洲”之说。

段明芳见苦速丁兀默里因为找不到食物而焦虑，便勉强挣扎起身来，在苦速丁兀默里的搀扶下，艰难地到水边四下观看。忽然看见脚下踩着一片螺蛳，心中一阵高兴。段明芳自小生活在洱海，后来又随父母来到滇池畔，白人有吃螺蛳的习惯，眼下这螺蛳不是正好充饥吗？于是便弯下腰用一块鹅卵石将螺蛳壳轻轻敲开，取出螺肉在水中洗净放在嘴里尝了尝，只觉得冰凉清脆，鲜美可口，连忙招呼苦速丁兀默里，两人美美地饱餐了一顿。

三

赛典赤与张立道正在临安筹划建立孔庙的事宜，突然接到纳速剌丁的飞鸽传书，得知鄯阐坝子遭受突发水灾。赛典赤心焦如焚，深深自责自己没有防范意识，匆忙向临安府儒学提举交代了几句，便与张立道等人快马加鞭，星夜兼程赶回鄯阐。

赛典赤一行过了呈贡，半个时辰后，夜幕中鄯阐城郭模模糊糊。张立道见雨水湿透了赛典赤的全身，劝他先入大东门回九龙池[1]畔的平章府歇息洗漱。赛典赤并不回应，只管扬鞭打马向东北沿着盘龙江上游方向奔驰，张立道等人只好紧紧跟随其后。

赛典赤举目四望，黑压压的水面急速汹涌，已经分不出哪是河，哪是岸，洪水已经没过坐骑的膝盖。张立道担心他的安全，一提缰绳赶到赛典赤左侧以防不测。又走了一段，见马已经很难再前行，张立道命令两个侍卫下马涉水牵着赛典赤的坐骑，一行二十多人在水中艰难探行。

约莫过了一个时辰，见前面影影绰绰似有火光蹿动，张立道接过旁边侍卫手中的火把使劲反复在空中画圈。不一会儿，对方似乎看到

---

① 九龙池，即今昆明市翠湖。

了这边的信号，其中一个红点先是向上直立，而后向右垂直方向移动，以此往复三次。张立道兴奋异常，大声地向赛典赤喊道："大人，大人，那是纳速剌丁少将军！"说毕举起手中火把向上直立，在空中连续画了三圈。

赛典赤官居行省平章政事，统管全省军政、民政大事，平时治军严格，训练有素，为便于传达军令，制定了一整套作战训练制度与方法。擂鼓前进，鸣金收兵，红、蓝、白等各色大小旗帜的旗语皆有定制，特别是在非常情况下军令、讯息的传递都有既成约定。刚才张立道的指示是代表大帅赛典赤，火把向右侧代表纳速剌丁，若火把向左则代表爱鲁，所以张立道判断应该是纳速剌丁一行。

渐渐地，那些红点越来越近，变成了一簇簇橘红色的火团，在黑夜里特别耀眼。待到纳速剌丁走近，看见雨中的赛典赤，急忙滚鞍下马，诚惶诚恐地说道："末将疏于防范，让大人长途跋涉！"说毕立即找来两顶篾帽和两件蓑衣给赛典赤与张立道穿戴。

赛典赤让纳速剌丁扶着下马后，站在水中。关切地问道："目前受灾情况如何？"

纳速剌丁回说："接连两日暴雨，东南西三个城门均已漫水，城内许多民宅、商铺倒塌，只有北门地势高受灾稍轻。"

赛典赤满脸阴郁，追问道："那坝子里的农户如何？他们的田……"说话间喉头一阵哽咽。他不愿意将洪水给老百姓带来的灾难想得太糟。

纳速剌丁不敢隐瞒实情，幽幽说道："自盘龙江上游至云津渡两岸皆成泽国，目前淹没的农田据初步估计有万余双。其余地区忽辛、马速忽二人带队正在分头查询，我等相约在此聚齐再赶往下游，不想竟与大人不期而遇。"

赛典赤听后心里一阵绞痛，万余双农田啊！万千农户一锄一镐，日复一日，披星戴月，面朝黄土背朝天地辛勤劳作，眼看丰收在望却

毁于一旦！心痛之时，又涌起一丝疑惑。刚才纳速剌丁说到忽辛、马速忽，却唯独没有提到苫速丁兀默里，难道苫速丁兀默里去金齿押运铜锭尚未返回？纳速剌丁可是一个细致周到之人啊，难道四孩儿……莫非……

赛典赤不愿细想，只见远处一哨人马如火龙一般由远而近，却是马速忽带领的巡逻队。马速忽不及下马，拱手说道："启禀大人，瓦草庄一带被淹，设在那里的官粮库被冲毁！"

话音刚落，忽辛带队赶到。报告说上游龙川桥被洪水冲毁！又急着说："父亲，末将自永安里追查至陆家地，仍不见四弟踪影……"情况急迫，忽辛一时间竟忘了规矩，慌乱之中语无伦次，一会儿"父亲"，一会儿"末将"。

话未说完，赛典赤担心的事发生了。当他听到"仍不见四弟踪影"时，只觉眼前一黑，心头一堵，一口鲜血喷口而出，一个踉跄跌倒在泥水中！

这年是至元十三年（公元1276年）六月，赛典赤已经六十六岁，当他苏醒时已经躺在自己的床上，忽辛、马速忽守在床边。

经郎中诊视，赛典赤是由于年老体弱，且长途鞍马劳顿，长时间浸湿冷水中，感染风寒，加之心绪忧郁，急火攻心造成气血阻塞。郎中再三嘱咐平章大人需要多加调养，再不可遭受刺激动了肝火。马速忽抓起药方快速离去。

纳速剌丁一宿没敢合眼，两眼通红。爱鲁将军与二弟哈散远赴金齿开矿，父亲将管理中庆路的事务暂时交由自己负责，如今发生百年未遇的洪灾，他更是不敢掉以轻心，在城内巡视一遍后，吩咐手下人继续巡查，心中挂念父亲的病情，自己即刻匆匆赶回。

纳速剌丁见躺在床上的父亲双目紧闭脸色苍白，心中犹豫不决，但想到事关重大，于是轻轻凑近父亲耳边，说道："父亲，孩儿回来了。"

见父亲微微睁开眼睛，便低声说道：“今晨各粮店哄抬粮价，引发四五百名灾民冲击粮店哄抢粮食，造成两人死亡，二十多人重伤。我已带队前往维持秩序，并向灾民承诺午后官府即在四城开设粥棚，另警告粮商不得擅自哄抬粮价，违者重治。”

赛典赤咳嗽几声，微微点头，欲起身。纳速剌丁轻声问道：“父亲有何训示？”

“急速将显卿等人唤来。”

纳速剌丁嘱咐忽辛看好父亲转身走了。

不一会儿，张立道随纳速剌丁来到病榻前。

马速忽正在给赛典赤喂汤药，赛典赤虚手一抬示意两人坐下，推开药碗用布帕擦嘴后，用沙哑的嗓子，一字一顿地对防洪救灾做安排：

其一，命纳速剌丁即刻打开城北的北仓坡官府粮仓，在东西南北四座城门开设粥棚赈济灾民，不得延误。

其二，命马速忽带领二百城卫士兵日夜巡查维持秩序，凡有趁机哄抢偷盗者定严惩不贷。

其三，命张立道即刻组织人马车辆分头前往大理路、永昌府、临安路等地调运粮食十万石至鄯阐，投放市场平抑物价。

其四，命忽辛带领五百士兵分为六队，继续搜救盘龙江、金汁河、宝象河、海源河、马料河、捞鱼河等流域的灾民。

其五，速派八百里加快谍告爱鲁、哈散等人急速返回省城参与救灾，矿山之事交由波月罕管理。

其六，命苫速丁兀默里前往晋宁州、安宁州采购两万个席包加固河堤……

说到这里众人默然，赛典赤突然想起此时苫速丁兀默里还杳无音信，喉头又一阵哽咽，眼眶噙着泪花，心里默念，苫速丁兀默里，两天了，四孩儿啊，你在哪里啊？……

忽辛听大哥说苫速丁兀默里行前曾言要前往段家屯，于是带领一队人马重点搜索盘龙江下游。只是沿岸苦苦寻觅未见踪影，但仍不甘心，便找来三只小船顺流而下，穿梭于河岔沙洲的芦苇丛大声喊叫。黄昏时分，已近滇池漫漫宽阔水面，看着无望忽辛正待下令收兵，只见远处影影绰绰似有两个人影晃动，立即命令船手全速划桨。

螺洲那边，苫速丁兀默里正用木棍挑着段明芳送给他的那个布袋招摇呐喊，段明芳也在一旁举起双手拼命摇摆。忽辛逐渐看清了，那不是昼思夜想的四弟与明芳妹吗?

未等船停稳，忽辛纵身一跃落在水边，涉水上岸，一拳打在苫速丁兀默里胸前，说声“四弟受苦了，倒让父亲牵挂多时，也让为兄我寻得好苦！”

苫速丁兀默里爽朗一笑，说：“我没有那么矫情，你我兄弟跟随父亲多年，早已经历过多少野战磨砺，只是苦了明芳妹妹！”

转身一看，却见段明芳瘫倒在湿漉漉的地上瑟瑟发抖，苫速丁兀默里伸手一摸她的额头，滚烫发热。急忙双手将她抱起，大步上了小船。

第二十五章　赛典赤二访段家屯
段志明献计治水策

一

天空飘着零星小雨。

几天来，赛典赤带病在鄯阐城南门，冒雨亲自为灾民熬粥、施粥。南城清真寺的阿訇们和一些信徒，也在一旁搭起粥棚为落难的人们分配米粥。圆通寺的僧人在北城门广施善缘。真庆观的道士们则在老拓东城募捐，分发衣物与食品。许多士绅纷纷慷慨解囊相助。各地涌向城里避难的灾民依次排队，秩序井然。

经过几天的忙碌，灾情基本稳定下来。赛典赤落实了灾情后，即向朝廷如实奏报，并希望能够免除滇省两年税负。

几日后爱鲁、哈散、张忠、罗老幺、段志明、段明礼等人也从滇西返回到省城。

赛典赤在平章府衙召开灾后重建会议。爱鲁、张立道、纳速剌丁、哈散、忽辛、苫速丁兀默里、马速忽、张忠等人展开了激烈的讨论。

张立道是负责农业与水利的劝农官，他知道自己的职责所在，于是他首先引经据典地说道："据唐初《括地志》记载，滇池水源广深，往下逐渐变得浅狭，好似倒流，所以叫滇（颠）池。可见滇池很早就有湮塞不畅的问题。四周群山之水汇聚池中，唯一的排水口——昆阳州的海口又淤积严重。夏秋多雨造成上游盘龙江水遭受顶托，水

位上涨无法下泄，淹没滨池农田，鄯阐城中亦水患成灾。故属下认为，海口乃滇池的咽喉，当务之急是尽快疏浚下游河道，开凿海口瓶颈降低滇池水位，方可解决鄯阐坝子的水患。”

纳速剌丁附和着说：“显卿大人言之有理。昔日大禹治水就曾提出‘以疏为主’。想当年，大理国王段素兴‘役民夫’在金汁河筑春登堤，在盘龙江中下段筑云津堤，捍御蓄泄，灌溉滋益，大有殊功，设置专门机构管理滇池水利。然而在大理国后期，对东南各地基本上失去控制力，鄯阐城的重要性降低，滇池水利更无人问津，致使河道淤塞泛滥，淹没农田，连年成灾。”

爱鲁、苫速丁兀默里、张忠等人却不以为然，据理力争。他们认为，大禹提出“以疏为主”是洪荒年代，而与鄯阐的水患不可同日而语，主张只要在盘龙江等河流的上游建造陂池蓄水就可抑制下游水流，保护农田。

关于如何治理水患问题，明显分成了“疏导”与“蓄水”两种不同的意见，讨论了一天双方仍然僵持不下。

赛典赤不停地转动着手中的两个核桃，仍在深思权衡。他对治水十分重视并有一定的心得。

早在至元元年（公元1264年）和至元七年（公元1270年），在其担任陕西五路西蜀四川行中书省平章政事期间，就显现了治水的才能。至元元年在他主持下，复引龙首渠的水入西安城中，由广济街西南流经梁家牌楼，白鹭湾后流出城外，汇通济渠，在城西北又分为隅公支渠数条；至元七年，他听从左右司郎中徐琰等人的建议，捐白银二十锭，修建灞河桥。为官多惠政，使陕西人口增加九千五百六十五户，扩充军队一万二千二百五十五人，增加收入六千二百二十五锭，开垦土地收获粮食九千七百二十一石，节省财政支出和回笼资金三百三十一锭。由于政绩卓著，中书省因此赏银五千两，命陕西五路四川行院大小官属并听节制。

尽管如此，赛典赤深知当时仅仅只是较为单一的饮水渠道工程，远非眼下那么复杂的情势。于是他仔细地听取各种方案，觉得都不无道理，只是心中仍然不够踏实。眼看天色已晚，便停住转动，将核桃轻轻放在案头，说道："今日诸位畅所欲言，各抒己见，让我受益匪浅。治理水患事关重大，所谓谋定而后动。我的想法是，莫如我们亲自前往六河实地考察一番，倾听受灾民众的感悟，或许胜过我等坐而论道，纸上谈兵，或将有助于我们今后的决断。"

赛典赤接着又说："请显卿今夜辛苦一番，将过几日巡查路线做一个详细计划。"

张立道等众人起身拱手道："属下遵命！"

二

翌日清晨，赛典赤、爱鲁、张立道、纳速剌丁、哈散、忽辛、马速忽、苫速丁兀默里、张忠等人乘木船来到海口。只见两山对峙，中间一条窄窄水道挡住水流。

张立道手指前方说道："大人请看，这海口可称为滇池水系的上下段的咽喉。过了此狭口，滇池湖水向北流经安宁州的螳螂川，再经禄劝县的普渡河最后归入金沙江。"

看过海口，赛典赤命令调转船头向东北方向驶去，一个时辰后船抵芦柴湾[1]，众人弃舟登陆，早有兵士备好马匹等候，一行人上马径直往段家屯。

赛典赤一马当先走在队伍的前面，他想早一些赶到村里看望那些受灾的乡亲们，想早一点去安慰失去亲人的段志明一家。

踏着泥泞的小路，两旁的田野里已经抽穗的稻子被红色的污泥覆

① 濒临滇池西南岸的水湾，湾中多芦苇，方言呼为芦柴，故名芦柴湾。见吴光范：《昆明地名博览辞典》，云南人民出版社，2005年1月。

盖，不时还看到一些已经腐烂的牛、马、羊、猪、鸡、狗的尸体散落其中，并散发出阵阵腐臭。

一路之上，赛典赤的心沉甸甸的，眼前的惨状不亚于他在战场上见过的血腥场面。不，这就是一场战争，是一场力量不对称的战争。上天为什么要用那不可捉摸的淫威肆虐他善良的子民啊？

沿途的村寨都被夷为平地，这支小队伍迷失了方向，他们已经辨识不了段家屯的位置，爱鲁命令马队分为四组分头寻找。

约莫过了半个时辰，半里之外苦速丁兀默里摇着手中的小红旗示意，爱鲁立刻打出旗语命令各队集中，随即护着赛典赤向前奔去。

再走一段路，传来阵阵“咚咚咚”的铜鼓声，间或还有“砰砰呯”的敲击声和人群的唱和声。赛典赤等人走进一看，见一块平地的角落搭着一个窝棚，旁边是一个石疙瘩。赛典赤依稀分辨出那个石疙瘩就是原来段志明家用来碾稻谷的石碾子。

场内几个汉子正在使劲敲打铜鼓，旁边有七八个妇人相互击打手中的碓杵。在人群中央的段志明领头呼唱一声，众人则齐声应和，似泣似歌，泣而不哀，歌而不悲。还有十几个满脸涂抹着五彩颜色的人，手舞足蹈，围着段志明转圈。

一行人纷纷下马驻足旁观，赛典赤心觉奇怪，受灾之后村民们还有闲暇兴致作乐？便悄声问身边的张立道。张立道轻声说道：“滇省沃野万里，十里不同天，百里不同俗。这是白家人在做丧事，他们管这种习俗叫作‘娱尸’。”听张立道这么一说，大家都静默无声，不敢惊动他们。

张立道说得不错，云南居住着众多的民族，见于元代记载的有白人、罗罗、金齿白夷、末些（纳西族）、斡泥（哈尼族）、蒲蛮（布朗族）、卢蛮（傈僳族）、阿昌、吐蕃（藏族）、怒人、撬人（独龙族）、野蛮（景颇族）、依人（僮族）、土僚蛮（仡佬族）等族。他们各自聚居或杂居在封闭的区域形成了千奇百怪的图腾崇拜、婚丧嫁娶的民风民俗。窝泥（今哈尼族）的丧殡民俗最为奇特，名曰“洗鬼”。人死之后不用棺木装殓，祭亡灵的亲朋好友们，人人赤足，头插雉鸡毛，有的人敲铜锣，有的人击皮鼓，有的人摇银铃。众人在芦笙的伴奏下忽泣忽歌，载歌载舞为乐，如此连续狂欢三日，之后架起松木将尸体焚烧而葬其骨。丧葬仪式欢唱场景与中原丧葬的悲戚的情境却是大相径庭。

又如，西爨地区葬礼仪式颇具战备特色。人死后要用火麻绑缚尸体，再用灰毡包裹，放置在竹篾笼之内。出殡时由七个身着甲胄，执刀弩的人作为前导，途中他们不断向东南西北四方发射箭矢，名曰“禁恶止杀”。西爨人认为人死后有恶神作祟，把箭矢射向四方就可以禁止恶神的来临，避免厄运。紧随其后的是寨子中的巫师，手执一面黑色三角形幡旗，口中念念有词招抚亡魂。离寨子二三里远处，有人拾来松木拢起柴火，将事前准备好的鱼用竹签穿串烘烤。待鱼烤熟，送葬人吃鱼喝酒。此后，巫师念诵夷经，众人拜祭亡灵，用火焚烧尸体，就地葬于山林。

赛典赤边看边摇头，说道：“不可理喻，不可理喻，人死为大，人死为尊，怎么可以如此轻慢逝者？”

在那个时期大多数云南的土著民族一般都将亡人火化而后下葬，赛典赤竭力倡导应将亡人以棺木入殓土葬。居住在中庆府附近的白人逐渐推广此例，白人历史上曾经盛行过多种葬式。南诏以前实行土葬、棺土葬，南诏中后期因受佛教密宗影响，改为火葬。明代后期，又改回棺土葬，但至清朝仍然有许多偏远地区仍旧依旧俗而行。

张立道说：“大人，这白人的丧礼却是与古代中原庄子的理念暗合。”

赛典赤问道：“此话怎讲？”

张立道说：“庄子认为，人的生死是气聚散运动的结果。生，是气聚出来的；死，是气散去的结果。所以，人死不应该去哀号而应该

去庆贺，因为他又回到了自己来的地方。当他的妻子逝世后，他不仅毫无悲哀之情，反而‘箕踞鼓盆而歌’。”

两人正说话间，脸上涂着颜色的段明礼眼见不远处的赛典赤一行人，连忙拉着父亲来到他们面前行礼。段明礼口称：“我家的母亲死得惨啊！”

段明芳等二三十个人随即过来，衣衫褴褛的灾民一溜倒地跪下，异口同声喊道：“平章大人救救我们吧！”悲恸之声不绝于耳。

赛典赤急忙将众人一一扶起，心中泛起一阵酸楚，哽咽着说：“是我对不住众位乡亲……”爱鲁、张立道、纳速剌丁，苫速丁兀默里、哈散、忽辛、马速忽、张忠等人将随行带来的粮食、盐巴、茶叶分送给大家，一边好生劝慰。

段明礼找来一些枯草，赛典赤与几位老者席地而坐，详细询问受灾情况。

段志明说：“大水来得突然，又在夜间，众人猝不及防，全屯三成的人被淹死，辛辛苦苦开垦的田，种植的桑树毁于一旦，七斤他阿妈的尸骨到现在都还没有找到……”。

赛典赤、爱鲁、张立道、纳速剌丁等人有的仰天长叹，有的低头无语，皆唏嘘不已。

沉默一阵，赛典赤开口说道：“我等今天来到，一是看望大家，俗话说人死不能复生，万望诸位乡亲节哀顺变。二是向诸位长者讨教，痛定思痛，这水患一日不治理，鄯阐坝子则永无宁日，只是这治水是‘疏’还是‘蓄’，还望各位乡亲指点迷津。”

段志明说：“大人所谋所虑正是我等小民所想之事。依我看若治水只是疏浚下游河道，那么遇干旱之年沿岸农田则无灌溉之水源。又若只是在盘龙江上游筑堤蓄水，万一洪水泛滥冲毁堤坝，则仍旧无法避免今日之灾。”

几个在场的老者交头接耳，频频点头称是。

赛典赤“哦”了一声，问道：“依段老弟之意，那将如何是好？”

段志明深深吸了一口水烟筒，吐出一团青烟，说：“我思考可否实施‘疏’‘蓄’结合以治水患。”

“愿闻其详！”赛典赤谦虚地说。

段志明向烟嘴处添加了一小团烟丝，又用袖口擦了擦水烟筒的口，递给旁边的另一位老人[①]，说道：“大人可组织人力对上段的盘龙江，中段的金汁河、宝象河、海源河、马料河、落龙河、捞鱼河以及下段的海口、螳螂川进行详细勘察，在上段选择适当的地方筑堤打坝，中段与下段则以疏浚河道为主。”

一席话说得赛典赤兴奋异常，紧紧握着段志明的手说：“老兄弟，好一个‘疏’‘蓄’兼顾啊，使我茅塞顿开！”接着又说：“治水工程浩大，还要请你这个老把式和乡亲们参与呢！”

段志明拍了拍衣服上的灰尘，慢腾腾地说：“降服洪水造福百姓，我等理应踊跃参加以尽微薄之力，只是……”

赛典赤见他欲言又止，便追问道：“你们出工，行省支付工钱，难道老兄弟还有什么为难之处么？”

段志明叹了一口气，幽幽说道：“我等刚刚收获了两年，但此次大灾使段家屯荡然无存，乡亲们心有余悸啊。如若再在此处讨生活，只恐见景生情悲情复生，希望大人能够给我段氏劫后余生的这三十余人另择生存之地，一旦安顿之后我等一定追随大人参与治水！”

赛典赤恍然大悟，便说：“众位乡亲的心情我十分理解，只是不知道这新居之地你们是否有所意向？”

站在一旁的段明礼插话说：“回大人的话，小人与父亲闻听家中遭灾后自迤西返回，途经城西北的沙朗，那里山清水秀，地势较高，我们大家商量想迁至那里。”

---

① 云南地方民众敬烟的习俗。

张立道说："沙朗确实是个好地方，树木茂盛，地广人稀，山涧流水潺潺，虽然那里渠田产量比坝子里的塘田低，但是可免却旱涝之苦。"

段明礼又说："我们在矿营积攒了一些工薪，足够我们垦田造房，如果朝廷再给予减免租金、税赋，那就更宽松一些了。"

赛典赤听后说道："你们的要求合情合理，过几日乡亲们可以到劝农司另行办理新的租赁手续，尽快重建新的家园。"

离开段家屯，连续七八天赛典赤一行人又沿盘龙江两岸寻访了一些灾情比较严重的村寨，许多农家对治水的想法与段家屯灾民所说的不谋而合，最终促使赛典赤在这片荒芜的废墟上对治理鄯阐水患做出了最后的决断。

第二十六章　劝农使疏浚螳螂川
马速忽勇攀莲花峰

一

水是生命之源，它维系着广袤大地之上众生万物的生命，是不可或缺的基本元素。水无常形，或浩瀚海洋，或奔腾长河，或涓涓细流，或碧波湖泊。水，给予人们舟楫灌溉之利，滋润世间万物茁壮成长。有了水，天地长久，就有了大千世界，就有了生命与希望，就有了生机、活力与灵性。水善利万物，所以老子说："上善若水"。然而，水无常量。冥冥之中的上苍掌控着宇宙间的万事万物。平常年份里风调雨顺，四海升平。但某时若老天爷心不遂意，便红日高悬，一年半载不降半点甘露于人间，河流干涸，田地龟裂；或顷刻间雷电轰鸣，风雨交加，山洪暴发，摧枯拉朽。此时过之而不及的水，便成了洪水猛兽，便成了害民祸水。卑微如蚁的人们无奈仰天长叹：水火无情。

鄯阐坝子北面、东面地势较高，由西至东南三面地势平坦，土地肥沃，气候温和，平时雨量丰沛，水网密布，大小河流数十条，水源充沛，历史上就是云南重要的农业经济区域。

鄯阐"城际滇池，三面皆水"。滇池，又名昆明池，是云南九大高原湖泊之首，是镶嵌在红土地上的一颗璀璨的明珠。滇池是一个大型淡水湖泊，方圆五百余里，水域广阔，极望弥漫，烟波浩渺。清朝名士孙髯翁在其大观楼长联中有"五百里滇池奔来眼底"之句。元朝

时期高峣、石嘴、眠山、团山、梁家河、菱角塘、潘家湾、官渡直到石寨山麓、海口、昆阳城边均为滇池水域的一部分。

滇池上游水源主要来自于盘龙江、金汁河、宝象河、海源河、马料河、落龙河、捞鱼河等。

盘龙江是鄯阐坝子最长的河流，全长二百四十余里，蜿蜒贯穿鄯阐南北。盘龙江发源于鄯阐东北部嵩明县的山麓，由邵甸河（今甸尾河）、牧羊河在汇流塘（今小河乡）汇合，然后向西南流动，迳城东，合银棱河，至昆明县南汇入滇池，后又流折入海口，即螳螂川（安宁河）上游。金棱河（今金汁河）自城东北分流盘龙江水，经桃园村、小坝、燕尾闸、六甲汇入滇池。宝象河自嵩明县入，向西南流经小石坝、鸳鸯沟，迳城南，亦入滇池。滇池湖水向北流经安宁州的螳螂川、禄劝县的普渡河最后归入金沙江。

盘龙江古时又称“云津堤”，其时大理国国王段素命人在沿江堤上栽种了大量的素馨花。素馨花，又名素英、耶悉茗花、野悉蜜、玉芙蓉、素馨针。春暖时节，素馨花雪白如银，芳香馥馥，当花瓣凋谢散落江面，犹如银波荡漾，所以盘龙江又称为“银棱河”。

平时的盘龙江清澈见底、两岸绿树成荫、温柔妩媚，灌溉浸润着鄯阐坝子万顷良田。河面舟楫穿梭往来，长久以来抚育着千万民众，与两岸人民的生产、生活、劳作息息相关，被誉为鄯阐的“母亲河”。然而，历史上的盘龙江又是一条“害河”，盘龙江流经山区，在松华山谷进入鄯阐坝子。上游江水湍急，挟带大量沙石，进入坝子后，流速减缓，沙石便沉淀下来。日久天长使河道宣泄不畅，堤防堕坏，河失主槽。每遇洪涝季节，河水常常冲决堤岸，泛滥肆虐横行，淹没农田村舍，使鄯阐坝子成为一片汪洋泽国，民众苦不堪言。

鄯阐水利建设历史悠久，可以追溯到两千多年前的滇国。当时滇国已经逐步由游牧、渔猎进入农耕社会，农业已引用中小河流之水灌溉，当时滇池周围出现了“沃野千里”的景象。

至新莽地皇二年，益州（郡治滇池县，今澄江县西）太守文齐为解决栽插时少雨缺水的问题，“造起陂池，开通灌溉，垦田二千余顷”，这是滇池水利开发的最早记载。建造陂池蓄水灌溉是鄯阐地区兴建小坝塘蓄水工程的开始。隋、唐时期建设小型引水水利工程；北宋开挖金汁河，引盘龙江水灌溉农田；唐代南诏设立拓东城；宋代大理国的鄯阐府选建于金汁河、盘龙江两水之间。但是历代治水不仅规模小，更缺乏系统性，因而水患时有发生。

二

赛典赤率众人考察结束后，对今后的工作进行了系统的规划与具体布置，并将治水工程上报朝廷。成立了由张立道负责的都水监。制定了治理滇池水系工程规划，分上、中、下三个阶段。命纳速剌丁继续协助爱鲁管理中庆路事务。命张立道协助自己总理治水工程，并由张立道和忽辛负责疏浚海口至安宁州螳螂川下段的工程。命马速忽负责筹集工程所需的民工工酬及人马粮草。命苫速丁兀默里负责采购和加工木料、石料等建筑材料。命次子哈散为巡哨官，建立了一支由三百六十四报马，三百六十名看水士兵组成的巡逻队，进行工程管理。规定工程设施“倘遇崩倒水浸，即时飞报上司，挑补修竣，不容怠缓”，这是云南在水利工程建设与管理方面的首次创举。

赛典赤从行省银库中拨出专项资金用于工程建设，实施“以工代赈”的方法，规定此次优先招募受灾家庭中劳力。一方面解决了灾民的生活问题，一方面解决了治水工程所需要的劳动力。安宁州、晋宁州等地的白族、彝族、汉族、回回等民众亦纷纷踊跃报名，一个月就招募了三千多民夫。

段志明在沙朗安顿好新居后，便带着段明礼、段明芳和邀约到的二三十个乡亲来到苫速丁兀默里负责的木匠营，要求参加治水工程。

段明芳将苫速丁兀默里拉到一边，把六双草鞋送给他，并用手语表示：这是自己连夜亲自编织的。苫速丁兀默里接过来见是用山草编织的草鞋[①]，每双草鞋上还系有一条红丝线。他坐在地上换下已经磨损的旧草鞋，站起来走了几步，只觉得不大不小正好合脚，而且柔软舒适，心里感激她的细心周到。未等开口感谢，段明芳比画着表示自己也要留下参加治水。这可为难了苫速丁兀默里，他急忙连比带画地说：“阿妹年纪还小，又是一个女孩，工地上的事情有你阿爸、阿哥就行了。”段明芳不依不饶，坚持表示自己已经不小了，她不要一文工钱，留在工地上可以为大家做饭、烧茶、洗衣服。

两人比比画画正僵持不下，段志明走过来解围，说道：“四公子，你就让她留下吧，她阿妈也走了，把她一个人放在家里我也不放心啊。”无奈，苫速丁兀默里只好勉强答应。

螳螂川源于滇池西南面的出水口海口，自西下再往北流淌后，河道变窄，全长五百余里。

中下段工程正在紧张地进行，张立道、忽辛亲自带领两千民工夜以继日疏通海口及螳螂川多年泥沙沉积形成的许多洲渚[②]，清除了石龙滩、青鱼滩、石龙坝一带及安宁段河道内的螺壳滩、鸡心滩的险滩河道。接着在容易引发泥石流的地段修建拦河堤，防止山石滚落河中。又在沿河建筑拦河坝七十余座引水入渠。张立道、忽辛俩人制作了许多桔槔[③]，以方便帮助当地百姓提水。为了稳定控制滇池水位，张立道、忽辛依据赛典赤的计划，在海口中滩街旁滩岛上，修建了三座节

① 云南编织草鞋主要用山草和稻草两种，山草编织的草鞋较好。

② 河道中的小块陆地。

③ 古代一种利用杠杆原理制作的汲水设备，以木柱支撑，中横一杆，一端系一重物，另一端系水桶。

制闸，计二十一孔，以泄洪蓄水，合理解决了不同季节泄与蓄的问题。鄯阐的民众感念张立道和忽辛的治水功绩，在安宁州螳螂川和鄯阐城分别为两人建立了长生祠永世供奉。

三

赛典赤自己则将主要精力集中到上段的蓄水工程方面。下段工程暂告一段，他命令忽辛继续负责下段的疏浚工作，将张立道从安宁调回以协助自己对蓄水大坝选址进行实地勘察。

赛典赤、张立道、哈散、苫速丁兀默里、马速忽等一行五十多人出了鄯阐北城门，向东北而去。一路过溪涉水，沿着崎岖山路翻山越岭，进村入寨寻访当地村民，或围炉夜谈，或问路牧童。三日后来到长州[①]的邵甸村，在三四个老农的带领下，逐一勘察九十九泉，其中，最大的三股溪流分别出自东北山脚的黑龙潭、清龙潭和冷水洞。见泉水淙淙清澈见底，但却四处散溢淹没农田，张立道建议应当修渠将邵甸九十九泉的水引入盘龙江，归流之水沿途还可用以灌溉。赛典赤点头称是。一路上，哈散、苫速丁兀默里、马速忽细心观察，认真做着记录。

从富家村由北向南翻越了刺梨山、寺山、狮山、老城墙、老白龙等十几座大山沟箐，勘察进行了十多天，大坝选址仍然不甚理想。虽然寺山与狮山之间距离较短工程量小，但是径流面积小蓄水不多。回流村与李家凹之间山口距离过长，土石方工程量较大造价高。预选的坝区内刘家洞、老鸦冲、弯冲、芹菜冲底部有岩溶，地质条件差，今后容易产生渗漏，于是只得一一放弃，一行人不禁心中焦躁。

云南多山且遍布空穴溶洞，现代地质学称为喀斯特地貌，境内有泸

---

① 今嵩明县。

西路的阿庐古洞、临安路的燕子洞、广南西路的坝美、路南州的石林等十六处大型溶洞。小型溶洞更是不胜枚举，仅省城昆明县，就有圆通山的朝音洞、云津洞、太华山、玉案山等，鄯阐主城内溶洞之多，为中国其他省府所罕见。

过了小河村，又行了一日，见天色已晚，赛典赤便命在一条小溪旁安营扎寨，亦不惊动村民。

赛典赤随口问向导："此为何地？"

向导回答说叫"倒坐村"。

赛典赤心下好奇，便问道："为何叫作'倒坐'？"

向导说："回大人话，这村子居于半山坡上，因为地形所限，村内大多数房屋为坐南朝北，与其他村寨建房习俗坐北朝南的坐向倒位，所以得名'倒坐'。"

赛典赤说："这倒是有趣！"

吃过晚饭，一钩下弦月挂在夜空，七月的轻风徐来，万籁俱寂。大伙儿围坐篝火低头煮茶一言不发。

赛典赤体谅大家的心情，大坝选址至今尚未落实，知道再多的语言也难安慰众人，想了一想，笑着说："这几日白天里下一阵雨，又出一阵太阳，我观这'倒坐'山林密布，肯定长出了不少菌子，不妨明日我们树下找寻找寻，美美地饱餐一顿如何？"

翌日拂晓，天刚蒙蒙亮，哈散、苫速丁兀默里、马速忽三人起了个大早，想多采一些菌子让父亲尝尝鲜。瞧见赛典赤的帐篷已有亮光，知道父亲已经在做"邦多达"（晨礼），便提着竹篮蹑手蹑脚地出了营地。

走一会儿，晨光透过松针叶洒在草丛中，地面斑驳陆离，寂静的森林偶尔传来几声鸟鸣。马速忽走在最前面，突然发现了一窝牛肝菌，他小心翼翼地拨开残枝败叶，轻轻地拔了出来，兴奋地叫道："二哥、四哥，你们看我找到了什么？"哈散、苫速丁兀默里跑过来一看都夸赞他好运气。两人心中不服气便急着往前搜索。

一个时辰，三个人捡了大半竹篮青头菌、干巴菌。翻过一座小山坡，三人同时发现前面一棵老松树下有一窝棕褐色的高脚伞头鸡纵菌！于是奋力向前争抢，马速忽一不小心踩到一块苔藓一个趔趄摔倒，沾了一身的泥土。

哈散对苫速丁兀默里说："算了算了，老四莫要抢了，还是让给五弟吧。"说完直起身举目前望，穿过一层薄雾，他看见对面远处左边一座染着一抹橘红色的山峰与右边一座黯黑的山峰两相对峙，遥遥相望，两山怀抱着一个望不到头的大山凹。他连忙喊道："老四、老五，你们快来看！"

苫速丁兀默里、马速忽顺着他的指向抬眼看去，两人都惊呆了，老天终究不负有心人，那不正是最佳的坝址吗？三人急忙收拾好竹篮，沿着来时的灌木丛飞跑返回直奔营地。

赛典赤正在帐篷前练"通臂劈挂拳"。三人扯着嗓子，上气不接下气地叫嚷："父亲、父亲，找到了，找到了，终于找到了！"

赛典赤收住拳脚，望着头上沾着枯叶，脸上、身上、手上沾着污泥的三个儿子，不禁哑然失笑，仿佛又看到儿子们小时候在漠北草原打泥战、捉迷藏时的欢快场景。

他一边为马速忽摘去头上沾着一片枯叶，一边问道："找到什么了？找到大鸡纵菌了？看你们这副狼狈样。"

苫速丁兀默里说："二哥发现了坝址！"

哈散说："是我们三人采菌子的时候发现的。"

赛典赤望了望地上的五颜六色的菌子，笑笑说："昨晚我说想吃菌子，是想缓和一下你们焦躁的情绪，不想你们哥几个倒是当真了，难为你们的一番苦心了！"

赛典赤命苫速丁兀默里叫上张立道及随行人员，让哈散、马速忽带路前往山头实地考察。

此时天已透亮，赛典赤极目远眺巡视一番，见两山壑口果然十分狭小，是筑坝的理想之地，往后地势低凹宽阔，便于蓄水。便问向导："兄弟，这两座山唤作什么名字？"

向导是个精明能干的中年人，立即答道："回大人的话，对面远处那座山形如昂首挺立的凤凰，因此称为鸣凤山，近处的这座山形如盛开的莲花，所以称为莲峰山。"

赛典赤脱口赞道："好一个凤鸣莲花！"

"为何我们来的时候未曾发现此处地形？"赛典赤又问。

"大人请看，这一带的地势是东高西低，前些日子我们走的是东线，这几日回程走的是西线。走东线时是背山而行，只顾忙着赶往邵甸，所以没有机会看到此地的形势。"向导连忙解释说。

见向导有些惶恐，赛典赤拍了拍他的肩膀，和蔼地说："兄弟切莫紧张，我只是想了解得更透彻一些，并非有责难之意。一路之上承蒙你指路引道多有辛苦！"

张立道用罗盘仔细观察后，担忧地说："大人，此处地形虽然尚好，但是不知道地质如何，如果裂缝太多，只恐仍然不能存水，因此还需要认真甄辨。"

马速忽听得明白，便自告奋勇地说："两位大人，末将愿意前往山箐观看一番！"赛典赤点头允应。

向导插嘴说："草民认识一条进入山箐的小道，只是需要绕道下山后再从箐口而入，却是要花上半天时间。"

马速忽说道："大哥所说极为安全，只是考察地貌需要近距离观察为最好。"于是叫士兵取来绳索在腰间绑牢，在左边插了一把铁锤，苫速丁兀默里与哈散将绳索的另一端在一棵老松树上打了死结。赛典赤走过去为马速忽戴上藤帽，再次检查绳子是否系紧，用坚毅的眼光鼓励自己的儿子。马速忽双手握住绳索，顺着陡峭的悬崖慢慢而下。

时间一分一秒地过去，绳索一寸一寸往下移动。约莫一个时辰以后，山上这头的绳索已经放完，苫速丁兀默里摇响手中的铜铃，这是事前约好的信号。七八个士兵在哈散的指挥下，有节奏地往上使劲拉绳索。又过了半个时辰，马速忽返回山头，苫速丁兀默里替他解开绳索，见他汗流满面，双手被磨出了鲜血，衣服也被划开了几道大口子，哈散递上水囊。

马速忽喝了两口水，跨前几步来到赛典赤与张立道的面前，兴奋地说："启禀两位大人，末将看得清清楚楚，往下几十丈全部都是坚硬的岩石，只是绳索不够长，距离地面还有七八丈。"赛典赤取出布帕给马速忽擦了擦额头上的汗水，关切地问道："没有伤到哪儿吧？"

张立道是个较真的人，他对赛典赤说："大人，今日五将军只身探究大有斩获，只是还需要组织更多的人手对整个库区进行全面勘察。"

"显卿言之有理！"

赛典赤当场命令苫速丁兀默里急速返回昆明城请爱鲁将军从僰爨军中挑选三百名矫健士兵前来参加勘察。苫速丁兀默里拱手口称遵命，转身上马绝尘而去。

第二十七章　张提举铸造镇水牛
段木匠祭事鲁班师

一

不过三日，苫速丁兀默里便带领罗老幺、段志明及三百名士兵来到。赛典赤将其分为三队，分别由哈散、苫速丁兀默里、马速忽带领，前往库区勘察。

七八日过去，三路人马先后返回，经过反复勘察，库区内并无渗水溶洞，赛典赤与张立道大喜过望。只是苫速丁兀默里报告说，库区中段尚有四五个彝人寨子，而且寨子附近尚有几十座寨民先人的墓地。

张立道心头一沉，倘若大坝建成拦截的上游来水形成回流，将会淹没这些寨子，惊扰寨民先人。他将自己的顾虑和盘托出。

赛典赤也觉得此事十分棘手，彝寨不搬迁势必影响蓄水，整个治水工程将功亏一篑。沉思良久便对张立道说："我想请罗老幺来解开这个结。"

张立道是何等聪明之人，听赛典赤提到罗老幺，便立刻知晓其用意："在下想大人之意是，罗老幺与彝寨民众都是彝人，习俗相同，语言相通，让他前去做说服之事较为容易。"

赛典赤说："是啊，可让罗老幺告知彝寨民众，为鄯阐坝子免遭水患，恳请他们顾全大局。因搬迁造成的损失及新建寨子的一切费用概由行省负责，可另行划定土地用于耕田和安置祖茔，愿意合建大寨子或者单独建小寨子的，盖由民众自行决定。"

"大人考虑周全！"张立道说。

罗老幺只身一人进入寨子与彝民促膝谈心，认祖攀亲，交杯换盏，大块吃肉。以自己亲身体验，细说平章政事赛典赤大人勤政为民之事，晓之以理，动之以情，不辱使命顺利地说服了五个彝寨的民众。

赛典赤与张立道合计，为便于大队人马从山口进入库区勘察。同时，为便于全面指挥大坝的施工，遂将大营转移至马家庵。

一切安排就绪，厉兵秣马，构建大坝的工程将全面展开。

治水工程进入第二个年的仲秋，赛典赤让民夫回家忙完秋收秋种，计划趁冬天农闲和枯水之时，集中两千人准备会战大坝，毕其功于一役，争取次年汛季到来之前完成全部工程，以免时间延宕靡费资财。

冬至刚过，以马家庵大营为中心，方圆十里成了一个大工地，确切地说这里更像是一个大兵营。赛典赤以战时体制设置了各部，各项工作有条不紊地按计划开展。

距离大营最近的是粮库营，由马速忽负责管理。说是粮库营，其实除了担负供应各个营地的主食外，还要提供蔬菜、肉禽、食油、盐巴、茶叶、老酒等副食品。仅是肉禽还需要分为汉人、彝人、白人、蒙古人喜欢的猪、牛、鸡、鱼，回回人专用的牛、羊、鸡、鱼。马速忽是个心细的人，他还从城南清真寺请来阿訇专门为回回民夫宰杀牛、羊、鸡、鱼和做清真饭菜。他知道工程耗时日久，除了到附近寨子采买菜蔬以外，还在营地周围开垦荒地，种上了各种时鲜蔬菜作为补充。

张忠、罗老幺负责的铁匠营炉火正旺，"叮叮当当"之声不绝于耳，两三百名铁匠赤裸上身，挥汗如雨，正在锻打铁锹、錾子、铁锤、撬棍、铁链等工具。

段志明、段明礼父子负责的木匠营是整个工程的核心。按照赛典赤和张立道设计，大坝的主体部分要使用木材构建①。这可忙坏了段

① 因为当时没有水泥，钢筋。

志明，几天要亲自带领百十个年轻力壮的后生到深山老林选择树材，砍伐木料；几天又要返回工地指挥木匠们按图放大样，制作木桩、木板和手推车。好在段明芳每天为他做饭洗衣，每当听见段明礼喊一声“阿爸，咽羹茹！[①]”心里便乐滋滋的。看着女儿每天晚上一颦一笑地端水送茶，他安逸地刚抽完水烟筒，段明礼便抬来热水为他烫脚，段志明便忘却了一天的疲劳。

苫速丁兀默里、哈散负责的石料营工作量最大，不仅要承担清理库区的乱石、淤泥、荆棘，还要上山开采石料。为保障工程质量，这石料的用材十分讲究，只能用石灰石而不能用风化之石替代，采来的巨石又需分类打制成狗头石、寸石[②]、瓜子石等，他们知道张立道的那双眼睛最毒，绝对不能打马虎眼。

眼看着春节将至，赛典赤与张立道合计，想让民夫们回家过完春节和元宵节，正月十六是个好日子，那天就正式动土开工。只是通告发出后，大多数人表示这个春节都愿意留在工地。赛典赤感慨万端，他让纳速剌丁从城中送来十几车年货分发给各营，并按人头分派赶工薪资。

除夕夜，马速忽提着灯笼，陪同赛典赤和张立道前往各个营地慰问看望，问寒嘘暖。

二

三人来到铁匠营，张忠与罗老幺等十几个弟兄正在猜拳饮酒。

张立道笑道：“大哥，好热闹啊，小弟给您拜年了！”说着将两瓶鄯阐的南田酒放在桌子上。

张忠瞥见张立道后面的赛典赤，连忙放下酒碗，拱手说：“末

① 白族人方言，称吃饭为“咽羹茹”。

② 现在称为“公分石”。

将给大人拜年！”罗老幺等众人也齐声附和：“我等给三位大人拜年！”赛典赤、张立道、马速忽抱拳还礼。

赛典赤两手一摆让大家坐下，开口说：“张提举，实在对不住，诸位只能休息三日，你们铁匠营需要完成一项紧急事项。”

张忠一捋衣袖说：“是什么紧急事项？敢情是要我铁匠营打制一批铁具？大人尽管吩咐就是。”

张立道说：“大坝破土动工之日，需要制作一个奠基之物。”

张忠问道：“那究竟是何器物？”

张立道说：“大哥，却是一件铁器。”

张忠言道：“只一件铁器，何须劳动平章大人！”

张立道说：“非一般之铁器，但却需大哥亲为方可。”

张忠是个心急之人，追问道：“那究竟是何器物，老弟不妨直说。”

张立道说：“此乃千秋大器，镇服洪魔之宝。也怪愚弟考虑不周，前些日子思考这奠基之物用石材还是铸铁，犹豫再三竟然耽误了一些时日。这几日琢磨，觉得还需大哥带领铁匠营众位兄弟锻铸一铁器方是上乘，式样与尺寸我已作图，只是时间急促恐难完成。”

自古燕赵多英豪，这张忠是个豪爽之人，那里经得起张立道这一番激将。随手接过张立道递过来的图纸瞥了一眼，也不细看便交给一旁的罗老幺。站立起来，抬起酒碗一饮而尽，一拍桌子，掷地有声：“老弟此言差矣，养兵千日用在一朝，我这铁匠营不是豆腐营，俺这帮弟兄不是缩头乌龟，明日我就点火生炉，十日之内定将奠基铁器献于大营！”

三人出了铁匠营，踏着清朗的月色最后来到木匠营。见段家三口正在围坐小木桌吃年夜饭，赛典赤拱手拜年，段志明、段明礼、段明芳立即起身回拜。

段志明抬起酒碗欲向赛典赤敬酒，说道：“我们全家给大人拜

年，这可是我们大理最有名的雕梅酒哦！”

张立道见段志明满脸通红，知道他没少喝，忘记了赛典赤不饮酒的习惯，便接过酒碗说道：“段老爹，俺老张今晚就与你干一碗！”说毕一饮而尽。

段明芳为三人一一上茶。

赛典赤问道：“明芳最近还在刺绣吗？”段明芳笑盈盈地点点头。

马速忽喝了一口茶，对段明礼说：“明礼兄弟，我听说去年段老爹在大理老家替你说了一门亲事，为何不趁这春节办了喜事？”

“五哥净拿小弟取笑，阿爹说大坝早一天完工，就早一天了却他的心愿，我们商量后年三月街回大理迎娶也不迟。”段明礼是个腼腆的小伙子，话未说完脸却红了一半。

“段老爹，今晚一是给您拜年，二是与您商量，正月十六大坝正式动土开工，您老觉得如何？”张立道是河北人又在大都待了好几年，说起话来满嘴京腔溜刷。

段志明自顾自地抬手又喝了一碗酒，兴奋地说：“好啊！我老段早就盼着这一天了！”

一旁的段明芳见父亲有些失态，竟敢在白发苍苍的平章大人面前称老显摆，便拉了拉他的衣袖，示意道：“阿爹，你家喝多了。”

段志明并不理会，放下酒碗，说：“两位大人，哦，还有五公子，你们不要嫌我老汉啰唆，我们白家人建新房时选地基、动土、上梁都是大事，何况大坝破土动工，这可是我家云南人开天辟地的丰功伟业！这个动工一定要搞一个隆重的仪式，祈求祖师保佑，讨个吉利！”

赛典赤见段志明虽然半醒半醉，但却是慷慨激昂。他说的不无道理，搞个开工仪式可以激励大家的士气，便朝张立道微微点了点头。

此时的段志明是酒醉心明白，接着又说：“大……大人，仪式虽然要搞得隆重，但是，请你们放心，如果我来操持这个仪式并不需要多少花费，一切都包在我老……”刚想说“老段”，段明芳又扯他的衣袖，他舌头一转，说道：“一切都包在我老汉身上！”引得赛典赤、张立道和马速忽哄堂大笑，段明芳也抿嘴而笑。

翌日是大年初一，日上三竿，罗老幺见张忠仍然在帐内醉卧不醒，手中拿着图纸在帐外急得直打转。那年罗老幺在大理舍命救了张立道，他俩便成了莫逆之交。在金齿铜矿区两年多的时间互教互学，特别是在铁匠营两人更是配合默契，罗老幺成为张忠最得力的助手，他敬重张忠疾恶如仇，为人仗义豪爽，平日里做事雷厉风行，是他心目中的大哥。但是今日担心张忠贪杯误事，虽说张立道是张忠的族弟，但人家大小是行省衙门的劝农官，是个六亲不认的主。

正在踌躇不安，只听见帐内张忠喊了一声：“好痛快！”罗老幺立即走到床铺前说道：“大哥，您也算醒了！”

“现在是何时分？”张忠伸了个懒腰，打了个哈欠问道。

“已近午时。”罗老幺将衣服给他披上。

张忠提起茶壶喝了一口昨夜冷茶，罗老幺见他仍然不紧不慢，急着将图纸往他眼前凑过去，说道：“大哥，您看这是何物？”

“这不是头水牛吗？”张忠瞥了一眼，穿好衣服，又低头找靴。

“您再看看这是头什么牛？”罗老幺看他一副满不在乎的样子，着急地说。

张忠并不答话，只管去帐外洗漱。

罗老幺跟着出去，拍拍图纸说：“我的好大哥，都什么时候了你还松松垮垮的！”

张忠将擦完脸的面巾搭在肩头，笑着说：“牛好啊，农忙时，牛可以下地犁田，农闲时还可以上路拉车，老百姓喜欢它，尊重它，牛不是牲畜，是老百姓心中的神！我也喜欢牛，这牛啊，质朴老实，肯出力。显卿老弟果然没有选错！”

面对张忠的絮絮叨叨，罗老幺一脸严肃，提高了声调说：“我的

提举大人，请您仔细看看，按照显卿大人的设计，这牛身长丈五，宽六尺有余，依我估计重量不下千余斤。眼下时间紧迫营中未备铁矿石，如何能炼得铁水？没有铁材如何铸得神牛？”

罗老幺不再叫张忠“大哥”，而称他的官职。

张忠拍拍罗老幺的肩膀，哈哈大笑：“老幺兄弟看把你急的，你真以为俺老张是在蒙头睡大觉吗？昨夜梦中神游一番我已经有了主意。”

罗老幺满腹疑惑地望着他。

张忠说：“昔日诸葛孔明能够一夜之间凭着草船借得十万狼牙箭，俺老张就不能弄个借尸还魂之计？”

罗老幺见他仍然信口雌黄，便再次提醒道：“我的好大哥，此事您可是在平章大人面前立了军令状啊！”

张忠侃侃说道：“罗老弟莫急，远水解不了近渴，哪里能等你去威楚采来矿石熔炼啊，这一去一回还不得两三月。你速带领四五十人到各营地收集废旧铁制工具、兵器，再将本营所存的五百斤新铁集中，足以解决原料问题。我这里立刻组织人手挖掘黏土制作泥胎模型，五日后点火开炉浇铸，尔后两日打磨修补，十日之后保证送给平章大人一尊神牛，绝不耽误开工大典！”

一番话说得罗老幺转忧为喜，说声：“我的好大哥，您怎么不早说呀，急死小弟了。按照您的吩咐，我这就去办！”

刚要转身离去，张忠又将他唤回，悄声说道：“自今日起咱铁匠营要封闭营门，外营闲杂人等一概不得进出，就是平章大人、显卿老弟也要拒之门外。”罗老幺会意地点点头一溜烟跑了。

三

正月十六日，辰时，莲花峰下旌旗招展。粮库营、铁匠营、木匠营、石料营按绿、橙、青、蓝四色方阵整齐排列。场地中央由红盔、红甲的大营亲兵组成。一杆高大的红色帅旗在微风中微微飘扬。大纛之下赛典赤、爱鲁、张立道、纳速剌丁，苫速丁兀默里、哈散、忽辛、马速忽迎风站立。前面两丈远处有一个木制香案。在赛典赤等人的身后还有十几个特别的人，有的拄着拐杖，有的用白布吊着胳膊，有的双眼失明，由士兵搀扶着，这些人是在治水工程施工中致残的民夫，赛典赤特意请他们前来参加今日大坝的开工奠基。

远近五村八寨的五六百民众也赶来看热闹。

张立道整理衣冠，向前三步，朗声说道："吉时已到！大元至元十四年，岁次丁丑年正月十六日，大皇帝御封云南诸路行省平章政事赛典赤大人率军民人等于此举行松花大坝开工奠基！"话语刚落，顿时锣鼓喧天，旌旗翻滚，人喊马嘶。

喧闹声中，一身青布素衣的段志明神情专注地带领百十个白人小伙子齐步来到香案前。

段明礼将簸箕里盛着的一片圆木、一团鸡毛和木捶、木马点燃烧掉。另外两个小伙子将一个装满谷子的大斗放在香案上。斗里插了一面镜子、一把剪刀、一杆秤、一块盐巴和一串红辣椒。

段志明庄重地在斗的中间插了一个用红纸做成的牌位，牌位中写"敕封鲁国各贤公输般之神位"，左写"墨斗星君"，右写"曲尺童子"。

四个小伙子摆上香炉，放上干果、水果、饵块、馒头、地参子、面条、豆腐和一碗米饭等素食，一大盘"干拉"（煎米粉条），红烛一对，木匠师傅用的锤子、凿子、墨斗。两个小伙子又敬献上鱼、米、面及烟酒糖茶等。香案前置一对木马，上面架着染成红色的南北向的一块木板。

张立道向赛典赤等人指点说："段老爹是在按照白家人的习俗祭拜鲁班祖师哩。"

香案祭品摆放整齐，段志明带领段明礼等百十个小伙子虔诚地向

鲁班牌位三跪九叩。

跪拜毕，段明礼怀抱一只大公鸡向东拜了拜，把公鸡脚上绑着红布交给主祭的父亲。段志明用手掐破鸡冠，将鸡冠上的鲜血点在架在木马上的那块木板中间。一边点，一边喊话：“鸡是什么鸡？鸡是凤凰鸡。头戴金盔帽，身穿五色衣，用你来做点木鸡。紫金木、紫金木，你在山中做树王，今日遇着黄道日，鲁班弟子送你做栋材。一点，点龙头，动土保平安；二点，点龙尾，出入保平安；三点，点太极，万代保利贞！”

这边祭祀刚结束，那边铁匠营旗门开处，只见张忠手持一面黑旗走在最前面，身后四五十个上身赤裸的彝人汉子肩上抬着一个木架，随着张忠的号子声，迈着坚实的步子，口中发出“嘿嘿嘿”的喊声，有节奏地呼应着张忠的号子声，一步一步缓缓前进。

赛典赤、爱鲁、纳速剌丁等人一看，整个木架用红绸包裹得严严实实，看不清楚是什么，只有张立道心中明白。

张忠率队来到中央，口中喊：“换！”前面的汉子换肩、转身。张忠又喊一声：“放！”小伙子们慢慢地将沉重的木架轻轻放下后整齐站立两旁。“启！”张忠又喊第三声，几个汉子轻轻地拉开红绸……

赛典赤、爱鲁、纳速剌丁等人逐渐看清楚了，那是一头双角上翘、仰天昂首、目光炯炯、盘腿坐卧的粗犷铁牛！那头牛脖颈上系着一朵红绸扎花，全身滚圆浑厚。腹部中间从右至左是四个阳刻大字：“威镇六河”。旁边竖直一行字：“维，大元至元十四年，岁次丁丑年正月吉旦，云南诸路行省平章政事赛典赤率军民人等敬立。”

张忠转身向前几步，拱手将手中的旗子交给工程总指挥赛典赤。

此时的赛典赤用泪眼仰视着湛蓝的天空，若有所思，眼光慢慢地巡视四周黛墨的山峦，如潮的人海，心潮澎湃，举起手中的旗子猛然一挥，大喝一声：“立！”此一刻，无需更多的语言，无需更多的繁文缛节。这一挥，挥去了赛典赤多年胸中的块垒和歉疚；这一声，吼出了气壮山河的豪情壮志！

随着赛典赤的一声令下，爱鲁、张立道、纳速剌丁，苫速丁兀默里、哈散、忽辛、马速忽、张忠等人与众汉子齐心合力将神牛抬至预先选定的坝址右侧，一齐用力将祭物高举过肩，然后重重放下。神牛从空中轰然落入土坑内，溅起一团巨大红色粉尘，如同一簇巨大鲜红艳丽的礼花直向空中！

第二十八章 段明礼魂断凤鸣山 小忽辛泪洒松华坝

一

大坝奠基仪式结束后，奉赛典赤之命张立道和忽辛立即扩修与松华坝水库配套的人工河——金汁河。此河原是大理国国王段兴素于公元1040年开建。该河起自松华坝底右侧，向西南经上坝村、竹园村、桃源村、龙头街、麦地村、大小羊肠村、菠萝村、小坝村、昙华寺、金马寺、董家湾、吴井桥，再往西转过日新村、小街子、双凤村、九甲等村落流入滇池，全长七十余里，埂宽一丈二尺。由于长久失修，部分河段损毁严重。

张立道和忽辛对金汁河进行全面整修，并分盘龙江水入其中。在沿河一带建造金箔闸、小坝闸、桑园闸和燕尾闸等大小闸十座，涵洞三百六十个，以利“轮序放水，自上润下”。即将河段顺流分为头、二、三、四等排，然后自上而下，规定时间，顺序轮流放水，巧妙地避免了用水的矛盾，保证了河堤两岸之田均衡受水。在沿河两岸植柏树。又在“六河”上开挖了十二道分水支河，七十二条地下暗沟等辅助设施，用以分泄洪水，使滇池水泄量大增，湖面下降，此前还是水潦的梁家河等地，涸出良田一万多顷。

为了解决盘龙江西岸至长虫山脚一带坝子，处于水低田高的不利自然条件，赛典赤又组织人力开筑与盘龙江、金汁河上游对称的另一条人工河——银汁河。此河比金汁河为短，源出自于鄯阐北郊的黑龙潭，经长虫山余脉山脚蒜村、右营、岗头村、马村等乡村再从东南汇入盘龙江，全长二十余里，沿途分渠纵横，建有若干小闸、涵洞，依时启闭，使鄯阐北郊、盘龙江西岸农田多有受益。

赛典赤又组织人手治理了宝象河、马料河与海源河。

宝象河，源出鄯阐东郊的乌纳山西南小龙潭、板桥驿（今大板桥）黄龙潭和分水岭，三水汇合后向西南转西，经过百户村、大石坝、小石坝、小羊堡、季宜村、中营、宝丰村等注入滇池。沿途有东、西鸳鸯沟以及铁线沟、广济沟、杨柳沟、苍沟等，全长一百余里，用于灌溉鄯阐东南之田。

马料河，源出鄯阐乌纳山东南黄龙潭和白水潭，经过羊落堡万朔村、呈贡小古村、官渡小新村，在麻莪村下分为两支。南支经过矣直堡、回龙村；北支经过小新村、官锁村汇入滇池，全长约五十里。

海源河，源出鄯阐西北海源寺龙潭，该河向东南流淌的东龙须沟，向西南流淌的西龙须沟。两支又多有分支，分别由北而南，经过莲花塘、班庄、洪家营、梁家营、黑林铺、黄土坡西南坝区汇入滇池，全长二十余里。

中下段工程基本完成后，张立道和忽辛马不停蹄地赶回马家庵大营，他们知道工程决战的时刻即将来临，那里更需要新生力量的支援。

看到中下段工程取得阶段性成果，水流阻塞的问题基本解决，赛典赤异常兴奋。他安排张立道负责在坝区上部建造围堰，目的是挡住上游来水，清理库区杂石，查堵漏水点和保障大坝顺利施工。安排忽辛负责建造大坝右侧的溢洪道，倘若突发山水，可保住在建大坝的安全。张立道和忽辛两人深知责任重大，拱手喏喏，领命而去。

隔几日，赛典赤从马家庵大营出发，沿倒座村，过老白龙村，翻过一个山头，遥遥看见张立道的驻地老鸦冲。往东隐隐约约看见，在

一个箐沟里一群人正在劳作。

随同前往的苫速丁兀默里用手中的马鞭指点说：“父亲，显卿大人计划在老鸦冲修筑围堰，将刺梨山、小河、夹河、回流村的上游来水向西北面的前石洞、刘家洞，东南面的李家凹、弯冲、芹菜冲分流，确实是一个最佳的选择。”为了勘察库区，苫速丁兀默里等人在方圆百里已经跑了不下十几遭，对这里的地形、地貌早已是轻车熟路，了如指掌。

赛典赤、苫速丁兀默里等七八人策马下山，一进村就见家家户户都在用藤条编织箩筐。这箩筐看起来有些特殊，每个箩筐三尺见方，足足可以容纳两个人。两侧各有一个五六尺长的藤条吊耳，像一个硕大的吊篮。赛典赤下马向老乡打听，原来是张立道发动村民上山采集藤条编织的箩筐。来到营地只有一个中年男子伏在桌上拨弄算盘，专心计算着什么，看起来像是工地的管账。

苫速丁兀默里上前轻声问道：“请问先生，张大人可在？”

中年男子抬眼见是赛典赤与四将军，拱手说：“回大人话，张大人一大早就去围堰工地了。”

赛典赤、苫速丁兀默里谢过看守营地之人，上马出了村子。沿着羊肠小道行了四五里。走在最前面的苫速丁兀默里看见张立道挽着双袖，正与七八个汉子在一架木轱辘前往下吊藤条箩筐。木轱辘摩擦着绳索发出“叽里咕噜”的声响，有五六个人在高坎下面调整，堆砌装满石块的箩筐。

赛典赤、苫速丁兀默里下马爬上高埂。赛典赤递给张立道一块布巾，说道：“显卿辛苦了，来擦擦汗休息一会儿。”

苫速丁兀默里揶揄道：“张大人这是把李冰治水的方法搬到了老鸦冲了！”

赛典赤夸赞道：“昔日李冰父子用竹篓装满鹅卵石断洪分流，修建都江堰。而显卿却是因地制宜，就地取材，用藤条箩筐填装寸石和泥土筑坝围堰，真有异曲同工之妙！”

张立道一边擦汗一边说：“蜀地盛产大竹，河滩满布鹅卵石，在下邯郸学步，效仿先人而已。”

苫速丁兀默里询问道：“张大人，末将观此种方法速度极高，大坝施工可否也采用？”

张立道缓缓道：“四将军有所不知，这围堰是个临时性的分流工程，一些小地方即使稍有渗漏也无关紧要，待大坝完工之后便要撤出。而大坝却是永久性的蓄水工程，必须严丝合缝，层层夯实，故藤箩填土石的方法不适合建筑大坝。”

赛典赤颔首：“显卿言之有理。”

当夜赛典赤、苫速丁兀默里宿住老鸦冲与张立道秉烛夜谈，共同商议建筑大坝的方案，最终决定以土木混合结构的方式构建松花大坝。

按照赛典赤与张立道的设计，段志明带领木匠营在大坝基础上竖起了一排排梅花桩。每根木桩高丈余，两根桩柱间隔六尺，其间用横木以榫连接，再由苫速丁兀默里、哈散带领石料营的民夫将狗头石、寸石、泥土混合填入木桩之间的空隙夯实，其后再用石灰、桐油、糯米汁灌入。工程进展十分顺利，半个月之后坝体涌出基础十余丈，大坝的模样已见雏形。

二

正当众人高兴之时，不想春夏之交的四月下了一场不大不小的雨，给建筑大坝工程带来了严重的影响。

隔日一大早，段志明、苫速丁兀默里、哈散等人准备继续施工。到工地一看大惊失色，坝体基础的迎水面和背水面都出现了巴掌宽，丈余长，分布不均的裂纹！

苫速丁兀默里火速到大营报告赛典赤与张立道，两人来到现场命令百十个民夫顺着两个裂缝向下挖掘，两个时辰后众人看到原来是两两相连的木桩从榫头之处断裂。

段志明一屁股坐在地上，沮丧地说："我一生帮助多少乡亲盖房上梁，从未出过什么差错啊。"

张立道走过来拍拍他的肩膀，安慰道："段老爹，这事与你无关，责任在我。这不是用料尺寸大小，榫头深浅的问题。前些日子我用这种方法修建了一些小塘小坝确实管用，但是眼前的却是大型水坝啊，由于泥石沉重，加之雨水侵蚀，故而坝体发生位移，是我考虑不周啊。"

赛典赤也过来安慰段志明，只是一时也想不出解决问题的好办法。

张忠、罗老幺等铁匠营的人听说坝上出了状况，也急着赶来观看。

张忠拾起断裂的木桩仔细看了看，对赛典赤、张立道、段志明说道："不妨事，不妨事，依我看，如若在每个榫头之间再扣上几颗蚂蟥钉①，则可加固木桩的强度！"

赛典赤、张立道等人拍手叫好。

张忠对张立道调侃道："二弟，此次你拿什么犒劳愚兄啊？"

"八瓶鄯阐南田酒，再加两瓶武定花桐酒！"

赛典赤等众人都笑了。

为了抢在汛期到来之前保证大坝完工，赛典赤重新调度了施工力量。由自己与张立道总督工程进度和质量，段志明负责重新制作木桩，张忠则带领他的铁匠营连夜打制一批蚂蟥钉。

张立道经过计算，将迎水面的坡度改缓，以减轻坝体对基础的承载压力。赛典赤将一千人的青壮年民夫分为三队，分别由苫速丁兀默

① 一种如半工字形的铁钉。

里、哈散、马速忽各领一队人马，白昼三班轮流作业。

一时间，大坝上人声鼎沸，风鸣马嘶，车来人往，扬尘弥漫。入夜灯火通明，人影憧憧，号子声、打夯声、敲击声此起彼伏。人们把辛勤的汗水毫不吝啬地撒在泥土地，用坚实的脚印深深地烙上自己的期冀与责任。

赛典赤在一天一天计算着日子，大坝一寸一寸往上增高，昨日大坝右侧的溢洪道已经完成，大功即将告成，一颗悬着的心终于落了下来。做完"霍虎坦"（宵祷）刚要和衣睡下，瞥见帐外灯影一闪，随即听见忽辛轻声道："父亲歇息了吗？"声音中带着一份踌躇与歉意，他知道父亲太操劳、太辛苦了，作为部下，作为儿子本不忍心叨扰他老人家，但是事关重大，只好连夜禀告。

"进来吧。"赛典赤轻声说。

三

忽辛入内灭了手中的灯笼，赛典赤拨亮了木桌上的红烛。赛典赤一边为儿子解开系带，摘下头上的藤帽，一边问道："是冲沙孔的事情吗？"

赛典赤说的冲沙孔是松华坝水库的一个重要组成部分，一般置于大坝的底部，主要利用大坝前后地势的高差，冲排淤积在水库中沉积的泥沙。如果不定时冲排泥沙，日久天长一方面将造成蓄水库容减少，另一方面将使大坝迎水面长期承受静压力，形成安全隐患。张立道设计的冲沙孔位于大坝的东侧，但它并不是一个简单的"孔"，确切地说是一个长度为七八十丈、斜角约为三十度的隧道工程。

忽辛将一件褂子给父亲披上，轻轻地点了点头，颓唐地坐在木圈椅上。只有这时，夜深人静的时候，在只有父子俩人的时候，这个风

风火火的年轻将军才享受了一会儿家的氛围与温馨。

望着疲惫不堪的儿子，赛典赤扭头一阵心痛。忽辛刚刚完成溢洪道的工程，又主动请缨要求攻克工程最后的一道难关，纵然是铁打的金刚也禁不起这连续的苦战啊。自己是主帅，更是他的父亲，平时对儿子们除了严厉，还是严厉，给儿子们压的担子实在太重了，但是不以身作则何以服众？他想起了离开大都的前一天晚上，母亲殷殷地嘱咐，要把五个宝贝孙子毫发无损地带回家……老人家一辈子含辛茹苦，克勤节俭，相夫教子，没有什么奢望和祈求，只望真主保佑儿孙平安回家……

赛典赤低头轻轻长吁一声，思绪回到眼前。转身却见忽辛已呼呼大睡，便蹑手蹑脚地取来自己的红色斗篷轻轻地盖在他的身上，轻轻地灭了火烛，伫立在黑暗中守护着自己亲爱的儿子……

大帐外，传来一阵阵巡营更夫敲打梆子的声音，已经五更天了。东方微白，忽辛一个激灵醒了过来，见父亲白衣白帽刚做完“邦多达”（晨祷），张口说：“父亲……”

赛典赤走过来摸了摸他的额头，以商量的口吻说：“昨夜我思考，还是将冲沙孔工程交给苦速丁兀默里或者哈散负责吧。”

忽辛收好身上的斗篷放在桌上，耐心地解释：“父亲，我在坝区就是负责凿洞开发，熟悉开凿隧道的套路，再说二哥与四弟那里忙得正紧也脱不开身，我保证二十天内全程贯通冲沙孔，只是……”

“我儿有什么难处？”赛典赤见他欲言又止，便问道。

忽辛说：“依照前些天施工的情况看，洞内泥石混杂，仅靠人工挖掘进度缓慢，我准备使用火药爆破的方法，但是手下的人懂得爆破的不多，段明礼曾经与我二哥在金齿铜矿负责打硐采矿，具有一定的经验，他能否可以作为我的副手？”

赛典赤沉吟了一会儿，说道：“按章程两营之间人手调动，应该由显卿去找段志明协调。”

忽辛点点头，说：“孩儿知道了。我这就去向显卿叔禀明。”

张立道来到木匠营，开门见山说明来意。

段志明蹲在地上吸着水烟筒烤太阳，他喷了一口烟气，爽快地说：“眼看大坝就快齐顶了，我们木匠营的差事也只是扫扫尾，七斤闲着也是闲着，就让他跟三公子去吧！”

冲沙孔工程进入最后的决战阶段。一场没有刀光剑影，没有敌人的特殊战斗正在激烈地进行着。人们敬畏大自然，顺从大自然，但为了生存有时也要挑战大自然，与自己心中的神较量、博弈。

虽然工程的总指挥，自己的父亲并没有下达冲沙孔工程完成的最后期限，但是忽辛在心中立下了军令状。在中下段施工的时候，他亲眼目睹遭受洪水后满目疮痍的村寨，流离失所的民众，嗷嗷待哺的襁褓中的婴儿，孤苦无望的老人。他心中隐藏着一股正气，有一份责任在支撑着他，早一天完成工程，早一天降服洪魔，是他最大的心愿。

他憋足了一口气，铆足了全身的劲，带领他的施工团队夜以继日，挑灯夜战。这群小伙子简直就是一群敢死队，爆破声震聋了双耳，出了洞口休息一刻又猫着腰进入。洞内四五个人被弥漫的烟尘熏倒抬出，另外一组又立即上前顶替……十天下来已经伤了八九个兄弟，忽辛心急如焚。

距离出口只有七八丈了，段志明带领几十个人在泥水匠的协助下已经将上方洞口的木闸安装完毕，只等冲沙孔贯通试水。

就在这关键的时刻，出人意料的悲剧发生了。

四

这日午后天空乌云密布，再过几日汛期即将来临！忽辛心中只有一个信念，必须与老天爷抢时间！

负责打炮眼的一组人刚刚撤出，他便带领段明礼等三个小伙子猫腰钻进了洞内，紧张地向炮眼填充炸药，接引线。

一切就绪，忽辛用火镰点燃引线后，最后一个撤到洞内的一个转角处与段明礼三人合在一处。不一会儿传来几声闷响，忽辛竖起耳朵，心中默默数数。只觉得响声不对劲，似乎只响了九声，还有一个是哑炮！就在他犹豫瞬间，身旁的段明礼手执铁锨纵身向前。他也意识到还有一硐哑炮，他想要迅速将它清除，以免影响下一班的作业。弥漫的黑烟中，忽辛下意识地伸手想要阻挡，口中喊道："小心！危险！"话音未落，前面就传来一阵震耳欲聋的巨响！

忽辛声嘶力竭地喊："段明礼……"眼前一黑，昏厥过去……

一阵凉风拂过，满脸污垢的忽辛微微睁开眼睛，嚅动干裂的嘴唇，艰难地挤出三个字："段兄弟……"

忽辛被几个人连拖带拽地抬出了洞外，蹲在他周围的几个小伙子黑着脸，面无表情，默不作声。忽辛仰望天空满布的乌云，被黑色涂满的天空是那么的狰狞恐怖。他抬了抬胳膊，试图抻着起来，他幻想着奇迹发生，却见左手紧紧握着一条布带，那是他从段明礼身上抓下来的腰带，他真想大喊一声，段明礼，我的好兄弟！然而此时此刻他的嗓子眼像堵了一团烧红的铁块，他喊不出来，他闭上充满血丝的双眼，欲哭无泪……

忽辛挣扎着爬起来，将仍旧攥在手中的那根腰带别在腰间，扔掉头上的藤帽，撕了一片衣襟扎在流血的额头上，拾起一面小白旗插在身后，跌跌撞撞地走到自己的战马旁。两只手颤颤抖抖地抓住马鞍，两个小伙子见他欲上马，急忙过去搀扶。此时忽辛不知道哪来的力气，猛地挥手推倒了其中的一个，歪歪斜斜地跨上马，两腿一夹，朝着木匠营而去。

黑云密布，阴风飒飒，山雨欲来。忽辛迎着逆风沿着熟悉而陌生的蜿蜒小道进了木匠营，模糊看见段志明蹲着吸水烟筒。

在距离段志明还有十多步时忽辛便滚鞍落马。他弯着腰，拖着如同灌满了铅的双脚，一步一步向前挪动。他觉得自己走进了深邃无边的黑色巷道，使他喘不过气来。段明礼的身影在他的眼前影影绰绰地晃动。他深深地后悔，自责，为什么不是自己冲上前去排除哑炮？为什么自己不是殉难者？分秒之际段明礼献出了年轻的生命而自己却成了苟且偷生的懦弱者？自己是这出悲剧的罪魁祸首。若不是自己为赶工期，以及平时显露的急躁情绪对段明礼的传染，怎么会导致今日事故的发生？是自己害死了段明礼！他无法向工程总指挥、自己的父亲交代！他更无法面对，但又不得不面对近在咫尺的可敬、可爱的老人——段老爹。段明礼，段老爹的七斤，老人传承家族香火的希望，即将入洞房的准新郎，如今却与老人阴阳两隔，忽辛担心段老爹接受不了白发人送黑发人的残酷事实，也不知如何去面对那善良羸弱的明芳妹妹。

段志明正在等待儿子收工回来一起吃晚饭。他看见了忽辛背后的小白旗在风中飒飒飘动。他随同平章大人进入工程营已近三个年头，早就习惯这如同军营般的生活。他热爱这种紧张有序的生活，他将木匠营当作自己的第二个家。他像慈父一样调教年轻的木匠们，他熟知营中的一切规矩和章程。卯时大营的帅旗迎着晨曦定时升起，辰时擂鼓是出工，酉时鸣金是收工，身背红旗的传令官是向各营传递捷报，遇有身背白旗的则是报告噩耗。工地上因为采石塌方，一次就有四五个民夫丧命，自己的木匠营上山伐木，也曾有两三个木匠跌下悬崖身亡……

看着眼前的忽辛，他明白了一切。他停止了吸烟，水烟筒嘴上的星点儿慢慢熄灭了，他双手紧紧地抱住水烟筒，像抱住须臾不能离弃的宝贝儿。他一动不动，目光呆滞，古铜色的脸上面无表情像一尊泥塑。

听见急促的马蹄声，段明芳从简易的木屋内出来。

忽辛连滚带爬地跪在段志明面前，双手高举那条沾满粉尘的腰带。仿佛时间凝固了，空气凝固了。不知道过了多少时间，段明芳也明白了，她踩着沙土和落叶走过来，替父亲轻轻地接过了哥哥的遗物，潸然泪下，清泪满面，她只觉得天旋地转。

跪在地上的忽辛撕心裂肺，发疯地对天狂吼："啊……"喊声在山谷间，溪流上，丛林中震荡，旋转……

五

接到噩耗，赛典赤欲哭无泪，工地上又损失了一个好儿郎。他在心中默念，自从开工以来，这已经是第七十八个了！这些来自三迤大地的白人、彝人、汉人背井离乡，义无反顾，夜以继日地投身工程建设，多么勤劳善良质朴的老百姓啊！他们究竟为了什么？为了填饱肚子的那两顿饭吗？为了那微薄的以工代赈的几斗谷子吗？他们洒下了汗水，付出了心血，失去了自己的生命，失去了最亲的亲人！他们朴素、执着，为的是不再遭受洪灾。民心比海宽，民心比山高！

赛典赤不希望再听到，不希望再看到，再有一个乡亲再倒下！自己曾经意识到如此巨大的工程伤亡在所难免，但是万万没有想到，由于工程的复杂性、艰巨性，竟然死伤严重。自己怎么面对亡者的父母、妻儿老小、兄弟姊妹？当第十五个亡人的名字放在他的案头的时候，除了拨付给家属一定的抚恤费以外，他就考虑要用一种方法来永恒地纪念这些英勇献身的英雄们。他让苫速丁兀默里在大营前砌起了一道高一丈、长六丈的白墙。他将亡者的姓名、籍贯恭恭敬敬地用毛笔亲自书写在这面洁白的大墙上，一来是祭奠亡灵，二来时时刻刻警示自己和各部将领。

今天，面对这面不愿目睹的大墙，赛典赤终于忍不住心中的悲苍，老泪横流，眼前一片模糊。他提起笔颤颤巍巍地反复蘸墨，颤颤巍巍地写下了：段明礼，大理凤仪人氏。而后，他将狼毫掷于地下，他不想用这支笔再记录亡者，因为他不愿意再听到还有工伤的噩耗。他低沉、沙哑、坚定地吩咐身旁的苫速丁兀默里："在这里，就在这里，待工程完工之后，要建一座忠烈祠。山门，山门就在这里……让人们四时祭奠英魂！还有，在朝阳的那片山坡上修建一片坟茔，让青山与英烈为伴！"

苫速丁兀默里红着眼睛，低头唯唯应诺。

张立道闻知事故发生，立即组织百余人的巡查队，加强对各工程的安全检查。

段志明听从了赛典赤的规劝，他觉得平章大人说的有道理。他放弃了古老传统的"娱尸"祭祀。他的儿子死得其所，他为儿子骄傲，他不愿意再惊扰他的儿子，他要让他的爱子安安静静地走，安安静静地躺在青翠欲滴的马耳山的树林中，静静地享受红土高原炽热的阳光，沐浴纯净清新的清风细雨。

段明礼未过门的媳妇闻讯连夜从大理赶来，她要送她的心上人最后一程，她发誓终身不嫁，要替心爱的男人为自己的公公养老送终。

六月中旬的一天，未时，天空飘起了细雨。

大营三声炮响，震天动地。苫速丁兀默里在老鸦冲听得炮号，立即命令炸开围堰，上游的水流如脱缰野马，奔腾的蛟龙，翻滚着白色的浪花倾泻奔流。一个时辰后，第一拨水浪猛烈冲击松华坝的大坝，卷起巨大水帘。紧接着第二拨、第三拨水浪推波助澜，滚滚而来。水浪受到大坝阻拦，渐渐地回荡摇晃，水面慢慢升高，再升高。三个时辰后，亮晶晶、清凌凌的水面静如处女。

黄昏时分，雨过天晴，天边绽出了三条巨大的七色彩虹，相互交叠辉映。众人咋舌，鼓掌，欢呼，惊喜这百年不遇的天下奇景！

大坝上，爱鲁、张立道、张忠、罗老幺、段志明等民众、军士齐

声欢呼：“赛平章！赛平章！赛平章！”旌旗翻滚，欢呼声、鞭炮声、锣鼓声此起彼伏，响彻山谷、森林，直冲云霄！

赛典赤平静地伫立在血色的晚霞中，清风吹拂着胸前银须，眼中噙着泪花久久不愿离去。纳速剌丁、苫速丁兀默里、哈散、忽辛、马速忽五个儿子默默无语地站立在他的身旁。他们没有鼓掌，没有欢呼，他们知道，父亲实现了自己的夙愿，无愧于滇省百姓。

宏大的治理水患工程历时三年，于至元十五年（公元1278年）全部完成，“得壤地万余顷，皆为良田”。滇池周边地区田畴交错，一片富饶景象，宛如江南鱼米之乡。史籍上说是到了牛马成群、狗也吃肉、鱼虾之多可拿来肥田的地步。自那时起，鄯阐就一直是边陲云南政治、经济和文化的中心。

云南行省平章政事赛典赤将张立道等人在云南的政绩上报朝廷，朝廷传旨授张立道为中庆路总管，佩虎符以示褒奖，授忽辛为兵部郎中，其余人员皆有嘉奖。

第二十九章　天监官谶言彗星象 段明芳皈依伊斯兰

一

岁月如风。时间来到至元十六年（公元1279年），这是一个十分重要的日子。

这年，元朝大军攻陷临安（杭州），宋恭帝归降，南宋灭亡。忽必烈终于一统天下，实现了他梦想的宏图大业。大元帝国的疆域横跨欧亚，北到北冰洋沿岸（包括西伯利亚大部），南到南海，西南包括今西藏、云南，西北至今新疆东部、中西伯利亚，东北至外兴安岭（包括库页岛）、鄂霍次克海，总面积超过一千三百多万平方公里。

岁月如霜。作为云南行省的平章，赛典赤已在位六年了。年近七旬的赛典赤上马管军，下马管民。凡钱粮、屯田、水利、矿业、兵甲、兵站、军国重事，无不事必躬亲，事必亲为。他太劳累了，太辛苦了，这一年的夏天，他心力交瘁，终于病倒了。其实，早在六年前忽必烈任命他为云南行省平章的时候，他就已经有病在身。当时本想婉拒皇上的任命，只是皇命不可违，只好勉为其难。既然受命于危难，背负了责任，为了恪守誓约，就当鞠躬尽瘁死而后已。

已经升任中庆路总管的张立道，看在眼里，急在心上，背着赛典赤给忽必烈皇帝上了一道奏章通报了情况。

这日，忽必烈接到张立道的奏章刚看了两行，突报回回司天监有事奏报。

元朝在全国设立了二十七个测景所，用以观测天文，“东至高丽，西极滇池，南逾朱崖，北尽铁勒”。

刚刚荡平南宋几个月，忽必烈还沉浸在胜利的喜悦之中。心想，回回司天监有几个月没有上报天象了，莫非今日天象有什么显示吗？是“吉”还是“凶”？心中忐忑不安，于是急忙宣召回回司天监官。

殿下的回回司天监官礼毕后，朗声说道：“启禀陛下，臣等自六月甲戌观察到彗星见于正东，如轩辕左角大，色青白，彗指西南，约长尺余，测在张宿十七度一十分，向西北行，实是近年来天现奇观，故不敢不报！”

忽必烈边听天监官奏报，边看张立道的奏章，当听到“彗指西南……西北行……”时，他大吼一声：“不要再说了！”

天监官不知道今日皇帝为何龙颜大怒，吓得诚惶诚恐，跪拜而退。

以往忽必烈皇帝听回回司天监官报告天象，其语言大都是晦涩难以听懂，什么“天干地支，白虎犯太岁”之类，总是需要他们详细诠释一番。而今日之报再清楚、再明白不过了。这彗星起于西南，向西北而行，岂不是预兆着在西南主政的赛典赤将魂归西域的老家吗？

稍停，忽必烈像发了疯一样，捶胸顿足，长叹道：“赛典赤危矣！赛典赤，老爱卿啊，是朕害了你啊！”

年初时，忽必烈就曾经考虑到赛典赤年老多病、辛苦备至，云南也治理得差不多了，早想把他调回大都。怎奈赛典赤坚持说云南省尚有许多事情没有安排妥当，他要遵守与自己先前之约定，待届满七十岁时再致仕，待来年开春一定返回京城。已经只差五六个月，我们君臣就可在大都聚首，踏青燕山、泛舟碧水，共享天下太平。想不到啊，想不到……

忽必烈冷静下来自我安慰：“天象毕竟只是天象，彗星尚未灭迹，年近七旬之人偶染风寒不足为虑，吉人自有天相。目前尚未接到云南行省最终的通报啊，赛典赤仅是生病，人吃五谷，哪有不生病的，不要乱了方寸。”但细想，那张立道乃是精细之人，不会因为赛典赤小有疾病就急奏上报。他心中又一阵焦躁，于是急忙传旨吏部派人组成百骑快马队，星夜急速驰往云南，并命令广惠司[①]提举鲁合为特使及两名御医随同前往，要将赛典赤接回大都治疗。

二

时至六月底，淅淅沥沥的雨接连下了三天。

守在赛典赤房间的纳速剌丁眼圈发黑正在发呆，忽辛一阵风似地进来刚要张嘴说话，被纳速剌丁用手指放在唇边嘘声止住，生怕打扰了正在里间歇息的父亲。

忽辛轻声说：“大哥，皇上派鲁合大人从大都来看父亲了。”

纳速剌丁略为整理衣襟出门迎接。

鲁合与两个御医在纳速剌丁的陪同下进入屋内，见躺在床上的赛典赤发须霜白，枯瘦如柴。一个御医赶快诊脉，接着又换另一个御医诊视。一会儿两个御医相互对视，脸色凝重。鲁合轻轻挥手示意出外。

几个人来到院子里，御医轻声说：“平章大人体质虚弱，脉象紊乱，可能时日不多了。”

鲁合低声呵斥道：“离京时皇上再三嘱咐，无论如何都要把平章大人送抵大都，竭尽全力救治平章大人，圣命不可违！”

两个御医连连拱手，战战兢兢地说：“全凭提举大人做主，我等悉心照料就是。”

纳速剌丁蹑手蹑脚走回屋内对父亲附耳轻语。

赛典赤的眼角渗出一丝泪水，艰难地从被子里抽出枯瘦的右手勉

---

① 广惠司是太医院下属的一个专门机构。

强摇了摇说："转告鲁合大人，感谢皇上龙恩眷顾，今生恐难以再见皇上龙颜，我就不回大都了，云南就是我最好的归宿了。"

纳速剌丁喉头哽咽，轻轻点了点头，轻步转身来到院子里。他拱手对鲁合说："父亲大人执意留在云南就医，况且现在他老人家身体虚弱经不住长途奔波，就烦请特使大人转奏皇上，满足他老人家最后的愿望吧。"说罢倒地跪拜，轻声抽泣。

鲁合哀叹一声，留下两个医官及忽必烈皇帝赏赐的东北野山参等礼物。

纳速剌丁又拜谢一番。

鲁合走后，御医对纳速剌丁嘱咐道："石药已经难以治疗，只是要安排调理好平章大人的饮食，只望越冬之后开春能够出现转机啊。"

三

赛典赤患病的消息在三迤大地不胫而走。

鸡足山、水目禅寺、盘龙寺、圆通寺山门大开，大雄宝殿内香烟缭绕，僧人们在做道场；真庆观内灯烛闪烁，鼓磬齐鸣，道士们在做水陆道场；昆明南城清真寺、永宁寺的教徒们在阿訇的带领下齐颂《古兰经》，为他们的好兄弟赛典赤祈福；老百姓在自家的供台上点燃三炷清香，虔诚地祈求观音菩萨保佑他们最爱戴的平章。

远远近近的老百姓送来了米面、鸡、鸭和许多时鲜的蔬菜、瓜果。段志明、段明芳从沙朗赶来，送来了五只母山羊，希望平章大人能够喝一口新鲜的羊奶。张忠和罗老幺送来一娄鲜活的滇池鲤鱼，嘱咐纳速剌丁要给平章大人做一碗鱼汤。罗槃甸土官阿虎赶了四五百里路，送来了一篓新茶。岩畲和月罕受父亲波月罕的委派，带着两岁的儿子，从金齿赶来，送来了两袋勐拉寨刚收获的香糯米，说是给平章大人熬粥。赵家父子从大理赶来，送上一篓核桃，赵老倌喋喋不休地说，这是平章大人最喜欢的漾濞核桃，是从自家树上刚刚采收下来的鲜果……

面对四方众人送来的物品，纳速剌丁众兄弟收也不是，不收也不行，他们无言以对，含泪默默收下，再三拜谢。

这日，纳速剌丁召集四个兄弟，忧心忡忡地说："兄弟们，依目前的情况来看，父亲的身体一时难以好转，我们必须做好长期的打算啊。"

四个人齐声幽幽地说："愿意听从兄长安排！"

纳速剌丁缓缓地说："我知道大家都想终日守候父亲以尽孝道，但是我们几人既为父亲之子，又为朝廷官员，各有职责在身，误了哪头的事儿都不妥当。我的想法是，莫如我们兄弟五人以教历每周七天，按照'日''月''火''水''木''金''土'的顺序，依次每日轮流值守父亲，其余时间各自料理本职事务，不可懈怠。明天就是'主麻日'，就由我看护父亲，你们仍去清真寺参加'聚礼'，虽处非常时期但不可坏了规矩[①]。"

兄弟四人拱手说："大哥安排得当！"

四人刚要转身走出，纳速剌丁又交代说："忽辛兄弟，你还要多担待一事，你要负责看管好段老爹送来的五只母山羊，多喂些豆饼精饲料，多产一些羊奶，让父亲饮服增强体质。"

正当众兄弟忙着照顾赛典赤的时候，突然发生了一个重大的变故，赛典赤的厨师阿老瓦"无常"了！

赛典赤对伊斯兰教规定的习俗恪守不变，"速纳""纳麻思"[②]都

---

① 伊斯兰教历的星期，使用七曜（日、月、火、水、木、金、土）法，逢金曜即阳历的星期五为"主麻日"，穆斯林在这一天举行"聚礼"。

② "速纳"是阿拉伯－波斯语的译音，意为行为规范、教律；"纳麻思"为波斯语的译音，意为礼拜、祈祷。

按教规行事。他穷其一生克勤克俭，但是在饮食方面却有着特殊的要求，忌食猪、狗、猫肉。不但禁忌的食物不吃，而且连盛过禁忌食物的器皿都不用，禁食未经高呼“安拉”之名宰割的动物，饮食一般以清淡为主。主食为米饭及面食为主，佐食牛、羊、家禽肉类及蔬菜，特别喜欢吃阿老瓦做的回回茶饭。

阿老瓦是个孤儿，比赛典赤长三岁，两人自小在部落长大，情同手足。那年随同部落酋长苦鲁马丁和赛典赤来到内地，六十余年跟随赛典赤走南闯北，忠心耿耿，这位善良的老人终身未娶。赛典赤世为贵族，身居高位，权倾一时，但从未将阿老瓦视为下人，两人亦兄亦友，朝夕相处，真情相待。

莫看平时里阿老瓦少言寡言，但却做得一手好的回回茶饭，于是他便成为赛典赤须臾不离的厨师。阿老瓦经常细心琢磨，根据一年四季所产的食材，起早贪黑，变着花样儿精心制作各式各样色香味美的回回茶饭，让他的小兄弟吃得健康舒心。

赛典赤最喜欢吃他最拿手的几道菜，一是卷煎饼。摊薄煎饼，将胡桃仁、松仁、桃仁、榛仁、嫩莲肉、干柿子、熟藕、银杏、熟栗、芭揽仁等切细，用蜜糖调和，再加碎羊肉、姜末、盐、葱调和作馅，卷入煎饼入油锅炸焦。二是“八儿不汤”。将羊骨切成块，草果五枚，回回豆子半斤捣碎去皮，萝卜两个切成块，一同熬成汤，然后滤净，再下少许羊肉，加黄姜二钱，胡椒二钱，哈昔泥半钱，芫荽叶、盐少许，调和匀，再入醋少许，用此汤就着香粳米干饭开胃爽口。此外，还有“设克儿匹刺”“秃秃麻失”“即你匹牙”“海螺厮”“哈耳尾”“沙乞某儿汤”“马思答吉汤”等。

阿老瓦临终前将自己毕生积累整理的食谱《阿老瓦回回食膳谱》交给了纳速剌丁，叮嘱五兄弟一定要照顾好平章大人的饮食起居。纳速剌丁、苫速丁兀默里、哈散、忽辛、马速忽以亲属的名义含泪速葬了阿老瓦。

纳速剌丁兄弟深知父亲与阿老瓦情深谊长，不忍将噩耗告诉正在病中的父亲，以免加重病情。但是父亲的饮食从来都是阿老瓦照料，如今他走了谁来为父亲做饭？众兄弟聚在纳速剌丁的房间里磋商半日，始终没有想出一个好办法。

正当五人焦虑万分之时，关闭的房门“吱呀”地打开了，见是段志明、段明芳父女二人。

站在靠门的纳速剌丁迎上前，说道：“段老爹，明芳妹来了。”

段志明微微点了点头，说：“今天来给平章大人送些鸡蛋和时鲜蔬菜已经放在厨房了。”

纳速剌丁连忙招呼段志明坐下，抱歉地说：“这大热天的，又让您从山上赶来。”

苫速丁兀默里给段志明、段明芳倒了两盅茶。

满脸悲戚的段明芳与五位兄长见礼后，用手比比画画，一副焦急的样子。纳速剌丁等人平时与她交流，能看懂一些简单的手势，这眼花缭乱的手语倒把他们几个人难住了。

段志明解释道：“芳儿是说，我们已经听说阿老瓦老爹走了，心里很难过，你们几个大男人都有公务在身，今后她愿意为平章大人做饭。”

望着眼前娇小的段明芳，纳速剌丁五兄弟听后感佩万分。

纳速剌丁又摇头，又摆手，推辞道：“段老爹，此事万万不可，想您年岁已高，明礼兄弟又……您身边需要明芳妹照顾啊！”话刚出口，纳速剌丁才觉得话中有失言之处，怎么自己又提起段明礼，生怕勾起段家的伤心事。

段志明坦荡地说：“想我段家蒙平章大人知遇之恩，只是无以为报。现大人身体有恙，滇省三迤百姓无不心焦。小女入府下厨理所应当。至于老汉，众位公子大可不必担心，一日两餐狼吞虎咽，上山砍柴如履平地。再说你们忘了家中尚有明礼媳妇早晚照应着哩。”

苫速丁兀默里、哈散、忽辛、马速忽四人见段志明说得恳切，纷纷点头，指望兄长表态。

纳速剌丁说："段老爹，您和明芳妹的好意我们心领了，只是父亲对饮食有严格地要求……"

段志明说："我知道，你们回回人讲究个清洁，我们白人也是讲究清洁，芳儿脚勤手快的，难道你还嫌弃不成？"

眼见段志明生气，纳速剌丁心有苦衷，解释说："段老爹，不是我嫌弃，我只是担心……"

一旁的苫速丁兀默里抢过话头，说道："我知道，大哥是担心明芳妹做不了回回的饭菜。这事简单嘛，今后由我按照《阿老瓦回回食膳谱》的配料及烹饪方法，帮助明芳妹做饭，保证父亲满意。"

哈散、忽辛、马速忽三人都说苫速丁兀默里的主意甚好，但却见纳速剌丁闭上眼睛，深深叹了一口气。

众人疑惑不解地望着他。

苫速丁兀默里："大哥……"

纳速剌丁睁开眼睛，又叹了一口气，欲言又止："你们就不要再为难段老爹和明芳妹了！"

段志明急切地问："大公子，这究竟为什么？说到底还不是嫌弃我家明芳吗？"

段明芳的眼泪簌簌落下。

纳速剌丁缓缓地说："明芳妹心地善良、心灵手巧，我哪有不放心的，只是这为父亲下厨做饭之人须得是回回人。"纳速剌丁原想以先前的两个理由婉拒，现在只能艰难地实话实说了。

所有在场的人都愣住了，无言以对：大家都知道段明芳是白人！段志明清楚了纳速剌丁的难言之隐。苫速丁兀默里、哈散、忽辛、马速忽明白了大哥的良苦用心。

一阵沉寂，只听见院子里老槐树上单调的蝉鸣声。

忽然，段明芳跪倒在纳速剌丁前面，拼命地比画，指指自己的心窝，又指了指天。这突然的举动使五兄弟不明就里，大吃一惊。纳速剌丁连忙将她扶起，段明芳紧紧抓着他的衣袖摇晃。纳速剌丁扭过身眼睛望着段志明。

段志明一顿足，上前拱手说道："众位公子，你们就答应芳儿的请求吧！"

见纳速剌丁仍然面有难色，便接着说："芳儿的意思是只要能为平章大人做饭，她愿意皈依伊斯兰教。"

纳速剌丁，苫速丁兀默里、哈散、忽辛、马速忽五个血性汉子恍然大悟，望着眼前的这个柔弱的奇女子，不知道说什么好，眼眶里噙着泪花。

这日是主麻日，苫速丁兀默里带着段明芳来到专重肃穆的南城清真寺。

在礼拜堂，段明芳学着苫速丁兀默里，做完阿则乃四拜，主命两拜，自礼十拜，然后跟着阿訇一字一句在心中默默念道："我作证，万物非主，我归信真主，归信圣人，归信天经，归信全定，归信后世，归信天仙……"

自此段明芳成为一个皈依伊斯兰教的信徒，正式成为赛典赤家的一员。

第三十章　红云儿依恋老主人 赛典赤再返马家庵

一

这天是“月日”，轮到苫速丁兀默里看护父亲。

赛典赤对他说：“四孩儿啊，为父好几天只吃白粥，喝羊奶，只觉得口淡。你请阿老瓦大爷给我做一碗‘八儿不汤’吧。”

苫速丁兀默里听了心中高兴，父亲卧床半个月了，终于有些食欲，便应了一声转身欲出。忽又听父亲问道：“近些日子怎么不见阿老瓦前来送饭啊？”

苫速丁兀默里心头一震，搪塞道：“哦，只怪儿一时粗心忘了给父亲禀报。这，这阿老瓦大爷啊，他，他出远门了。”五兄弟早就商量好，暂时不要把阿老瓦大爷“无常”的事情告诉病中的父亲，以免雪上加霜。

赛典赤：“出远门了？”

苫速丁兀默里灵机一动，说道：“哦，是啊，阿老瓦大爷啊，去大理采买食材去了。我们兄弟几个曾经劝他，这路途遥远，又是雨季，年岁又大了，另外派些人也可以。可是阿老瓦大爷只是不肯，说是别人选购的食材他不放心，要么价钱贵，要么不够新鲜。”

苫速丁兀默里接着又说：“我估计再过三四天，阿老瓦大爷也该回来了。”他的一番编排使得赛典赤深信不疑。

待到傍晚，几个兄弟聚在一起，苫速丁兀默里将白日里父亲起疑之事说了。

“这将如何是好？”哈散十分焦虑。

“还是将实情告诉父亲为好。”忽辛建议。

“我担心父亲承受不了，瞒得一日算一日吧。”马速忽说。

纳速剌丁不无忧虑地说：“再隔几日做不出‘八儿不汤’，见不到阿老瓦大爷，父亲定会生疑。”

苫速丁兀默里眨了眨眼睛，说道：“大哥，莫妨让明芳妹按图索骥，照着《阿老瓦回回食膳谱》中的配料试一试。”

忽辛补充说：“至于阿老瓦大爷，就给父亲说，他老人家归途中偶感风寒，为避免传染一时不便见人。”

对于兄弟们编织的善意谎言，纳速剌丁只好点头同意。

厨房里，苫速丁兀默里一边捧着《阿老瓦回回食膳谱》，一字一句地读着食料：“草果五枚，回回豆子半斤，萝卜两个，切成块，下羊肉，加黄姜二钱……”，一边指挥马速忽：“五弟，五弟，我说火小一些，小一些……”。段明芳一丝不苟地按照顺序操作。两天下来，经过兄弟几人轮流品尝都觉得味道纯正，纳速剌丁也高兴地夸赞道：“明芳的厨技已经顶得上阿老瓦大爷了！”

苫速丁兀默里接过段明芳捧着的青瓷盘，使了个眼色，示意让她在门外等候，自己先进了父亲的房间。

苫速丁兀默里小心翼翼地将青瓷盘放在桌上，取来铜壶淋水帮着父亲洗净双手，并扶他坐到桌旁。苫速丁兀默里打开盖子，热腾腾、香喷喷的“八儿不汤”扑鼻而来。说了声：“父亲请用。”

赛典赤拿起瓷勺轻轻拂了拂汤面，舀了一勺放在嘴里慢慢咀嚼。站在一旁的苫速丁兀默里大气不敢出，静观父亲的反应。赛典赤吃了第二口，便轻轻地放下了瓷勺。

苫速丁兀默里的心里“咯噔”了一下，俯身轻声问道：“父亲，

味道如何？”

赛典赤用桌上的白布面巾拭了一下嘴角，反问道：“四孩儿，你老实告诉大，这‘八儿不汤’是谁所做？你阿老瓦大爷他究竟怎么了？”

父亲的声音轻柔、语调平和，却重重砸在苫速丁兀默里的心窝上。他不敢再隐瞒，“扑通”一声跪在地上，哽咽着说：“阿老瓦大爷……阿老瓦大爷，他，他半个月前‘无常’了！”

赛典赤轻声说：“愿真主保佑他，你起来吧。”

赛典赤将手中的青瓷碗递给苫速丁兀默里。苫速丁兀默里抬头看见父亲将白布面巾紧紧地攥在手中，泪水渗出眼角，慢慢流到花白的鬓角。

正在这时门“吱呀”地开了，段明芳忐忑不安地款款而入，跪在地上。

二

赛典赤勉强撑持身子，借着烛光着见是一个女子：一条白色“希执”[①]遮盖了头顶、耳朵和脖颈。上身白布披肩垂至腰部，胸前系牢，下身着一条素白色裙子盖至脚面，一身的洁净、端庄、纯洁，清幽，犹如一枝亭亭玉立的洁白玉兰。伊斯兰教崇尚黑、白、绿三色。黑色，深邃、神圣。尚白，本色也。爱绿，天授万物之正色。段明芳选择了白色，白色透彻着虔诚、宁静、希冀、真情。

赛典赤心中纳闷，府中并无女眷啊。他艰难地虚手一抬，说道：“请起来说话。”

段明芳缓缓站起来。

---

① “希执”：阿拉伯语音译，即头巾。

赛典赤对来人再仔细打量，觉得十分面熟，似曾相识。便说："你再站近一些。"

段明芳慢慢挪动身子走近桌子。

当赛典赤隐约看到女子额头眉间的那颗红痣，顿时惊讶地说："芳儿？"

段明芳听着义父沙哑的嗓音，看着他瘦削而布满皱纹的脸庞，呆滞的眼神，没有了往日的伟岸与风采。她再也抑制不住内心的激动，趋上前去俯在义父怀中痛哭。

赛典赤用手轻轻地拍着她的后背，像哄逗小孩子一样说道："芳儿不哭，我的芳儿乖，芳儿不哭……我这不是好好的吗？"段明芳仍然止不住地抽泣，她多想张口叫一声"大"啊。

苫速丁兀默里哽咽着，将众兄弟如何隐瞒前个儿"彻勒闪白"[1]阿老瓦"无常"的事情，段明芳执意皈依"伊斯俩目"[2]，入府下厨做饭的事情断断续续地告诉了父亲。

赛典赤扶起段明芳，用面巾替她擦拭泪珠，轻叹一声。复又拿起瓷勺抿了两口，轻轻地说："芳儿啊，为难你了！下次再做'八儿不汤'的时候少放一点儿胡椒。"

段明芳生怕待久了影响义父休息，便与苫速丁兀默里离去。

赛典赤望着桌子上的那碗依然冒着热气的"八儿不汤"，眼前模糊了。忽地忆起，忆起那段被时空湮没的曾经，他的思绪走进了清晰而朦胧的远方，他想起了和挚友阿老瓦一起度过的孩童时光……

湛蓝的天很高、很蓝，蓝得纯粹；风很轻、很柔，柔得舒坦。无瑕的白云沉落在达锡尔河中。远处，一群牛羊在悠闲地低头吃着嫩绿的青

---

① "彻勒闪白"即星期三。

② "伊斯俩目"即伊斯兰教。

草。那年，我七岁，你十岁，在绿毡似的草地上，你带着我面对四个对手展开“踏脚”[①]比赛。在“嗨”“哈”的发声中，我俩配合默契，当比赛进入僵局时，你向我使个眼色。我突然双腿腾空，使用飞脚踏向对方的肩部和背部。你快速转体，使用连环转打击对手的背面和侧面。对方四人都被击倒在地，结果我俩获得胜利。自此以后我们每战必胜，成为方圆百里有名的小英雄。我们一起在童话般的森林中采蘑菇、逮小松鼠、捉迷藏，在碧绿的达锡尔河中游水嬉戏。自己还深深地记得，有一天中午，那是“盼闪白”[②]，我们在白桦树下吃午餐，我随手将吃剩的一小块馕丢弃在树根旁，你看见了，你顿时生气了。你说，不要随便浪费安拉（真主）赐予我们的“尼尔买提”（食物）！你知道不知道草原上还有许多人忍饥挨饿！当时你像一头愤怒的小狮子，这是你第一次生气，也是最后一次生气。我拾起那一小块馕装进了怀里，把你节俭的精神装进了心里……再后来，蒙古人成吉思汗来了，父亲担心我独自一人不适应宿卫队的生活，让你陪着我一起进入了可汗的卫队。在那里我们一块儿练习骑马、射箭、格斗、摔跤，练习“穆圣拳”“通臂劈挂拳”“心意六合拳”；一块儿学习蒙古语言……还有，当年我俩深入虎穴，一举平定秃鹫帮，说句实在话，那时我真紧张，事后还有些后怕……戎马倥偬，弹指一挥间，我俩朝夕相处竟然六十个春秋！

阿老瓦啊，我的好兄弟，我知道此时你的“罗赫”（灵魂）已经过了“遂拉妥”（桥）进入天国，无忧无虑，你撇下了我先走了，我们不能再朝夕相处。我不能再吃你做的回回茶饭、油香，不能再一块儿去教坊[③]做“尔德”[④]了。等我的身体好一些，我一定会到你的“麦

---

① 踏脚，类似踢足球运动，参赛人用脚不用手。可一人对一人，也可二人对四人等，相传是阿拉伯、波斯等穆斯林群众喜爱的一项既可娱乐，又可健身、自卫的一种体育活动。

② “盼闪白”即星期四。

③ “教坊”即清真寺。

④ “尔德”即会礼。

扎”[1]去上个坟……

想到这些，赛典赤猛然激烈地咳嗽，只觉得有一股热流翻涌而上。他急忙用面巾捂住口，稍停展开一看，白色的面巾上是一团殷红的鲜血！他慢慢地将带血的面巾折叠整齐悄悄地放在枕头下，他要把这个秘密深深藏在心底，他不想让他的儿子们，还有芳儿知道。

此后的一段时间，赛典赤依旧在病榻上夜以继日批发公文，处理政务。

三

一天清晨，哈散扶着父亲到院子里散步，段明芳趁隙为义父房间打扫卫生。在整理床铺时，发现了枕头下的那块带血的白色面巾，她急忙把这个秘密告诉了大哥纳速剌丁。两人正在院子里窃窃私语，见张立道又抱着一大摞公文准备让赛典赤研处。

纳速剌丁迎上前去，低声说：“显卿大叔，父亲知道阿老瓦大爷的噩耗后病情加重了，昨日竟然咯血了。”

张立道默然一阵，望了望手中的公文，为难地说：“贤侄啊，我明白你的意思，是想让大人少处理一些公务。但是你还不知道大人的秉性吗？事无巨细，事必亲躬，什么事情都别想瞒过他。”想了想，接着又说道：“这样吧，今后我只挑拣一些重大事项呈报给大人，其余诸事由我与爱鲁将军相商处置。这些时间你们兄弟、明芳只管用心照护大人。”说毕取出三四份公文，余下的暂交纳速剌丁，便匆匆向里屋走去。

果不其然，不出张立道所料，赛典赤阅批完几份公文后，搁下手中毛笔，问道：“显卿啊，今日里就只有这些事项吗？”

---

① “麦扎”：即回回人的坟墓。

张立道早有准备，回说：“前些日子大人交办的事项都已办理妥帖。”

赛典赤问道：“临安府的孔子庙建设进展情况如何啊？”未等张立道回答，赛典赤又追问道：“设立惠民药局之事筹备得如何？汛期即将来临，常平仓粮食储备得怎么样了？未雨绸缪，要防患于未然啊。哦，最近滇缅边境有什么状况啊？”

云南民族众多，普遍信仰原始的巫教，凡婚丧嫁娶，出门远行事无大小，都要用鸡骨卜古凶。云南气候湿温，瘴气流行，普遍缺医少药，人若有病，则请巫师在路旁祭鬼驱魔除病。赛典赤为百姓病苦，筹划设惠民药局，由行省拨给元钞作为本金，而以利息采备常用药物，并选聘良医主持。

张立道并不急着回答，抬起案头上的碗递给赛典赤，说：“大人，您看药都快凉了趁热喝了吧。”接着回禀道：“经过半年筹备惠民药局近期即可运转。遵您示下，药物价格依平进平出的规定，对于赤贫者则全部予以免除。常平仓已经储备稻麦十余万石。至于滇缅边境据大理路段总管报告目前尚安靖，边民互市景况较去年好了许多。”

赛典赤接过碗，一边听，一边慢慢将汤药喝下，微微点头。

张立道忍住眼眶中的泪，恳切地说：“大人，您太累了，您该歇歇了。俗话说，留得青山在不愁没柴烧，来日方长啊！”

四

临近七月，赛典赤的身体越来越虚弱。

这天晚上，赛典赤将五个儿子叫到身边说道：“松华坝已经建成年余，我想近日再去看一看。”

五人面面相觑不敢作声。

纳速剌丁细声劝慰说：“父亲，眼下已经进入雨季，这鄯阐坝子啊，一雨成冬，莫如春暖花开时孩儿们再陪您前往。”

赛典赤固执地说：“整天地躺在床上，我的骨头架子都要散了，出去走走或许会好些啊。”

五个儿子默默不语，他们都知道父亲的心结。松华坝是父亲毕生做过的最大的水利工程，凝聚了他的胆识、智慧和勇气，倾注了他的心血、汗水和希冀。让父亲再看一眼那个大坝，可能就是满足他的最后的愿望和对他最大的慰藉了。

纳速剌丁眼眶里噙着泪，问道：“父亲外出之事可否要向爱鲁大人、立道大人禀告并请他们随行？”纳速剌丁知道父亲是自己的至亲，更是朝廷的封疆大吏，如果外出应当禀报主事的官员。

赛典赤咳嗽几声说：“我卧床不起已经耽误了许多政事，爱鲁替我管理公务甚是繁忙，就不要打扰他了吧。显卿与我同甘共苦多年，好久没有见面了，真想和他聊聊天哟。”

纳速剌丁轻轻环视了一旁的四个兄弟，他们的眼神里流露出无奈与默许。

两个医官得知赛典赤执意外出，苦苦劝谏。他们知道倘若平章大人有个三长两短，忽必烈皇帝决饶不了他们。

纳速剌丁丢下一句话：“真主会保佑父亲！”说罢，甩蹬上马直奔中庆路府衙门而去。

三天之后那场绵绵夏雨竟然停了。

清晨曙光煦露，赛典赤挣扎着起床，摸摸索索地“乌苏里”[①]，艰难地、毕恭毕敬地做完了“邦布达”（晨礼）。在纳速剌丁的搀扶下刚走出屋子，就听见院子里传来一阵阵高亢的战马嘶叫声。赛典赤眼睛一亮，精神振奋，他知道那是自己心爱的坐骑在呼唤他。自己一生

① “乌苏里”：即大净、沐浴。

骑过几十匹马，却对这匹马情有独钟。当受命云南行省平章政事后，离京陛辞时忽必烈皇帝亲赐御马。转眼间，这匹纯种蒙古马已经跟随自己六年了，走遍了三迤大地的山山水水，人畜之间竟然产生了一种心灵感应，还离着二十多丈远，它就知道它的主人来了！

这匹马高大健硕，四腿粗壮，臀部滚圆，耳尖直立，全身棕红无一丝杂色，两眼之间的面颊上却有菱形白毛，更显得神奇精灵。四蹄腾空奔驰如风驰电掣，踏燕追月如一片红云急速略过，实为马中之宝马，赛典赤爱之不及故称其为“红云儿”。

忽辛牵着枣红马来到父亲身边，赛典赤伸出枯瘦的手轻轻地抚摸精灵背脊上的鬃毛，马儿打着鼻息顿时安静下来。他把自己的脸轻轻地贴在“红云儿”的脸上，口中喃喃自语，似乎在和他的老伙伴交谈着心声。儿子忽辛看见父亲老泪悄然流下，不觉喉头哽咽。

纳速剌丁走过来请父亲乘坐预先准备好的暖轿，赛典赤不肯，却让忽辛拉住马笼套，又唤纳速剌丁扶他上马。怎奈手脚瘫软无力，尝试了两次依然力不从心，跨不上马背。

纳速剌丁再次恳请父亲乘轿。赛典赤呵斥道：“我二十岁为官，四十多年来何曾乘过轿？”

忽辛知道父亲的心思，他想多看一看自己忠实的老朋友，多与它亲近一会儿。于是便过来解围说：“既然父亲不愿意乘轿，那就乘车好了，让‘红云儿’驾辕。”

赛典赤点头允应。

众人一阵忙乱，哈散和苫速丁兀默里推来马车。马速忽从轿子中取出软垫铺在车内，忽辛忙着重新给“红云儿”套上笼头，系好缰绳挽具。那边张立道忙着招呼两位医官莫忘记带上应急药物等。

纳速剌丁与张立道领先，忽辛驾辕，马速忽在后，哈散和苫速丁兀默里两人在马车左右两侧护卫，后面还有一辆马车载着两位医官以防不测。

刚出院门，赛典赤又让停住，向右边的苫速丁兀默里说：“那么大的人了还不懂事，又不是出征打仗，还要开列仪仗队？”

苫速丁兀默里见父亲生气，便挥挥手示意让仪仗队留下。

一行十几骑援缰缓马出了鄯阐北城拱门。过小坝村，赛典赤掀起窗帘，看见湛蓝的天空上，一群白鸽在翱翔盘旋，铃哨声缭绕半空，如笙箫响逸。坝子里村寨错落有致，炊烟缕缕，一片安宁祥和。田连阡陌，夏风吹过，绿色的稻浪此起彼伏。他的心里一阵欣慰，洪灾之后已经是连续两年丰收了！

纳速剌丁生怕父亲受不了颠簸，出发前叮嘱忽辛驾车一定要慢、要稳，自己在前面领路也会稳住速度。

午时以后，过了龙川桥，右侧的松华坝已经遥遥在望，马家庵村就在眼前，纳速剌丁轻轻地舒了一口气。

转过一道弯，突然一阵山风带着呼啸吹来，卷起地上的落叶，惊得“红云儿”双蹄腾空，仰天长啸，险些将车掀翻！

忽辛双手勒紧缰绳，口中大呼：“吁……”

这“红云儿”历尽艰险，无限忠于它的主人，平素除赛典赤外，就数与忽辛最为亲近。忽辛经常带它到盘龙江畔洗澡，还不时喂它一些糖果、糕点，这马儿从来都十分听信自己，今日如何异样表现。

纳速剌丁等众人见“红云儿”受惊急忙围拢观看，却见车内父亲安然无恙，方才放下心来。

忽辛见父亲无事，便催马赶路，奇怪的是那“红云儿”居然寸步不挪，止步不前！

惹得忽辛一阵恼怒，举起手中鞭子就想抽打……

只听车内传来赛典赤低声呵斥：“不要伤了我的‘红云儿’！”接着又传出几声急促的咳嗽声。

左侧的哈散急忙掀起车帘，搀扶父亲慢慢下车。

赛典赤对忽辛说：“唉，这些年‘红云儿’也累了，就把它放归

山林还它自由吧。”

忽辛一时愣住了，他不明白父亲的意思：这“红云儿”可是父亲的忠实伙伴和第二生命啊！

赛典赤见忽辛呆站在那儿，突然用尽全身之力用右手从哈散的腰间抽出弯刀迅疾高举砍断套在马上的缰绳，然后用左手猛拍“红云儿”的屁股催它快走。

“红云儿”从未受过主人如此粗暴的行为，突然受惊后瞬间向前腾跃，竟跑出去十几丈远。稍停一会儿，它长啸一声后，停住脚步，转过头缓缓地走到赛典赤面前，一只蹄子轻轻刨地，脑袋轻轻地左右晃动在赛典赤的胸前磨蹭，像一个撒娇的小孩儿。

赛典赤看见“红云儿”明亮的双眼流下了豆大的泪珠，他自己的眼睛也湿润了。

忽辛取来一架马鞍，放上软垫，搀扶父亲在一棵老槐树下坐下。

赛典赤环顾众人说：“‘红云儿’神驹精灵也，今日到此便裹足不前，乃天命啊。我观这里山清水秀，是我最好的归宿之地。倘若我有不测，就将我安葬于此，让我天天守护着松华坝，天天看着三迤大地的众生百姓！”

夏日的群山松树连绵起伏，涛声飒飒，湛蓝的天空衬着一卷白云，众人皆默然不语。

张立道望着日渐消瘦的老上司心痛不已，不禁潸然泪下，以袖掩面，趋上前来拱手说道：“吉人自有天相，平章大人尽管安心休养，省上一应事务有爱鲁将军与属下照应。”

赛典赤幽幽地说：“显卿啊，烦劳你替我拟一道奏章禀告皇上，就说我赛典赤有负皇恩，恐怕以后云南的事务难以担负了！”

张立道拱手，诺诺应允。

纳速剌丁等众人皆唏嘘不已，转身掩面暗泣。

沉默一阵，赛典赤说道：“我还想去忠烈祠看看。”说罢也不让人搀扶，随手拾起一根树枝杵着，竟自往山坡走去，众人只好紧随其后。

坐落在半山坡上的一个院落，白墙灰瓦，显得格外简朴庄重。坐北朝南，居高临下，正好面向着鄯阐坝子。祠堂山门上高悬三个大字：“忠烈祠”，正堂上方有四个大字：“碧血千秋”，都是赛典赤亲笔题写。

赛典赤神情肃穆，恭恭敬敬上香，颤颤巍巍三鞠躬。张立道按照汉族的习俗，烧了纸钱、纸元宝、扎马，泼洒了一碗冷水饭、一杯白酒，口中念念有词。纳速剌丁五兄弟敬献了糕点、清茶。

赛典赤慢慢地，仔细巡视每个牌位，他想起了许多许多的往事。这每个牌位曾经都是一个活鲜鲜的生命啊，他们为治水而捐躯，死得壮哉！死得其所！有的人命丧沟壑，有的人葬身鱼腹，愿他们得以魂归故里，得以魂安！他的眼前掠过了一张张熟悉的面孔，他想起了段明礼，多么憨厚老实的小伙子啊，段老兄弟我对不住你啊……

松华坝建成以后，每年的夏天，赛典赤都会到这里祭奠亡灵。如今，自已病入膏肓，可能这一次就是最后的告别了。想到这里，心里一阵悲苍，一阵酸楚，不由黯然神伤，老泪纵横。

此时，静默的忽辛也想到了段明礼。仿佛看到那个笨手笨脚做三道茶的段明礼，仿佛眼前还飘着那团黑烟，仿佛耳旁还震响着那隆隆的爆炸声，仿佛听见段明芳那撕心裂肺的哭喊……不禁喉头哽咽，泪如泉涌。

清香燃尽，一众人依依不舍地出了忠烈祠。已近黄昏，赛典赤执意还要亲自登上松华坝，张立道、纳速剌丁五兄弟跪地苦苦相劝，赛典赤只得依从。

张立道吩咐转回鄯阐城。

残阳如血，火红的晚霞映照着松华坝四周的碧水青山。

第三十一章　老平章情系三迤人　咸阳王归真鄯阐城

一

已经卧床二十余天的赛典赤近日身体似乎有所好转，可以少量进食。在纳速剌丁的搀扶下，赛典赤已经能在院子里慢步走上两圈，来到马厩前和红云儿絮叨几句，抓两把饲料喂它。纳速剌丁和四个兄弟以及两个医官都十分高兴，压在大家心头的阴霾一扫而去，希望奇迹发生。

这天傍晚赛典赤召集五个儿子，大家围床而坐。

赛典赤吃了一小块馕，又喝了一小碗羊奶，将碗递给纳速剌丁后兴致颇高地说："看到你们已经长大成人逐渐成熟，为父十分欣慰，我也算对得起你们的祖父苦鲁马丁和祖母必比哈了。"

说完从枕头边拿起牛皮作封面的《古兰经》轻轻地抚摸着说："这本《古兰经》是你们的祖父花了两年多的时间亲手抄写而成，作为我十二岁的生日礼物。它陪伴我五十七载须臾不曾离身。我一生为官不敢偷闲一日，两袖清风，没有给你们留下任何财产。为父只有将这本《古兰经》传授给你们，希望你们能够天天颂读，时刻谨遵《古兰经》上的'候坤'[1]。"

五个儿子齐刷刷下跪，纳速剌丁代表众兄弟专重肃穆地跪拜接受圣书。

---

① 候坤：戒律。

赛典赤知道，病来如山倒，病去如抽丝的道理。自己的身体突然好起来那是回光返照之象。他不愿意向儿子们吐露真情，以免加重他们的忧虑与负担。

赛典赤清楚，自己的大限将至，该安排的事情都已经安排停当，想必皇上应该收到显卿的奏折了吧？儿子们走了以后，他旋入了沉思。

一幕一幕的往事像走马灯似地在脑中盘旋、打转、翻滚，他在仔细地梳理自己走过的历程。

他想起当年那个冬天，在达锡尔河畔与成吉思汗邂逅，想起了走过的风风雨雨的六十年……

自己一生最大的遗憾就是作为一个穆斯林却没有去麦加朝觐[①]。先知说过，在麦加禁寺礼一拜，强于在其他清真寺礼十万拜；在麦地那圣寺礼一拜，强于在其他清真寺礼一千拜；在耶路撒冷远寺礼一拜，强于在其他清真寺礼五百拜。自从邂逅成吉思汗，五十余年游走官场，戎马倥偬，努力奋争，精细衡量着每一步的取舍与得失，穷于应付竟耗费了大好时光，身不由己啊。他十分羡慕自己的父亲曾经两次去麦加朝觐，是受人尊敬的“哈只”[②]，自己的父亲是真正的穆斯林。自己多想去克尔白神庙，高唱“主啊，为了响应你的召唤，我来了，我来了，我来了！一切赞颂、喜悦和尊严都属于你。我来了！”多想喝一口圣洁的泉水，亲吻一下那块神奇的、从天而降的黑石头……如今天下太平了，我一定要让纳速剌丁、忽辛、哈散、马速忽，还有苫速丁兀默里去麦加朝觐一次，不，应该去两次、三次。哦，还有段明芳，替我补缺终身的遗憾。

桌子上的红烛勉强地跳跃、闪烁、摇曳。在昏暗中，赛典赤继续回忆、搜索历史的碎片……

---

① 伊斯兰教法规定，凡身体健康、有经济条件的男女穆斯林，一生中至少应去麦加朝觐。

② 凡朝觐过的穆斯林被尊称为“哈只”。明代七下西洋的郑和，也获有“哈只”称号。

他想起了《古兰经》里的训诫："惟悔过而且信道并行善功者，真主将勾销其罪行，而录取其善功。真主是至赦的，是至慈的。"[①]他在脑海里一页一页地反思，一遍一遍地反省自己走过的每一步。

忽必烈！他把思绪的画面定格在当今的大元皇帝身上。

想当初，自己瞒着宪宗皇帝私自襄助藩王忽必烈。关于这件事，多少年来一直缠绕着他，成为他最大的内心隐秘，一个沉重的包袱，一个巨大的心结。这个秘密他从未向别人透露，也不能透露，甚至是自己的儿子们。他在心中默默地念诵《古兰经》："你们不要借诈术而侵蚀别人的财产，不要以别人的财产贿赂官吏，以便你们明知故犯地借罪行而侵蚀别人的一部分财产。"自己的这种行为是"借诈术而侵蚀别人的财产""以别人的财产贿赂官吏"？私自资助忽必烈的行为是明知故犯的罪行，亵渎了教规吗？可叹耶？可悲耶？可耻耶？思绪像千万条毒蛇盘踞，绞杀着心房，扭曲着心灵，痛苦地折磨着、煎熬着躯体。自己难道是一个卑鄙的小人，一个背负了良心的罪人？

赛典赤努力地、微微睁开眼睛，瞥了一眼微弱的烛光。自己不能这么不明不白地离开人世，他要用自己最后一点点清醒的意识厘清过往的一切是是非非。

当初私自资助忽必烈，自己处于选择与被选择的两难境地，自己没有贪占一文钱。自己从一个小小宿卫到今天的封疆大吏，五十多年来，自己不敢偷闲一日，不贪功、不诿过、不贪财。没有依靠阿谀奉承，贿赂上级官员和蒙哥、忽必烈而获取一官半职，尔后入主中枢，主政云南是全凭自己的勤奋廉洁。自己阴资忽必烈的行为虽然违规，但是并未助纣为虐，忽必烈也没有弑君篡权。反而是自己的行为成就了一代明君，结束了蒙古族内乱，实现了中华一统，使天下老百姓免遭生灵涂炭！想到这里，赛典赤的心境渐渐平静下来。相信天下的老

① 《古兰经》第二五章准则（弗尔干）。

百姓，相信后来的人会体察自己言不由衷的痛楚，希望和相信真主会原谅自己，如若有错、有罪，即便是下地狱自己也心甘情愿……相信世间人的一切对错是非都由安拉（真主）定夺……

赛典赤艰难地从床上起身，摸摸索索地认真“大净”，恭恭敬敬地主命四拜，圣行两拜，卫台雷当然三拜。做完“霍虎坦”（宵礼），他坦然地、心安理得地回到床上静静地躺下。

纳速剌丁一手端着一碗羊奶，一手端着一盘油香，兴冲冲地来到父亲的床前，看见父亲翕动嘴唇似乎有话要说。纳速剌丁放下手中的碗和盘子，把耳朵贴近父亲。

赛典赤艰难地喘息着，尽力地挤出了最后的几句话：“把我们家的一半资财散‘也帖’（施舍）……‘也帖’给跟随我……跟随我到云南的，那些……那些身残家贫的老兵们……还有，还有，一切治省规程，不要，不要轻易变动……要守好，守好，松华坝……”

纳速剌丁含泪点了点头，他掰了一小块油香喂到父亲嘴里，赛典赤慢慢地咀嚼，眼中闪烁一丝满足、幸福、安详的眼光。

纳速剌丁见父亲吞咽艰难，便用瓷勺舀了一勺羊奶……却见父亲缓缓地停止了咀嚼，安详地合上了双眼……

纳速剌丁惊得一失手，盛满鲜羊奶的碗重重地跌落在地上，白色的乳液飞溅，四散漫延……

瞬间，纳速剌丁只觉得天旋地转、天崩地裂、五内俱焚，时间凝固了，空气凝固了，眼前一片黑暗，他的心彻底碎了。他目光呆滞，拖着沉重的步履走出屋子，四个兄弟、段明芳围在他身边，纳速剌丁的泪水簌簌流下来，悲痛低沉地说：“我们的父亲‘归真’了！”

纳速剌丁，苫速丁兀默里、哈散、忽辛、马速忽、段明芳走进里屋，跪在床前齐声沉痛地为他们的父亲念诵：“俩以俩海，引拦拉乎；穆罕默德，来苏论拉席（万物非主，唯有安拉，穆罕默德，主之使者）。”

至元十六年七月十三日（公元1279年），为伊斯兰教历的“赖哲卜月”[①]，一代英杰赛典赤终因积劳成疾，殚精竭虑、鞠躬尽瘁，病逝于鄯阐，享年六十九岁，是年为伊斯兰教历六七八年四月十二日。正应了天现奇观。

二

夜，寒冷、孤独、静谧、凄清、冷寂，天空中透出几点星光。

义父“归真”了，段明芳五内俱焚，痛不欲生。她悄悄地躲到自己的房间里，紧闭房门。义父的音容笑貌依然萦绕脑际，她不愿意接受眼前发生的事实，她觉得今后再偷生于世已经没有意义。她想到了自尽，她想随义父而去……猛然间，她想起了教坊（清真寺）的阿訇做“呼图白”（演讲）时曾经说过，穆民（信仰伊斯兰教者）使不得（不可以）自尽，无视自己的生命是懦弱、耻辱和不可饶恕的行为。

她抑制住内心的冲动，认真地做完“乌苏里”（大净），点燃一炷清香，端坐在木椅上，将一块白绸绷衬在绣架上，平心静气沉思片刻，抬手穿针引线，一改往日绣花描凤时的细腻舒悠，举手快速飞针走线，宛若龙蛇游走，涟涟泪水滴湿了黑色丝线，湿了白绸。她要用这种特有的方式，绵藏自己对义父的哀思，她要赶在义父出殡的时候献上自己最后的一点心意。她只想这么做，她也只能这么做了。上下穿梭的绣花针刺破了手指，她没有像其他那些矜持的绣娘那样习惯地用嘴去吮，而是将这纯净的、青春的鲜血轻轻地、轻轻地，深深地印在洁白如雪的绸面上，愿她的心永远陪伴义父。

她已经是一个虔诚的穆民，同时与纳速剌丁五个兄长一样是这个家族的一员。她的内心充满了幸福的认同感与归属感。按照教规，她

---

① 意为“问候月”。

有权利参加义父的葬礼，她也知道教规严格禁止女眷不得远送亡人，但她要将自己亲手绣制的这方白绸亲自覆盖在义父的“埋体匣子”上。为他“都阿”（祈祷），随他上路，随他走向那神秘、深邃、遥远的天国。

屋外，晨星暗淡，天边，鱼肚露白。

鸡鸣头遍，段明芳完成了和着泪与血的心愿，洁白无瑕的绸面上赫然嵌着四个黑字：“爱民如子”。没有绚烂的色彩，她只选择了白与黑。白的，是义父坦荡如玉白的一生；黑的，是自己的静默、虔诚、哀思。

土葬、速葬、薄葬是穆斯林的葬制和传统美德，土葬时不用棺木，而是将尸体直接埋入土中，尸位南北向，面朝西。人亡后要速葬，亡体停放一般不超过三天。薄葬，即在坟穴内不得有任何陪葬品。

纳速剌丁五兄弟与段明芳遵从父亲的遗愿，两天后，七月十五日，按照伊斯兰教义，遵从父亲的遗愿，将赛典赤安葬在松华坝旁的马家庵村。

那天，空中飘着蒙蒙细雨。

三

大都大明殿里的灯漏刻度正指寅时，回回司天监官急匆匆来报，昨日观察到的彗星灭迹。

忽必烈惊呼：“赛典赤之命休矣！”顿时坍坐在龙椅上潸然泪下。

赛典赤逝世后，元世祖忽必烈亲自宣布“思赛典赤之功，诏云南省臣尽守赛典赤成规，不得辄改”。

元朝大德元年（公元1297年）朝廷追赠赛典赤为守仁佐运安远济美功臣、太师、开府仪同三司、上柱国、咸阳王，谥忠惠。

张立道闻知赛典赤逝世的噩耗，如五雷轰顶，潸然泪下。从此自己失去了一位敬重无比的老上司、兄长、师长和知音，赛典赤平章是自己做官、做人的楷模。回想起自己与平章赛典赤朝夕相处的两千余个的日日夜夜，痛不欲生，食不甘味，夜不能寐。趁夜，以泪合墨，奋笔疾书，写下《悼赛公典赤》：

公自西来，桂生高领，莲出淤泥，舍卫忘贵。

经营六十，克孝克忠，允文允武，达旦不息。

抚滇六载，百堵俱兴，仁心仁术，仁声仁闻。

大善之力，大爱无疆，帖然教义，文物斯盛。

忠君爱民，敬恭无失，素志弥坚，三迤昌平。

卓尔澄心，敝徒进贤，栖心圣孝，西顾无忧。

鞠躬尽瘁，山颓木坏，龙去潭空，鹤归林寂。

天子褒奖，公卿动色，百姓巷哭，呜呼哀哉！

鄯阐的百姓老少得知他们爱戴的平章大人去世，如丧考妣，捶胸顿足，哀天叫地，痛哭连日。众商家全部关门闭户，歇业三日，以示哀悼。

赛典赤出殡那日，悲痛笼罩着鄯阐城。张立道、爱鲁、张忠、罗老幺来了，段志明和儿子媳妇来了，赵老倌父子、李家大嫂夫妻从大理赶来了。泪已哭干的段明芳不敢出门再看义父一眼，她在自己的房间里默默跪拜，虔诚地为他老人家送行。

鄯阐城全城空巷，人们扶老携幼纷纷走出家门，他们要再看一眼心爱的老平章，送他走完最后一程。百姓焚烧的纸钱，漫天飞舞，遮天蔽日。为了缅怀他治理云南的功绩，人们在昆明五里多修造“咸阳王陵”1，在三市街修立“忠爱坊”永世纪念。直至今日，人们还以诗文戏曲传唱其政绩功德。

① 现昆明市五里多小学内。五里多：来自于蒙古语“斡耳朵”，意思是衙门和行营，因为元朝时梁王离宫在此，驻扎着蒙古军队而得名，后转化为五里多。

咸阳王陵因年久失修，民国元年（公元1912年）春，昆明保廷樑任职地方法制局，提出重修咸阳王陵的建议。经过六年的时间完成修建。位于昆明市东民航路小学门前的“赛典赤纪念冢”，系石砌长方形高冢，墓分三台，逐台渐小渐高。第三台高约八尺，长约七尺，顶为青石雕成的石瓦，墓体四面镶碑石。正、左、右三面皆有镌刻，正面系云南督军兼靖国联军总司令唐继尧题额、袁嘉谷楷书的汉文“元咸阳王瞻思丁墓”八字，分四行直书。左右两侧，右面刻有袁嘉谷撰书的《重修咸阳王陵记》，左面则是袁丕钧楷书的《元史·列传·赛典赤》的节选，墓后刻有阿拉伯文。

清朝末期，云南临安府石屏人、经济科状元袁嘉谷，时任民国云南省公署参赞，于民国六年（公元1917年）八月一日，撰文《重修咸阳王陵记》：

历庄蹻开滇以后二千年，迄于今日，滇之声名文物，与中州（中原）同彪炳者，谁之功欤？曰：惟元咸阳王之功！迄于今日，滇之声名文物，与中州同彪炳者，谁之功欤？曰：惟元咸阳王之功！王治滇六年心滇之心，事滇之事。至元十六年卒于滇，葬鄯阐北门，距今会城东南十里，而近滇之人思慕，于王瞻拜。凭眺往往悲哀陵下不忍去。盖七百年如一日矣……考元史列传，王葬之日，百姓巷哭。交趾王使十二人，齐经为文致祭，哀号震野。当日之盛可知。

昆明大观楼催耕馆的怀古廊，有一副追思赛典赤主政云南时期功绩的楹联：

望祭曾传王给谏，治功追慕赛平章。

赛典赤逝世后，交趾王陈光昞遣使者十二人来云南吊丧并为之致祭，使者号泣震野，哭泣祭道：

惟我大元，圣帝明王。奄有四海，一统八荒。宽仁如天，慈我遐方。臣服以来，累辱天恩。将命之臣，未得其人。蚕

食渔侵，不廉不仁。至元甲戌，赛公忽临。口传天语，慈仁之至。天疆以南，日月光霁。生我育我，慈父慈母。秋毫不侵，朝野富有。愿公祈公，永福永寿。胡为苍天，短公之年，公去无慊，我苦谁怜？连年兵刃，血满田园。哀哉赛公，我心彷徨。哀哉赛公，我心忧伤。礼宜临丧，躬致瓣香。索我如羁，遣使酬殇，愿公有灵，阴福吾国。哀哉赛公，昊天之德。呜呼尚飨！

安南王言辞恳切，伤悼悲痛之情溢于言表，如丧考妣。异国外邦对我国地方行政官员如此敬重有加，在中国历史上绝无仅有，充分体现了赛典赤睦邻友好，以德安边的理念。其高超的外交艺术和广博的大爱精神，体现了一个伟大的政治家和外交家的风范。

《咸阳王抚滇绩》载："功一时者，一时念其德；功万世者，万世念其德；功一方者，一方念其德；功天下者，天下念其德。"赛典赤为官一任，造福一方；临治一时，惠及长久，"故匕下感戴，声名泮溢"。

第三十二章　圣贤裔传承先人志 后世人谱写新华章

一

沧海桑田，白驹过隙，岁月流逝，岁月无痕。赛典赤的后人始终没有忘记“忠君爱民”的祖训，薪火相传，承前启后，继续完成赛典赤的未竟事业，演绎着历史的精彩华章，为后世留下了浓墨重彩的一笔。

赛典赤后世人丁兴旺，祖孙三代二十九人中，进入《元史》的有十五人，包括中书省首席平章政事两人，平章政事一人，太常礼仪院史一人，行省宰辅五人，道、路、宣抚使、元帅六人，曾经在中书省和六个行省任职，在元朝鲜有如此显赫的名门望族。

赛典赤的长子纳速剌丁，继承其父遗志治滇，安抚云南少数民族，为巩固西南疆土业绩卓著。累官云南诸路宣慰使都元帅，秩从二品。至元十六年（公元1279年），迁帅大理，招安金齿、蒲、曲蜡、缅国三百寨，籍户十二万又两百，定租税，置邮传，立卫兵。并以十二头驯象入贡朝廷，忽必烈皇帝有旨赏金五十两、衣二袭，纳速剌丁将赏金全部分发给麾下兵士，自己分毫不取，一钱未留。

其父卒后，纳速剌丁于至元十七年（公元1280年）迁云南行省左丞，升任右丞。至元二十一年（公元1284年），晋升平章政事。在滇期间，继承其父治滇政策推行新政，巩固了其父改革成果。禁止云南自铸货币投入流通，统一货币流通，保护百姓利益，不因地方滥制货币而受坑害。废除云南土官子弟入质京师制，改善民族关系，使新任

州县官少受云南宗王限制，扩大了封建民主。撤销行省下设元帅府，精减多余冗官，不仅加强了行省职权，统一政令，而且每年为期廷节省俸金九百余两。又设置专门机构管理“屯田课程”，不仅每年为朝廷增加财政收入五千两，由政府直接经营没收的私庄，政绩卓著。至元二十八年（公元1291年），进拜陕西行省平章政事。至元二十九年（公元1292年）疾卒，一代将星陨落。朝廷封赠推诚佐理协德功臣、太师、开府仪同三司、上柱国、中书左丞相，封延安王。

纳速剌丁有子十二人，长子伯颜、次子乌马尔、三子阿立普舍、四子扎法儿、五子忽先、六子哈辛、七子砂的查尔丁、八子阿容、九子伯颜查儿、十子穆些帖儿、十一子月鲁贴儿、十二子阿利。

纳速剌丁的长子伯颜在元朝是个显赫一时的人物，地位与祖父赛典赤比肩。伯颜，原名阿不别克儿，忽必烈赐以伯颜平章之号。“伯颜”是蒙古名，元代时蒙古人是最高统治民族，皇帝忽必烈以蒙古名赐予原是色目人的阿不别克儿，足见对其高度的赏识。至元二十九年（公元1292年）官泉州，旋为河南江北行省平章，忽必烈颇欣赏其理财才能，擢为中书平章，位为众平章之上。伯颜不仅举手投足，神形皆似赛典赤，更因具有其祖父的大家风范和管理才能，忽必烈呼之为赛典赤平章。此后，即与梁德圭（梁暗都剌）秉政达十一年之久。忽必烈早在至元十年（公元1273年），就正式册立太子真金为皇太子。至元二十二年（公元1285年）十二月真金病死，皇太子位空缺九年，久病在床的忽必烈把皇位授予孙子铁穆尔合罕。忽必烈降旨由伯颜主持册立铁穆耳为太子。至元三十一年（公元1294年）正月，开国皇帝忽必烈驾崩，时年七十九岁，自至元元年算起，在位三十一年。铁穆耳即位，是为成宗，在新旧交替过程中，伯颜起到关键作用。成宗即位后，伯颜继续担任中书平章政事。大德十一年（公元1307年）成宗卒后，伯颜因支持忽必烈第三子安西王忙哥剌之子阿难答夺取帝位失败被杀，可叹一代名相竟成为宫廷争权夺利的牺牲品。

次子乌马尔，累官福建行省平章政事。至治元年（公元1321年）任江浙行省平章政事，领江淮等处财赋都总管府事。当时京师大都闹饥荒，乌马尔立即赶运粮五十五万石至京，迅速解决了粮荒，百姓官员对他感激不尽。后卒于任上。乌马尔生有十四子，为了纪念其祖父，乌马尔将其中十二个儿子皆以“赛”为姓，如赛黑黑、赛蜜里威失、赛马哈谋等。

四子札法儿，曾任荆湖宣慰使。

五子忽先，曾任云南行省平章政事。

六子哈辛，曾任宣慰司副使，后请旨赴长安守父墓。

七子沙加，曾任云南行省左丞。

八子阿容，曾任太常礼仪院使。

九子伯颜察儿，泰定间累官太保、中书平章政事。致和元年（公元1328年）留守大都，时泰定帝卒于上都。金书枢密院事燕铁木儿在大都发动兵变，拥立武宗次子图帖睦尔为帝，他因不从，被籍没流窜死，顺帝时追封奉元王。

纳速剌丁后裔散居全国各地，以云南、陕甘为多。此后，为适应中国人“有名有姓”的习俗，其后裔将他的名字纳速剌丁四字拆开为“纳”“速”“剌”“丁”，以为姓氏，这便是这四个族群姓氏的由来。

二

赛典赤的次子哈散，历平安路同知、中奉大夫、广东道宣慰使都元帅，秩从二品。

在灿若星河的赛典赤家族中，三子忽辛颇具传奇色彩。至元初忽辛入宿卫，天资聪明，善于应对，深得世祖忽必烈赏识。至元十四年（公元1277年），授兵部郎中。至元十五年（公元1278年），出任河

南宣慰司同知。至元二十一年（公元1284年），任云南诸路转运使。至元二十二年（公元1285年），转陕西道。至元二十三年（公元1286年），授燕南河北道宣慰司同知。至元三十年（公元1293年），授两浙盐运使等。大德八年（公元1304年），出任四川行省左丞。大德九年（公元1305年）后，进江东道宣慰使，改陕西行台御史中丞，再改云南行省右丞。至大元年（公元1308年），拜荣禄大夫、江西行省平章政事。至大二年（公元1309年），因母亲啊沙塔里酥逝世悲痛欲绝，因而辞官归家疗养，不想第二年的至大三年（公元1310年）正月去世。天历元年（公元1328年），被元文宗皇帝图帖睦尔追赠为守德宣惠敏政功臣、上柱国、雍国公，谥忠简。忽辛有二子，伯杭，中庆路达鲁花赤；曲列，湖南道宣慰使。

忽辛在滇期间，革除病民之政，重建庙学，保护农田，改善与缅国关系，说服诸部落缴纳租赋，使云南社会再次安定。

忽辛继承父亲遗志，对“一切病民之政悉革而新之”。忽辛出任河南等路宣慰同知时，不费一兵一卒，凭借宽厚任爱的胸襟气度，招安了抢劫杀人、骚扰百姓的强盗。使山林中的土匪相继前来归顺，弃旧图新，成为良民，保障了当地正常的生产生活秩序和人民生命安全。

忽辛任云南行省右承时，广南头人沙奴顽固不化，不归顺朝廷，忽辛设计从头人手中夺回宋朝皇帝所赠金印。绍国国主凭借手中掌握强大军队，不顺从元朝，忽辛前去以礼规劝，使绍国国主前来降顺朝廷，促进了民族团结。

云南一些边远地区的租税，以往每年都要出动军队催收才能收得起来。忽辛发出布告，对各部落讲明利害关系，不派一兵一卒催收，租赋都收足了。与其父赛典赤安抚云南叛乱部族表现出的胸襟气度、做法何其相似。

忽辛不畏险阻，直接向云南宗王府交锋，对宗王坑害百姓的种种错误做法进行“革新”。他按朝廷规定的编制定员，让为了躲避摇役跑到王府充当警卫的编外人员统统遣散回家，名正言顺地把王府的卫队消减了三分之二的人数。除掉带头反叛朝廷的马龙州头目，巩固了西南安宁。检查军需仓库，采取轮番供应办法，杜绝了官员相互攀附、狼狈为奸侵吞国家钱财的现象。

梁王镇守云南，子孙世袭，每年受贡马达二千五百匹。王府畜马多，全部放在城郊牧放，侵食民众的庄稼。忽辛下令圈定地点设置草场，让王府牧马人员有固定住所，制止了王府的马匹散落郊外，毁坏群众庄稼，牧马人在老百姓家吃住，骚扰百姓，民无宁日的事情发生。

忽辛根据其父生前拨给中庆路庙学的田户契文所记录数目，把大德寺（今昆明双塔寺）抢占去的作为学校基金的校田夺回还给学校。忽辛下指令，要求每州县普遍设立学校教育机关，选拔有相当文化程度的人员担任教官，促进了文化教育，提高人民文化素质。

元朝的藩属国有高丽、缅甸、安南、占城、爪哇及钦察汗国、察合台汗国、与伊儿汗国等国。北有漠北诸部、南有南洋诸国、西有四大汗国。其中有两个直属的藩属国，即高丽王朝与缅甸蒲甘王朝，曾经分别建立征东行省与缅中行省。大德五年（公元1301年），缅甸国主长期不向朝廷纳贡，忽辛遣人入缅，送上一封信："我是老赛典赤平章之子也，时刻谨遵先父遗训，若以往本省在与贵国交往中有做得不妥当的地方，我将加以改善，但是作为大元帝国的藩属国，你亦应按'三年一贡'的誓约行事。"缅甸国主感佩万千，当即付书曰："我方失礼在先，而忽辛平章却并未倚强凌弱，以理服人，实有老赛典赤平章之遗风。"便与使者一同从千里之外来到鄯阐，亲自诚恳赔礼道歉。又前往大都觐见铁穆耳皇帝，并献上一头白象，缅甸国主说："此象古来所未有，今圣德所致，敢效方物。"铁穆耳皇帝大悦，赐缅国主以世子之号。

赛典赤的四子苫速丁兀默里，历官建昌路总管、淮东道宣慰使，秩从二品。

赛典赤的五子马速忽，历官云南宣慰使，秩从二品、云南行省平章政事。马速忽生有一子，名法虎鲁丁。法虎鲁丁育有四子，为永世纪念其祖父，皆以“赛”为姓：赛撒度罗—怯黎、赛尔拾迪、赛蜜里钦、赛牙胡帖木儿。

赛典赤的后裔在云南繁衍很快，以赛、纳、哈、速、忽、马、撒、沙、保、丁、闪、穆、杨、郝等姓，传说子孙分为“十三姓”，主要集中在云南。有的担任各级官员，朝廷分给职田、军赡田，成为土地拥有者，也有些成为平民，以农耕为业。直至清咸丰六年（公元1856年），清朝官府曾下令“灭回”，激起回民大规模武装反抗，即历史上有名的“丙辰之变”，这十三姓回民才被迫分居全国各地。后来在长期的发展中，由十三姓又演变出其他姓。如“忽”姓后来又发展为虎姓、胡姓，闪姓后来又发展为陕姓等等。

四

值得一提的是，在赛典赤后世中，还有一位名震四海的伟大航海家、外交家——郑和。

赛典赤之孙，纳速剌丁之子伯颜（阿不别克儿）[①]，授荣禄大夫、晋封尚书、平章政事，淮王。育有三子，长子米的纳、次子赛曲列散尔班丁、三子赛木马儿。长子米的纳始封滇阳侯。米的纳育有三子，长子米里金、次子砂的奴、三子蜜鲁丁。米里金即郑和之父，授云南行省参知政事，袭封滇阳侯，即在昆阳镇宝山乡和代村住家，这便是郑和为昆阳人的来由。由于郑和之祖父与父亲都朝觐过伊斯兰教圣地麦加克尔白清真寺，按照伊斯兰教的习惯，人们尊称他们为“哈只”“马哈只”。

---

① 邱树生称郑和为赛典赤四子苫速丁兀默里的五世孙有误（见邱树生主编：《中国回族史》，宁夏人民出版社，1996 年 12 月）

郑和约在元朝末期，洪武四年（公元1371年）生于云南省昆明。本姓马，马姓来源于中文对穆罕默德的译音，取名为三保或三宝。

洪武十四年（公元1381年）九月初一，朱元璋命颍川侯傅友德为征南将军，永昌侯蓝玉为左副将军，西平侯沐英为右副将军，统兵三十万征讨云南，马三宝先遭丧父，继而与被俘的元兵、家眷等远离家乡一同解往南京，后又强遭阉割，成为王宫的一名小太监，时年仅十二岁。洪武二十三年（公元1390年），燕王朱棣授封北平，马三宝被分发到燕王府服役。此后，其追随朱棣屡立战功，于永乐二年（公元1404年），被夺得皇位的朱棣御赐姓郑，并擢升为内宫监太监，旋升司礼监掌印太监，故有三保太监或三宝太监之称，马和就改称郑和。

永乐三年（公元1405年）以后，三十四岁的郑和多次奉成祖朱棣之命，先后七次率领大型舰船出海远航，遍历亚非三十余个国家与地区，早于葡萄牙人乘船绕过非洲抵达东印度一百年。宣宗宣德五年（公元1430年）元月，郑和最后一次出海。宣宗宣德九年（公元1434年），在返回途经古里（今印度马拉巴海岸科泽科德）时病逝，享年六十三岁。据说，遗体可能安葬在古里。

到了近代，赛典赤的后人也是人才辈出，值得人们敬仰。其中较为杰出者如：赛典赤的第十五世孙马注，是清代中国伊斯兰教四大学者之一。马毓宝，曾经参加第一次世界大战，赴前线对德作战，英勇善战，荣获法国国家十字刻勋章，后来战死沙场，成为第一个在第一次世界大战牺牲的中国人，孙中山先生亲书“黄胄光荣”挽联。马登云，云南回族第一代共产党员，积极从事学生和农民运动，任云南第一个共青团组织委员，为云南共青团组织的发展奠定了基础，1929年被国民党杀害。

后 记

七月流火。

拜谒过在昆明五里多的赛典赤衣冠冢，我又驱车前往昆明北郊的马家庵。顺着清澈见底的盘龙江，过了龙江桥，沿途灰尘四起，道路坑坑洼洼，两旁新建的楼盘正在紧张地施工。为了保护松华坝水库的水源，一些村落开始动迁，断壁残垣，仿佛是经历了一场战争或地震。好不容易在通往小河村公路左侧找到了一处庭院，这就是被云南人民尊为"赛公平章"与"先圣"赛典赤的陵墓。①

轻轻推开锈渍斑斑的铁栅门，我放轻了脚步，生怕打扰了静卧在这里的伟人。

赛典赤陵墓简单得如其人品的真实写照。低矮的围墙，松柏环绕。坐北向南的墓用石砌成一个长方形平台，平立在宁静肃穆的绿茵中。墓高三米，宽五米，长九米，墓顶上平。回族只重视死忌，到时候做盘油香，请阿訇念经，不太重视生年生月，时至今日，一般不过生日。赛典赤生前有遗嘱，不要在他的墓前立碑，现存马家庵赛典赤墓前的墓碑为云南省人民政府于1986年2月修葺时新立，上书"元咸阳王赛典赤之墓"。

相距赛典赤墓约十余米之西南的下一个平台，还有一墓，形式与赛典赤墓相同，只是规模小了一些，墓前无碑，墓主是谁，无人知晓。

守墓人姓高，已经七十多岁。高大爷感佩爱民如子的赛典赤，

---

① 据说，陕西西安各族人民为了表达对赛典赤的敬意，在西安东郊十公里处筑了一座衣冠冢，至今犹存。

四十多年前主动担负起看管陵墓的义务，把家也搬到陵墓旁。

我问他，为什么要这样做。这个老实巴交的农民质朴而简单地回答，他对云南的老百姓好。望着他写满沧桑的脸，我浑身震荡。因为老人的坚持，在“文革”时期，陵墓得以完好无损地保存至今，为我们留下了可贵的历史遗产。

从高大爷那里请了三炷清香，我小心翼翼地走到陵墓前，恭敬上香，双手合十，静静寄托哀思，默默地凭吊静卧在这里受人尊重的“巴巴”①。袅袅青烟在微风的摆动下缓缓上升，似乎在向我娓娓叙说着一位“回回人当中有良心和道德的先行者”、云南建立行省的奠基人的传奇故事……我的思绪回归到七百多年前。

两年多来我在浩瀚的史料中苦苦挣扎、游弋，苦苦追寻赛典赤的足迹，仔细阅读他传奇的一生，反复修改书稿，企图挖掘他的内心世界，从多个层面展示他立体的形象。我不知道有没有真正读懂他，心中忐忑不安。观其英雄一世，事业轰轰烈烈，有口皆碑，然而他却是一个悲情式的人物，兢兢业业，战战兢兢地走完了人生全程，心事重重，不苟言笑。或许当大儿子纳速剌丁呱呱落地的时候，他放松了紧蹙的眉头，露出了一丝微笑：他对得起远在天国的父亲，因为这个家族后继有人了。再后来，他就没有笑过。

压在他心头有一块沉重的巨石，当他进入成吉思汗宿卫军的时候，骄横的蒙古人对他的嘲弄、歧视、欺压、排斥，使他产生了自卑感。因为他是低人一等的“色目人”，这种苦涩淹没了邂逅大汗成吉思汗时短暂的天真与欣喜，忧郁紧紧地锁住了他幼小的心灵。他感叹，色目人在这个环境中竟然是卑微如蚁。赛典赤是伟人，他没有在自卑中沉沦、颓废悲观，没有虚掷光阴。因为，他心中有真主，有父亲，他们给他精神力量，给他希望。于是他奋争，忍辱负重，自强不

① 回回人称对本民族有过重大贡献的先贤长者为“巴巴”。

息，从自卑、困苦中走出来。他要用自己的努力来回击那些鄙视自己的所谓上等人，他成功了。

及至后来，他在政坛破茧而出，一显身手，崭露头角，受到元帝国最高统治者的器重垂青。身居高位的他没有趾高气扬，他始终没有忘记，自己的骨髓里留存着色目人的基因，这是不可改变的事实。当他成为统治集团的成员以后，四海为家，阅尽民间的疾苦，他深知万千民众的诉求，他被推上了历史的舞台，不容他退缩与畏惧。

他的思想发生了改变，从最初对成吉思汗等元统治者回报知遇之恩的朴素愚忠思想，逐渐升华为“忠君爱民”，支撑这种理念的是伊斯兰教的普世教规和儒家学说有机的叠加与融合。这种中外文化的交融，形成了责任重于泰山的价值观。他知道他已经不属于自己，他搬开了心头自卑感的巨石，给自己加上了以天下百姓为己任的块垒，在“忠君”与“爱民”之间发生冲突的时候，他的良心天平偏向了“爱民”一方。为民生计，他不唯上，冒着革职查办、流放杀头的危险，毅然决然地修正了自己亲手制定的货币政策，冒死顶风，直言上书，要求朝廷根据云南边疆的实情，允许元钞与贝币共同流通。置身当时才知道这需要多大的魄力与胆略啊。当然，幸运的是他遇到了贤明的君主。赛典赤治滇，不是许予民众小恩小惠而是施予大爱。他认为，“爱民”才是“忠君”“爱教”的根本。由于选择确立了明确的价值观，于是他处事不惊，宠辱不惊，他用执着、坚毅、聪敏、洒脱塑造了自己的特质与个人魅力，成为一个成熟、伟大的政治家。

需要补充的是，在那个复杂多变、适者生存的恶劣的环境中，曾经私自资助当时还是臣子的忽必烈，这是无奈的选择与被选择，这成为一生追求完美的赛典赤的一个硬伤和原罪。为了解开这个心结，他不能明言，只能苦苦地用实际行动进行自我救赎，这反倒成为他践行“忠君爱民”思想的另一股辅助动力。

陪同我祭奠的高大爷见我流连忘返，对赛典赤虔诚无比，便给我讲述了一个惊悚而真实的故事。

他说，那年，一个风雨交加的夜晚，自己披上蓑衣从草屋出外巡查。忽然一阵电闪，只见身躯伟岸的赛典赤白衣白帽站在石阶之上，向自己颔首微笑。高大爷抹了抹眼前的雨水，再看时，眼前却是月光如霜，不见了心中的尊神。老人认为是赛典赤显灵，立即跪拜于地。那夜，他长夜未眠，认为是赛典赤给予他的启示。于是，第二天便赶去清真寺皈依了伊斯兰教。

我没有用所谓科学知识向老人解释，那或许是他昼思夜想所产生的一种幻觉、幻境。我宁愿相信这位诚实的老人，我不愿意破坏他对偶像崇拜与迷信的美好心愿，那是千万个普通老百姓对赛典赤最真诚、最原始、最虔诚的尊崇的真实写照。

高大爷还告诉我，每年的阴历七月十三日，来自甘肃、陕西、云南等地赛典赤的后裔们都会来到这里祭奠他们的先祖。

日近黄昏，晚霞烧天，层林尽染。朝退暮至演绎着历史的交替与轮回。

回首建在老坝址上巍然耸立的松华坝水库，那依然是养育昆明人的源头，是历史的积淀与传承，高大爷那张木刻似的脸定格在我的眼前。而那尊无碑的墓，他的神秘主人究竟是谁？为什么只有他七百多年来始终孤独，忠实地守望、陪伴着一代伟人赛典赤？这些谜团始终萦绕我的脑际……

农历甲午年七月于昆明

附一

赛典赤大事年纪考

时间	重大事件背景	赛典赤
（金）泰和四年 公元 1204 年	蒙古诸部领袖铁木真通过战争统一蒙古各部落。	
（金）泰和六年 （宋）开禧二年 元太祖成吉思汗元年 公元 1206 年	铁木真统一漠北诸部，被各部落推举为“成吉思汗”，史称元太祖。建立政权于漠北，国号蒙古国。	
元太祖成吉思汗六年 （宋）嘉定四年辛未 大安三年 公元 1211 年		赛典赤出生于西域不花剌（今属中亚乌兹别克斯坦）。其父苦鲁马丁是一个小部族的首领。
元太祖成吉思汗十年 公元 1215 年	孛尔只斤·忽必烈降生漠北草原。元太祖成吉思汗攻占金朝首都中都。	时年，赛典赤四岁。
元太祖成吉思汗十三年 公元 1218 年 伊斯兰教历六一四年十一月至六一五年十月	蒙古国灭西辽	时年，赛典赤七岁。
元太祖成吉思汗十四年 公元 1219 年 伊斯兰教历六一五年十一月至六一六年十一月）	西征中亚花剌子模，一直进攻到东欧的伏尔加河流域。	时年，赛典赤八岁。

续表

时间	重大事件背景	赛典赤
元太祖成吉思汗十六年 （金）兴定五年 公元 1221 年 伊斯兰教历六一七年十二月至六一八年十二月	成吉思汗西征，蒙古军占领不花剌。	时年，赛典赤十岁。 回回人苦鲁马丁和他的儿子赛典赤·瞻思丁率骑兵千人归顺。因赛典赤·瞻思丁颇受成吉思汗的信赖和重用，任为帐前侍卫。
元太祖成吉思汗二十二年 公元 1227 年 伊斯兰教历六二四年	蒙古国灭西夏，成吉思汗在对西夏的远征中死亡。	时年，赛典赤十六岁。
元太宗元年 公元 1228 年	木亦坚汗孛儿只斤·窝阔台即汗位，史称元太宗，由孛儿只斤·拖雷监国。	时年，赛典赤十七岁。
元太宗二年 公元 1229 年		时年，赛典赤十八岁。 被元太宗任命为丰、净、云内三州达鲁花赤。后出任太原、平阳二路达鲁花赤。
元太宗十二年 公元 1240 年		时年，赛典赤二十九岁。 被元太宗任命为燕京路断事官（正三品）。
元定宗元年 公元 1242 年	库裕克汗孛儿只斤·贵由即汗位，史称元定宗。	时年，赛典赤三十一岁。
元宪宗元年 公元 1249 年	蒙哥汗孛儿只斤·蒙哥即汗位，史称元宪宗。	时年，赛典赤三十八岁。
元宪宗二年至八年间 公元 1250 年 ~ 1257 年间		赛典赤四十至四十六岁。 任燕京等处行尚书省副职，任燕京路总管。
元宪宗三年 公元 1252 年	蒙古国灭大理国。	时年，赛典赤四十二岁。

续表

时间	重大事件背景	赛典赤
宪宗九年 公元1258年	蒙哥汗率军转战陕、川。	时年，赛典赤四十七岁。负责蒙古军征蜀粮饷供应。
公元1259年	孛儿只斤·忽必烈即汗位，蒙古尊号“薛禅汗”。	时年，赛典赤四十八岁。
中统元年 公元1260年	孛儿只斤·忽必烈五月建元中统，立十路宣抚司。	时年，赛典赤四十九岁。
中统二年 公元1261年	发行中统交钞。是历史上首次发行较为正规的纸币。	时年，赛典赤五十岁。忽必烈拜赛典赤为中书省平章政事，从一品。统理财政，曾兼理发行中统交钞。
中统三年 公元1262年		平章政事赛典赤兼领工部及诸路工作。时年，赛典赤五十一岁。
中统五年 至元元年 公元1264年	孛儿只斤·忽必烈改中统五年为至元元年。	时年，赛典赤五十三岁。出任陕西、四川行中书省平章政事，后并节制陕西五路四川行枢密院所有大小官属，为元军攻打南宋理财备战。
至元八年 公元1271年11月	孛儿只斤·忽必烈称帝，史称元世祖。改国号蒙古为“大元”。	时年，赛典赤六十岁。
至元九年 公元1272年	在刘秉忠规划下，元帝国建都于大都（现北京）。	时年，赛典赤六十一岁。
至元十年 公元1273年2月	元军占领襄阳。	时年，赛典赤六十二岁。赛典赤参加西线作战并负责保障全军后勤供应。

续表

时间	**重大事件背景**	**赛典赤**
至元十一年闰六月 公元 1274 年		时年，赛典赤六十三岁。元世祖忽必烈任命赛典赤为任云南行省平章政事，为云南设立行省的第一任行政长官。
至元十二年 公元 1275 年	赛典赤改革行省管理体制，将原来的万户、千户、百户改为路、府、州、县，云南全省“为路三十七，府二，属府三，属州五十四，属县四十七。	时年，赛典赤六十四岁。
至元十三年 公元 1276 年	赛典赤将省会从大理迁到鄯阐（今昆明），从此昆明一直作为云南省会。	时年，赛典赤六十五岁
至元十三年 公元 1276 年	赛典赤建昆明文庙，弘扬儒学。	时年，赛典赤六十五岁，
至元十四年 公元 1277 年	赛典赤在鄯阐(今昆明)建南城清真寺。	时年，赛典赤六十六岁，
至元十二年至至元十五年 公元 1275 年至 1278 年	赛典赤主持整治滇池水系，建松华坝水库。	时年，赛典赤六十四岁至六十七岁。
至元十六年 南宋祥兴二年 公元 1279 年	元帝国灭南宋。 元世祖忽必烈追念赛典赤的贡献，封其为“咸阳王”，谥“忠惠”，并谕令云南官员一切按赛典赤成规，不许擅自改动。并让其子纳速剌丁继为行省长官。	赛典赤逝世于鄯阐（昆明)任上，享年六十九岁。

续表

时间	重大事件背景	赛典赤
至元三十一年正月二十二日 公元1294年	忽必烈在大都病逝，，享年79岁，在位34年。谥号圣德神功文武皇帝，庙号世祖。	
大德元年 公元1297年	赛典赤逝世18年后，成宗大德元年，朝廷追赠赛典赤为：守仁佐运安远济美功臣、太师、开府仪同三司、上柱国，追赠雍国公，谥忠懿。后晋封咸阳王，改谥忠惠。	

附二

赛典赤家谱

- 苦马鲁丁
  - 赛典赤
    - 纳速剌丁
      - 伯颜
        - 米的纳
          - 米里金
          - 砂的奴
          - 蜜鲁丁
        - 赛曲列散尔班丁
        - 赛木马儿
      - 乌马尔
        - 赛黑黑
        - 赛生故
        - 赛拜杭
        - 赤喇马丹
        - 泥雅斯拉丁
        - 赛咬住
        - 赛蜜里威失
        - 赛木八喇
        - 赛马哈谋
        - 赛列失（也列失）
        - 赛和善
        - 赛哈八失
        - 赛驴驴
        - 赛啰哩迷
      - 阿立普舍
      - 剳法儿
      - 忽先
      - 哈辛
      - 砂的查尔丁
      - 阿容
      - 伯颜查儿
      - 穆訾贴儿
      - 月鲁贴睦儿
      - 阿利
    - 哈散
      - 贴力威失
      - 亦速甫
    - 忽辛
      - 伯杭
      - 曲列
    - 苦剌丁兀墨里
      - 马哈只
      - 以速铺
      - 八木儿砂
      - 砂不丁
      - 舍里伍苏满
      - 教化的
      - 怯烈
      - 米儿威失利
    - 马速忽
      - 法虎鲁丁
        - 赛撒度罗－怯黎
        - 赛尔拾迪
        - 赛蜜里钦
        - 赛牙胡帖木儿

附三

元朝云南路、府、州、县设置

1．中庆路（驻鄯阐城，今昆明），管辖三县四州：昆明县、富民县、宜良县；嵩明州、昆阳州、晋宁州、安宁州。

2．威楚开南等路（驻今楚雄），管辖二县四州：威楚县、定远县；镇南州、安南州、开南州、威远州。

3．东川路。

4．孟杰路。

5．普安路。

6．澄江路，管辖三县二州：河阳县、江川县、阳宗县、新兴州（今玉溪）、路南州（今石林）。

7．普定路。

8．建昌路。管辖一县九州：中县、建安州、永宁州、泸州、礼州、里州、阔州、邛部州、隆州、姜州。

9．会川路。管辖四州：武安州、黎溪州、永安州、会理州、麻龙州。

10．临安路（驻今建水县）。管辖二县一千户三州：河西县、蒙自县、爨僰军千户所、建水州、石平州、宁州。

11．广西路。管辖二州：师宗州、弥勒州。

12．元江路。

13．步日路。

14．马笼路。

15．柔远路。

16．茫施路。

17．镇康路。

18．镇西路。

19．平缅路。

20．麓川路。

21．蒙兀路。

22．益良州。

23．强州。

设府二：

1．柏兴府。

2．仁德府，管辖二县：为美县、归厚县。

设宣慰司：

1．曲靖等路宣慰司军民万户府（驻今曲靖），管辖一县五州：南宁县、陆凉州、越州、罗雄州、马龙州、沾益州。

2．乌撒乌蒙宣慰司（驻今贵州省威宁县）。

3．临安广西元江等处宣慰司兼管军万户府（驻今建水）。

4．大理金齿宣慰司（驻今保山）。

5．八百宣慰司（驻今泰国清迈）。

6．银沙罗甸宣慰司（治今云南澜沧以北）。

7．蒙庆宣慰司（驻今泰国昌盛）。

8．邦牙宣慰司（驻今缅甸阿瓦）。

设宣慰司都元帅府一：

罗罗蒙庆等处宣慰司都元帅府（驻今四川省西昌市）。

设宣抚司三：

1．大理金齿军民等处宣抚司（驻永昌，今保山）。

2．广南西路宣抚司（驻今广南）。

3．丽江路军民宣抚司（驻今丽江），管辖一府七州：北胜府、顺州、通安州、永宁州、通安州、兰州、宝山州、巨津州。

设军民总管府二十五：

1．武定路军民府（驻今武定县），管辖二州二县：和曲州、禄劝州；易隆县、石旧县。

2．鹤庆路军民府（驻今鹤庆），管辖剑川县。

3．云远路军民总管府。

4．徹里军民总管府。

5．茫部路军民总管府。

6．德昌路军民府，管辖四州：昌州、德州、威龙州、普济州

7．大理路军民总管府。管辖一司一县二府五州：录事司、太和县（原大理县）、永昌府（驻今保山）、腾冲府（今腾冲县）、邓川州（今洱源县邓川坝）、蒙化州（今巍山县）、赵州（今大理市凤仪镇）、姚州（今姚安县）、云南州。

8．蒙怜路军民府。

9．蒙莱路军民府。

10．木连路军民府。

11．蒙光路军民府。

12．木邦路军民府。[①]

13．孟定路军民府。

14．谋粘路军民府。

15．南甸军民府。

16．六难路甸军民府。

17．陋麻和管民官。

18．云龙甸军民府。

19．缥甸军民府。

20．孟隆处军民府。

---

① 蒙光路、木邦路今属缅甸。

21．木朵路军民总管府。

22．金齿孟定各甸军民官。

23．孟爱等甸军民府。

24．通西军民总管府。

25．木来军民府。

设二十四寨达鲁花赤。

参考文献

1. 宋濂：《元史》，中华书局，2011年3月版。

2. 尤中：《中国西南民族史》，云南人民出版社，1985年8月版。

3. 邱树森主编：《中国回族史》，宁夏人民出版社，1996年12月版。

4. 【清】檀萃，宋文熙、李东平校注：《滇海虞衡志校注》，云南人民出版社，1990年12月版。

5. 方国瑜主编：《云南地方史讲义》，云南广播电视大学，1983年12月版。

6. 张国启、雷虹编著：《沙朗白族风情录》，云南民族出版社，2008年12月版。

7. 朱耀廷：《成吉思汗传》，人民出版社，2004年9月版。

8. 田芳芳：《大元忽必烈》，安徽文艺出版社，2013年1月版。

9. 吴光范：《昆明地名博览辞典》，云南人民出版社，2005年1月版。

10. 张文勋：《云南历代诗词》，云南人民出版社，2002年版。

11. 纳为信：《赛典赤·瞻思丁世家》，今日中国出版社，1992年12月版。

12. 周峰越：《赛典赤·思丁治滇思想及其实践研究》，云南大学博士研究生学位论文，2011年10月版。

13. 【法】沙海昂（注），冯承钧译：《马可波罗行纪》，商务印书馆，2012年6月版。

14. 马坚译：《古兰经》，中国科学出版社，2013年6月版。
15. 方国瑜、缪鸾和：《云南郡县制度两千年》，载《历史问题研究》。
16. 罗养儒：《云南掌故》，云南民族出版社，2002年2月版。
17.《诗经·小雅·谷风之什北山》，安徽人民出版社，2002年10月版。
18. 詹霖：《董家湾：拥抱穿越岁月的古老绿精灵》，《都市时报》:2015年4月13日。
19. 尤中：《云南地方沿革史》，云南人民出版社，1990年8月版。
20. 霍达：《穆斯林的葬礼》，北京十月文艺出版社，1993年3月版。